SAMMLUNG METZLER

REALIEN ZUR LITERATUR
ABT. D:
LITERATURGESCHICHTE

DIETER KIMPEL

Der Roman der Aufklärung

(1670–1774)

2., völlig neubearbeitete
Auflage

MCMLXXVII
J. B. METZLERSCHE VERLAGSBUCHHANDLUNG
STUTTGART

FÜR MARLEN

CIP-Kurztitelaufnahme der Deutschen Bibliothek

Kimpel, Dieter
Der Roman der Aufklärung: (1670–1774). – 2., völlig neubearb. Aufl. – Stuttgart: Metzler, 1977.
(Sammlung Metzler; M 68: Abt. D, Literaturgeschichte)
ISBN 3-476-12068-6

ISBN 3 476 12068 6

M 68

 Satz und Druck: Gulde-Druck, Tübingen
Printed in Germany

INHALT

Vorwort zur 2. Auflage ... VII

Allgemeine Literaturhinweise zur Geschichte und Poetik des Romans ... XII

I. Einleitung: Von der »Aufklärung« im Roman ... 1

II. Vom Barockroman zum Aufklärungsroman ... 12
1. Der Barockroman in Frankreich und Deutschland. Romantheorie und Romankritik: P. D. Huet, G. Heidegger, S. v. Birken, G. W. Leibniz ... 12
2. Verwandlungen des barocken Pikaro-Romans im frühaufklärerischen Politischen Roman: J. Beer, Ch. Weise, J. Riemer, W. C. Printz, J. Kuhnau. – Ch. Reuters »Schelmuffsky« als Satire auf das bürgerliche Selbstverständnis der Übergangszeit ... 25
3. Der Übergang vom höfisch-historischen Staats- und Liebesroman zum Galanten Roman ... 36
4. Robinsonaden und bürgerliche »Utopien« ... 41

III. Geschichtliche Positionen der Europäischen Aufklärung und ihre Umschreibung in romanpoetologischer Relevanz: Die »Aesthetica« als Prinzip bürgerlicher Erkenntniskritik und die »Empfindsamkeit« als Form bürgerlicher Moralkritik ... 52

IV. Romankritik und Prosatheorie bei J. Ch. Gottsched und J. J. Breitinger ... 74

V. Der bürgerliche exemplarisch-pragmatische Aufklärungsroman ... 83
1. Der bürgerliche empfindsame bzw. moralkritisch-didaktische Familienroman: Briefroman und »roman sentimental« in Deutschland ... 89
a) Das englische Vorbild: S. Richardsons Briefromane ... 89
b) Ch. F. Gellerts Prosatheorie und sein Roman »Das Leben der Schwedischen Gräfin von G.« (1747/48). ... 94
– Die Romane und ihre Verfasser (eine Auswahl) ... 104
c) Sophie v. La Roche und der deutsche Frauenroman des 18. Jhs ... 109

2. Der bürgerliche verfassungskritisch-reformistische Staats- und Gesellschaftsroman 114
a) Romanische Vorbilder. – Die europäische Hofliteratur (B. Castiglione, B. Gracián) und J. Barclays »Argenis« 114
b) Johann Michael v. Loen (1694–1776) und sein Roman »Der Redliche Mann am Hofe; Oder die Begebenheiten des Grafens von Rivera« (1740) 122
c) Ch. M. Wieland (1733–1813): »Der Goldene Spiegel« (1772). – A. v. Haller (1708–1777): »Usong« (1771), »Alfred« (1773), »Fabius und Cato« (1774) 125

VI. Der Höhepunkt »aufklärerischer« Romankunst und Romantheorie 131
1. Christoph Martin Wieland (1733–1813) 131
2. Ch. F. v. Blanckenburg und J. J. Engel. – Der Dialogroman bzw. »dramatische« Roman 137

Namenregister 147

Vorwort zur zweiten Auflage

In die vorliegende, völlig neubearbeitete und ergänzte Auflage sind bei Wahrung der Grundanlage einige Akzentverschiebungen und Korrekturen eingegangen, die ich der argumentierenden Kritik verdanke. Von berichtigten Druckfehlern und sprachlichen Glättungen abgesehen, sollen die eingreifenden Änderungen hier kurz erläutert werden. Sie betreffen zusammen mit der Gliederung des Ganzen die Schwierigkeit der zeitlichen Abgrenzung, ferner die inhaltliche Gewichtung und begriffliche Präzisierung der Einleitung sowie der Kapitel III und V. Eine letzte Anmerkung wird auf die an germanistische »Realienbücher« herangetragene Frage nach der angemessenen wissenschaftssprachlichen Präsentation eingehen.

Dem Blick auf die Gesamtdisposition der Erstauflagendarstellung von 1967 konnte eine gewisse unausgewogene Proportionierung, bei der das Schwergewicht auf den Übergängen vom Barockroman zum Aufklärungsroman lag und der der frühaufklärerisch bürgerlichen Anthropologie verpflichtete Familien- und Staatsroman (Gellert, Loen) bis hin zu Wieland und Blanckenburg auf Kosten unzureichender Ausblicke Präferenz besaß, nicht verborgen bleiben (R. Grimm, Monatshefte Madison LXI, 1969, No. 1, S. 77 f. und G. Sauder, Germanistik 9, 1968, S. 741 f.). Um die Gefahr der historischen Fehleinschätzung, die von der alten Inhaltsanordnung möglicherweise ausgegangen sein mag, zukünftig auszuschalten, beschränkt sich die Neuauflage unter Berücksichtigung der forschungsbedingten Erweiterungen auf die vormals quantitativ ohnehin begünstigten Hauptansätze des Aufklärungsromans in dem eigens herausgestellten Zeitraum von 1670 bis 1774, d. h. von Ch. Weises Lehramt am Gymnasium von Sachsen-Weißenfels bis zu Wielands Tätigkeit als Prinzenerzieher am Hofe zu Sachsen-Weimar oder, anders ausgedrückt, von Ch. Weises politischen Romanen bis zu Wielands Fürstenspiegel und Blanckenburgs »Versuch über den Roman«. Die am Leitfaden des bürgerlichen Selbstbewußtseins im absolutistischen Staat, d. h. die an dem zuerst von R. Koselleck (Kritik und Krise. Zur Pathogenese der bürgerlichen Welt, 1959) exponierten Verhältnis von Politik und Moral orientierten beiden großen Romanformen dieser Zeit, der moralkritisch-didaktische Familienroman und der verfassungskritisch-reformistische Staats-

und Gesellschaftsroman, kennzeichnen in ihrem gegenseitigen Bezug den prinzipiellen und in sich konsistenten Ansatz des Romans der Aufklärung, der erst im folgenden letzten Drittel des 18. Jhs. an Variationsbreite beträchtlich hinzugewinnt. Mit der vielschichtig fortschreitenden Entwicklung – Empfindsamkeitskritik, Sterne-Nachfolge und Reiseroman, krisenhafte Lebensgeschichte im Umkreis des Sturm und Drang, J. C. Wezels anthropologische Romane, M. Klingers politische Romane, Mercks Landromane, Romanepik über Volkserziehung u. a. – soll ein eigener Band der Sammlung Metzler, den ich unter dem Titel »Der Roman der Spätaufklärung« demnächst vorlegen möchte, befaßt sein. Dort wird auch zum Problem der Unterhaltungs- und Trivialliteratur Stellung genommen, das sich in dem früheren Berichtsraum vor allem aufgrund der besonderen gesellschaftspolitischen Bedeutung, die die literarische Bildung für die Selbstdefinition des aufgeklärten Bürgers hier einnimmt (vgl. Kap. III und IV), m. E. nicht ernsthaft diskutieren läßt. –

Im Zuge der nach R. Kosellecks These genauer vorgenommenen Bestimmung des thematischen Gegenstandes »Roman der Aufklärung« haben die Einleitung sowie die Kapitel III und V einen vertretbaren geschichtlichen Rahmen erhalten, der einer Interpretation der Literatur im historischen Prozeß förderlich sein mag. Dabei wurden in Kapitel V die Akzente insoweit zurechtgerückt, als nun dem jüngst von meinem Frankfurter Freund und Kollegen Dietrich Naumann mit geschichtsphilosophischer Intention behandelten Staatsroman der Aufklärung mehr Raum gewährt wird. Freilich mit dem wichtigen Hinweis, daß unter dem Obertitel des bürgerlichen exemplarisch-pragmatischen Aufklärungsromans der Staatsroman dem Familienroman im 18. Jh. zahlenmäßig weit unterlegen war und im kleinbürgerlichen Lager aus naheliegenden Gründen die weitaus geringere Verbreitung bzw. Resonanz besaß. Und doch vermittelt erst der korrelierende Zusammenhang, in dem die empfindsame Moral des Familienromans zur politischen Verfassungskritik des Staatsromans sich ausweitet, einen Eindruck vom entwicklungsfähigen Ansatz des Aufklärungsromans. Ich habe in Kapitel VI versucht, diesen konstitutiven Grundzug der Gesamtentwicklung als ein treibendes Motiv des Blanckenburgschen »Versuchs« auch für die maßgebende Romantheorie der Zeit wenigstens andeutungsweise vorzuführen. Darauf, nicht auf die lücken- und beziehungslose Auflistung der Quellen, kam es mir an. –

Abschließend möchte ich kritischen Stimmen aus dem angelsächsischen Bereich (E. P. Nolan, JEGPh. 1969, S. 132 f. und H. T. Betteridge, MLR 65, 1970, S. 927 ff.) aber auch aus meiner akademischen Lehrpraxis antworten, die im Ton humorvoll nachsichtig bis unduldsam den schwer lesbaren Stil der Darstellung gerügt haben. Es bedarf wohl kaum des Hinweises, daß sprachliche Apartheit und Exklusivität, die sich etwas darauf zugute hält, von möglichst vielen Personen nicht verstanden zu werden, grober Unfug ist. Gleichermaßen gilt der Satz, wonach die schriftliche Fixierung geschichtlichen Wissens auf begriffsstrenge Deduktionen nicht verzichten kann. Ein immer noch verbreitetes Mißverständnis verkennt, daß die Kunst- und Literaturwissenschaft ihr Ethos aus der sprachtheoretisch unumgänglichen Differenz von Begriff und Metapher begründet, demgegenüber das heute von didaktischer Seite oft ausgesprochene Verdikt über die vorgeblich inhumane, weil begriffsgeschichtlich mühsam anzueignende und syntaktisch schwer aufzulösende Diktion der Wissenschaftssprache historisch kein Recht und systematisch kein Gewicht besitzt. Von dem gewiß außer Streit gestellten grundsätzlichen Aspekt abgesehen, neige ich bei gewissenhafter Überprüfung des eigenen Falles der Auffassung zu, daß die formalen Ausstattungsbedingungen der »Sammlung Metzler« dem Autor weitgehende stilistische Konsequenzen nahelegen: wo Informationsfülle, zweckmäßige Anordnung, dichte Fügung, gedankliche Spannung gefordert sind, da fehlt für die schöne Rede, um vom erbaulichen bzw. gefälligen Räsonieren ganz zu schweigen, der nötige Raum. Deshalb werde ich die genannten Einwände, zwar nicht gern und ohne Zweifel im doppelten Sinne, weiter in Kauf nehmen müssen.

Frankfurt/Main, Juli 1976 *Dieter Kimpel*

Abkürzungen

AfdA	Anzeigen für deutsches Altertum
Diss. (masch.), (hs.)	Dissertation (maschinenschriftlich), (handschriftlich)
DLE	Deutsche Literatur in Entwicklungsreihen
Dt. Phil. i. Aufr.	Deutsche Philologie im Aufriß
DU	Der Deutschunterricht (Stuttgart)
DVjs.	Deutsche Vierteljahrsschrift für Literaturwissenschaft und Geistesgeschichte
EG	Etudes Germaniques
Euph.	Euphorion
FuF	Forschungen und Fortschritte
GRM	Germanisch-Romanische Monatsschrift
Jb.	Jahrbuch
JEGPh.	Journal of English and Germanic Philology
LiLi	Zeitschrift für Literaturwissenschaft und Linguistik
MDU	Monatshefte für deutschen Unterricht, deutsche Sprache und Literatur (Madison)
MLN	Modern Language Notes
MLR	Modern Language Review
Mod. Phil.	Modern Philology
Neophil.	Neophilologus
N. F.	Neue Folge
PMLA	Publications of the Modern Language Association
RF	Romanische Forschungen
SuF	Sinn und Form
VjsfLG	Vierteljahrsschrift für Literaturgeschichte
WW	Wirkendes Wort
ZfBuB	Zeitschrift für Bibliothekswesen und Bibliographie
ZfdA	Zeitschrift für deutsches Altertum
ZfdB	Zeitschrift für deutsche Bildung
ZfDk.	Zeitschrift für Deutschkunde
ZfdLG	Zeitschrift für deutsche Literaturgeschichte (Weimarer Beiträge)
ZfdPh.	Zeitschrift für deutsche Philologie
ZfdSp.	Zeitschrift für deutsche Sprache
ZfdWF	Zeitschrift für deutsche Wortforschung
Z.f.frz.Sp. u. Lit.	Zeitschrift für französische Sprache und Literatur
ZfRG	Zeitschrift für Religions- und Geistesgeschichte
ZVL	Zeitschrift für vergleichende Litteraturgeschichte

Allgemeine Literaturhinweise zur Geschichte und Poetik des Romans

1. Geschichte des deutschen Romans

a) Gesamtdarstellungen

F. Bobertag, Geschichte des Romans und der ihm verwandten Dichtungsgattungen in Deutschland bis zum Anfang des 18. Jhs., 2 Bde, Breslau: Goschorsky 1876/84.

H. H. Borcherdt, Geschichte des Romans und der Novelle in Deutschland, Bd I: Vom frühen Mittelalter bis zu Wieland, Leipzig: J. J. Weber 1926.

W. Rehm, Geschichte des Romans, 2 Bde, Berlin: de Gruyter 1927 (Slg Göschen 229, 956).

H. Spiero, Geschichte des deutschen Romans, Berlin: de Gruyter 1950.

G. Weydt, Der deutsche Roman von der Renaissance und Reformation bis zu Goethes Tod, in: Dt. Phil. i. Aufr. Bd II, 1954, Sp. 2063–2196; ^{2}1960, Sp. 1217–1356; ^{3}1966.

R. Majut, Der deutsche Roman vom Biedermeier bis zur Gegenwart, in: Dt. Phil. i. Aufr. Bd II, 1954, Sp. 2197–2478; ^{2}1960, Sp. 1357–1794; ^{3}1966.

H. Emmel, Geschichte des deutschen Romans, 2 Bde, Bern/München: Francke 1972/75 (Dalp).

b) Romanführer

W. Olbrich, (Hrsg.), Der Romanführer. Der Inhalt der deutschen Romane und Novellen vom Barock bis zum Naturalismus, 2 Bde, Stuttgart: Hiersemann 1950/51. – Neu bearbeitet und hrsg. von *J. Beer* unter Mitwirkung von *W. Schuster* als Reclams Romanführer, 2 Bde, Bd I: Deutsche Romane und Novellen von Grimmelshausen bis Th. Mann, Stuttgart: Reclam 1962, ^{2}1966. – Bd II: Deutsche Romane und Novellen der Gegenwart, Stuttgart: Reclam 1963, ^{2}1964.

Romanführer A – Z. Hrsg. vom Kollektiv für Literaturgeschichte unter Leitung von *K. Böttcher,* in Zusammenarbeit mit *G. Albrecht.* Bearbeitet von einem Autorenkollektiv unter Leitung von *W. Spiewok,* 3 Bde, Berlin: Volk u. Wissen 1973/74. – Bd I: Von den Anfängen bis Ende des 19. Jhs. Der deutsche, österreichische und schweizerische Roman. Bd. II/1: 20. Jh. Der deutsche Roman bis 1949. Romane der DDR. A bis K. – Bd II/2: 20. Jh. Der deutsche Roman bis 1949. Romane der DDR. L bis Z.

c) Interpretationssammlungen

B. v. Wiese (Hrsg.), Der deutsche Roman vom Barock bis zur Gegenwart. Struktur und Geschichte, 2 Bde, Düsseldorf: A. Bagel 1963.

J. Schillemeit (Hrsg.), Deutsche Romane von Grimmelshausen bis Musil, Ffm: Fischer 1966.

2. *Theorie und Technik des Romans*

a) Quellentexte zur Geschichte der Romantheorie

D. Kimpel/C. Wiedemann (Hrsg.), Theorie und Technik des Romans im 17. und 18. Jh., 2 Bde, Tübingen: Niemeyer 1970. – Bd I: Barock und Aufklärung. – Bd II: Spätaufklärung, Klassik und Frühromantik.

H. Steinecke (Hrsg.), Theorie und Technik des Romans im 19. und 20. Jh., 2 Bde, Tübingen: Niemeyer 1970/72.

E. Lämmert (Hrsg.), Romantheorie I. Dokumentation ihrer Geschichte in Deutschland 1620–1880, Köln/Bln: Kiepenheuer & Witsch 1971.

E. Lämmert (Hrsg.), Romantheorie II. Dokumentation ihrer Geschichte in Deutschland seit 1880, Köln/Bln: Kiepenheuer & Witsch 1975.

E. Weber (Hrsg.), Texte zur Romantheorie I (1626–1731), München: Fink 1974.

b) Gesamtdarstellungen und Interpretationssammlungen zur Geschichte der Romantheorie

P. Voelker, Die Bedeutungsentwicklung des Wortes Roman, Halle: E. Karras 1887 (Diss. Halle-Wittenberg 1887).

M. L. Wolff, Geschichte der Romantheorie, Nürnberg: C. Koch 1915 (Diss. München 1911).

E. Neustädter, Versuch einer Entwicklungsgeschichte der epischen Theorie in Deutschland von den Anfängen bis zum Klassizismus, Diss. Freiburg i. Br. 1927.

W. Lockemann, Die Entstehung des Erzählproblems. Zur deutschen Dichtungstheorie im 17. und 18. Jh., Meisenheim: Hain 1963.

G. May, Le Dilemme du Roman au XVIIIe Siècle. Etude sur les Rapports du Roman et de la Critique (1715–1761), New Haven(Conn.): Yale Univ. Press 1963.

W. F. Greiner, Studien zur Entstehung der englischen Romantheorie an der Wende zum 18. Jh., Tübingen: Niemeyer 1969.

R. Grimm (Hrsg.), Deutsche Romantheorien. Beiträge zu einer historischen Poetik des Romans in Deutschland, Ffm: Athenäum 1968, ^{2}Ffm: Fischer-Athenäum 1974 in 2 Bden.

B. Hillebrand, Theorie des Romans, 2 Bde, München: Winkler 1972. – Bd I: Von Heliodor bis Schlegel. – Bd II: Von Hegel bis Handke.

W. Voßkamp, Romantheorie in Deutschland. Von M. Opitz bis Friedrich von Blanckenburg, Stuttgart: Metzler 1973.

c) Geschichtsphilosophisch orientierte Romantheorie

G. Lukács, Die Theorie des Romans. Ein geschichtsphilosophischer Versuch über die Formen großer Epik, Berlin: P. Cassirer 1920; 2. Aufl. mit einem Vorwort des Autors, Neuwied: Luchterhand 1963. – Auch in: *G. Lukács*, Werke, 15 Bde, Neuwied: Luchterhand 1962 ff., Bd I und in: *G. Lukács*, Werke in Einzelausgaben, Slg Luchterhand Bd 36, 1974.

R. Koskimies, Theorie des Romans, Helsinki: Annales Academiae Scientiarum Fennicae 1935 (Nachdruck Darmstadt: Wiss. Buchgesellsch. 1966).

W. Benjamin, Der Erzähler. Betrachtungen zum Werk N. Lesskows, in: W. B., Illuminationen, Ffm: Suhrkamp 1961, S. 409–436.

F. Altheim, Roman und Dekadenz, Tübingen: Niemeyer 1951.

Th. W. Adorno, Standort des Erzählers im zeitgenössischen Roman, in: Akzente 1, 1954, Heft 5, S. 410–416; auch in: *Th. W. A.,* Noten zur Literatur I, Ffm: Suhrkamp 1958, S. 61–72.

W. Kayser, Entstehung und Krise des modernen Romans, in: DVjs. 28, 1954, S. 417–446; erweiterter Sonderdruck Stuttgart: Metzler 1954, ^{5}1968.

W. Emrich, Die Erzählkunst des 20. Jhs. und ihr geschichtlicher Sinn, in: Deutsche Literatur in unserer Zeit, Göttingen: Vandenhoeck & Ruprecht 1959, S. 58–79; auch in: *W. E.,* Protest und Verheißung, Ffm/Bonn: Athenäum 1960, S. 176–192.

H. Blumenberg, Wirklichkeitsbegriff und Möglichkeit des Romans, in: Nachahmung und Illusion (Poetik und Hermeneutik I), hrsg. von *H. R. Jauß,* München: Fink 1964, S. 9–27.

L. Goldmann, Soziologie des Romans, Neuwied: Luchterhand 1970.

G. v.Graevenitz, Die Setzung des Subjekts. Untersuchungen zur Romantheorie, Tübingen: Niemeyer 1973.

H. Hiebel, Individualität und Totalität. Zur Geschichte und Kritik des bürgerlichen Poesiebegriffs von Gottsched bis Hegel anhand der Theorien über Epos und Roman, Bonn: Bouvier 1974.

J. Schramke, Zur Theorie des modernen Romans, München: Beck 1974.

J. v. d. Thüsen, Erzählbewußtsein und poetische Intelligenz. Beiträge zur Theorie des Romans, Bern/Ffm: Lang 1975 (Diss. Stanford Univ. 1971).

H. L. Arnold/Th. Buck (Hrsg.), Positionen des Erzählens, München: Beck 1976.

d) Gattungs- und erzähltechnisch orientierte Romantheorie

B. Markwardt, Geschichte der deutschen Poetik, 5 Bde, Berlin: de Gruyter 1937 ff.

A. Jolles, Einfache Formen, Tübingen: Niemeyer 1930, ^{5}1974.

E. Staiger, Grundbegriffe der Poetik, Zürich: Atlantis 1946, ^{8}1968.

W. Kayser, Das sprachliche Kunstwerk, München u. Bern: Francke 1948, ^{16}1973.

K. Hamburger, Die Logik der Dichtung, Stuttgart: Klett 1957, ^{2}1968.

F. Sengle, Die literarische Formenlehre, Stuttgart: Metzler 1967, 2. Aufl. unter dem Titel: Vorschläge zur Reform der literarischen Formenlehre, ebda 1969.

W. V. Ruttkowski, Die literarischen Gattungen, München u. Bern: Francke 1968.

K. W. Hempfer, Gattungstheorie, München: Fink 1973 (UTB 113).

E. Auerbach, Mimesis. Dargestellte Wirklichkeit in der abendländischen Literatur, Bern/München: Francke 1946, ^{5}1971 (Dalp 90).

E. R. Curtius, Europäische Literatur und lateinisches Mittelalter, Bern/München: Francke 1948, ^{8}1973.

H. Keiter, Versuch einer Theorie des Romans und der Erzählkunst, 1876; seit der 3. Aufl.: *H. Keiter/T. Kellen,* Der Roman. Theorie und Technik des Romans und der erzählenden Dichtung, nebst einer geschichtlichen Einleitung, Essen: Fredebeul & Koenen ^{4}1912.

P. Lubbock, The Craft of Fiction, London: Cape 1925.

E. M. Forster, Aspects of the Novel, London: E. Arnold & Co 1927; dt.: Ansichten des Romans, Ffm: Suhrkamp 1949; Bibliothek Suhrkamp 1962.
E. Muir, The Structure of the Novel, London: Hogarth 1928, [8]1960.
V. Klotz (Hrsg.), Zur Poetik des Romans, Darmstadt: Wiss. Buchgesellsch. 1965, [2]1969 (Wege der Forschung Bd 35).
B. Hillebrand (Hrsg.), Zur Struktur des Romans, Darmstadt: Wiss. Buchgesellsch. 1977 (Wege d. Forschung).
K. Friedemann, Die Rolle des Erzählers in der Epik, 1910, Reprogr. Nachdruck Darmstadt: Wiss. Buchgesellsch. 1969.
R. Petsch, Wesen und Formen der Erzählkunst, Halle: Niemeyer 1934, [2]1943.
E. Lämmert, Bauformen des Erzählens, Stuttgart: Metzler 1955, [6]1975.
F. K. Stanzel, Die typischen Erzählsituationen im Roman, Wien: Braumüller 1955, [2]1964; eine gute Zusammenfassung der systematischen Resultate dieses Buches in: *F. K. St.*, Typische Formen des Romans, Göttingen: Vandenhoeck & Ruprecht 1964, [7]1974.
H. Meyer, Das Zitat in der Erzählkunst. Zur Geschichte und Poetik des europäischen Romans, Stuttgart: Metzler 1961, [2]1967.
H. Volkmann, Der deutsche Romantitel in literarhistorischer Sicht 1470 bis 1770, Diss. Berlin (FU) 1955 (masch.); abgedr. in: Börsenblatt für den deutschen Buchhandel 23, 1967, S. 1081–1170.
R. Mühlenweg, Studien zum deutschen Romantitel 1750 bis 1914, Diss. Wien 1960 (masch.).
H. Ehrenzeller, Studien zur Romanvorrede von Grimmelshausen bis Jean Paul, Bern: Francke 1955.
H. J. Ansorge, Art und Funktion der Vorrede im Roman. Von der Mitte des 18. Jhs. bis zum Ende des 19. Jhs., Diss. Würzburg 1969.
E. P. Wieckenberg, Zur Geschichte der Kapitelüberschriften im deutschen Roman vom 15. Jh. bis zum Ausgang des Barock, Göttingen: Vandenhoeck & Ruprecht 1969.
H. Stauch, Kritik der klassischen Literaturwissenschaft, München: Goldmann 1973.
W. C. Booth, The Rhetoric of Fiction, Chicago: The Univ. of Chicago Press 1961; dt.: Die Rhetorik der Erzählkunst, 2 Bde, Heidelberg: Quelle & Meyer 1974 (UTB 384, 385).
A. Ros, Zur Theorie literarischen Erzählens, Ffm: Athenäum 1972.
R. Koselleck/W.-D. Stempel (Hrsg.), Geschichte. – Ereignis und Erzählung, München: Fink 1973 (Poetik und Hermeneutik V).
J. Anderegg, Fiktion und Kommunikation. Ein Beitrag zur Theorie der Prosa, Göttingen: Vandenhoeck & Ruprecht 1973.
D. Weber, Theorie der analytischen Erzählung, München: Beck 1975.
W. Haubrichs (Hrsg.), Erzählforschung I. Theorien, Modelle und Methoden der Narrativik, Göttingen: Vandenhoeck & Ruprecht 1976 (Beiheft 4 zur Zs. LiLi).

Ausgewählte Beiträge zur strukturalistischen Erzähltheorie:
V. Propp, Morphologie des Märchens, hrsg. von K. Eimermacher, München: Hanser 1972; Ffm: Suhrkamp 1975 (stw. 131).

G. Genette, Frontières du récit, in: Communications 8, 1966, S. 152–163; auch in: *G. G.*, Figures II, Paris: Editions du Seuil 1969, S. 49–69.
T. Todorov, Poétique, in: *T. T.*, Qu'est-ce que le structuralisme? 1966, S. 99–166; überarb. 2. Fassung des Aufsatzes: *T. Todorov*, Poétique, Paris: Editions du Seuil 1973 (collection points 45).
T. Todorov, Grammaire du Décaméron, The Hague/Paris: Mouton 1969.
A. J. Greimas, Du sens. Essais sémiotiques, Paris: Editions du Seuil 1970.
J. Kristeva, Le Texte du Roman, The Hague/Paris: Mouton 1970.
C. Chabrol (éd.), Sémiotique narrative et textuelle, Paris: Larousse 1973.
C. Bremond, Logique du récit, Paris: Editions du Seuil 1973.
S. Y. Kuroda, Réflexions sur les fondements de la théorie de la narration, in: Langue, discours, société. Pour Emile Benveniste, Paris: Editions du Seuil 1975, S. 260–293.

I. Einleitung: Von der »Aufklärung« im Roman

Es ist die zentrale Idee der im Anschluß an G. Lukács geschichtsphilosophisch verfahrenden Romantheorie, daß für das aus der unteilbaren Sinnhaftigkeit mythischen Verkündens (Epos) in die Ungeschütztheit geschichtlicher Bewährung entlassene Geschichtenerzählen (Roman) die im Übergang »vom Mythos zum Logos« aufbrechende Differenz von Dinglichem und Personalem, von Notwendigkeit und Freiheit, Naturgesetz und Handlungsmotiv, Immanenz und Transzendenz, insoweit zum Problem wird, als die damit zugleich sich einstellende Forderung, den Erzählgegenstand und seine Bedeutung unter dem nun konstitutiven Prinzip der in Raum und Zeit sich vollziehenden Dialektik von Möglichkeit und Gültigkeit immer neu zu legitimieren, der Romanform die Schicksalsfrage stellt. Der ureigenste Gegenstand des Epischen, die wahrnehmbare und erfahrene Realität, tritt auseinander in die Angemessenheit oder Unangemessenheit von subjektivem Anspruch (Ich, Bewußtsein, Seele, individueller Motivationshorizont) und objektiver Verwirklichungsmöglichkeit (das Naturgesetz, seine Beherrschung durch Wissenschaft und Technik sowie die Macht gesellschaftspolitischer Tradition, Verbindlichkeit der Umgangsregeln und des positiven Rechts): ein Vorgang, der die Sinnfrage hinsichtlich der Romanform und ihres Inhalts latent auf den Plan ruft. Mit der Frage, wie Realität erfahren und dargestellt werden kann, steht und fällt seither die Möglichkeit des Erzählens im Roman. Bevor die Schriftsteller die Aporie der Romanform als geschichtsphilosophische Aufgabe zu begreifen vermochten und akzeptieren lernten, hatte quälende Einsicht in die offenbar nie zur Ruhe kommende Fragwürdigkeit geschichtlichen Sinns mit der frühromantischen Spekulation auf eine »neue Mythologie« den ebenso großartigen wie vergeblichen Versuch der Problemlösung unternommen. *F. W. J. Schelling* im »Ältesten Systemprogramm des deutschen Idealismus« (1796) sowie *F. Schlegel* im »Gespräch über Poesie« (1800) und *Novalis* wußten sehr gut um die Vorläufigkeit des Empirischen und seiner Abbildbarkeit, da sie die Schaffung einer »neuen Mythologie«, analog der antiken, als Grundlage und Ziel der »transzendentalen Universalpoesie« nachdrücklich vertraten. Der Gedanke entwickelte sich zum Fundament einer Romanlehre, die Naturgeschehen und Geschichte des

Menschen insgesamt für literaturfähig, d. h. für potentiell artefakt, erklärte und im Roman synthetisiert verwirklicht wissen wollte. Doch ist die »neue Mythologie«, von Schelling und F. Schlegel initiiert und beschworen als Konstituens einer absoluten Ästhetik oder »sinnlichen Religion« – die dem Roman aufbürdet, universalen Realitätsgehalt geschichtlich allverbindlich zum Ausdruck zu bringen – in den frühromantischen Anfängen praktisch und theoretisch dadurch gekennzeichnet, daß sie nur in unbestimmter Negation des Bestehenden bzw. Geschaffenen artikuliert werden konnte. Dem unerfüllten Anspruch universalpoetischer Hypostasen entwuchs rasch die Figur der gegenstandslosen Sehnsucht oder die Figur der inhaltlich unbestimmten Utopie, die von sich selbst wenig mehr auszusagen wußte, als daß ihr Reich nicht von dieser Welt sei. Vollends der Kunstgriff der Parekbase, der sogen. »romantischen Ironie«, mit seinem distanzierend zurücknehmenden Gestus und der darin enthaltenen vorgeblich unendlichen Erhabenheit gegenüber der endlichen Lebenswirklichkeit ließ ein Ausmaß an Resignation vermuten, das der Romanform von den geschichtlichen Motiven ihrer Entstehung her zuwider sein mußte.

Den Begriff des Romangegenstandes hatte schon *Ch. F. v. Blanckenburg* in seinem »Versuch über den Roman« (1774), der weitgehend von Wielands »Agathon« (1766) inspirierten ersten deutschen Romanpoetik, zu einem Gutteil aus Erfahrungen an der zeitgeschichtlichen Gesellschaft abgeleitet: »Die Romane entstanden nicht aus dem Genie der Autoren allein; die Sitten der Zeit gaben ihnen das Daseyn« (Vorbericht S. XIII). Im gleichen Sinne rückte *A. W. Schlegel* in der Kritik von 1798 »Mode-Romane. Lafontaine« von der abstrakt spekulativen Romanlehre seines Bruders Friedrich ab: »Der Punct, wo die Litteratur das gesellige Leben am unmittelbarsten berührt, ist der Roman.«

Daß der europäische Prosaroman als eine neue, pragmatische, auf didaktische und kommunikative Relevanz ausgerichtete Form in der tradierten »Soziallandschaft der Gattungen« (C. Wiedemann) des 17. und 18. Jhs. als Irritationsfaktor auftritt und erst in der Auseinandersetzung mit antikem Mythos, christlicher Offenbarung und wissenschaftlicher Historie die Anerkennung seines fiktiven Wahrheitsgehalts erlangt, dürfte heute unstrittig sein. Die Betonung der »wahren Geschichte« gegenüber den durch moira oder providentia vorentschiedenen Helden-, Götter- und Heilsgeschichten sowie gegenüber dem wild phantasierenden Abenteuerroman wird von den Schriftstellern des 18. Jhs. bis auf Wieland und den jungen Goethe mit guten Gründen gewissenhaft befolgt.

Die These des aufklärerischen Rationalismus, daß diese Welt als eine vernünftige unmittelbar erfahrbar und begreifbar sei, hatte über eine einfältig praktizierte definitorische Sprachregelung auch auf die Poesie mit der erklärten Absicht eingewirkt, sie von den angeblich falschen Göttern freizusprechen. Die »Poeterey [...] als eine verborgene Theologie und unterricht von Göttlichen sachen« (M. Opitz) samt ihrer virtuosen Kunstmittel und der eindeutig wirkungsästhetischen Richtung auf religiös und politisch mehr oder minder Untertänige im Glauben wird nun im Sinne bürgerlichen Nützlichkeitsdenkens kritisiert. Sie soll zukünftig Einsichten in die Gesetzmäßigkeit der Natur und in die Beschaffenheit der menschlichen Seele liefern und über deren Kultivierung und Beherrschung dem Zwecke dienen, Glückseligkeit dem Einzelnen und Wohlfahrt der Gesellschaft zu sichern. Übersetzt in den Verstand der Zeit heißt das, daß auch die Poesie zum Handlanger des banausisch existierenden Selbstzwecks Mensch werden soll, der Natur, Wissenschaften und Künste, schließlich den Schöpfungsplan selbst als Mittel der unmittelbaren Lebensfristung ansieht und solcherart zu gebrauchen sich anschickt. Den bornierten bürgerlichen Hausverstand, von dem sich unverkennbare Spuren in den Moralischen Wochenschriften, in der Lehrdichtung und in den Erbauungsbüchern der Zeit finden, haben Voltaire und Kant wiederholt verspottet und zurechtgewiesen. Die Schriftsteller und mithin die Dichtung stellen sich dieser Gefahr einer zweckrationalen Reduktion der Sprachästhetik auf ihre Weise, indem sie der beschriebenen realgeschichtlichen Tendenz quasi in artifizieller Paraphrase, in »Form« des Romans begegnen, d. h. sie »fiktiv« akzeptieren und damit entschärfen. Deshalb ist die Aufrechterhaltung der Wahrheitsfiktion für die Glaubwürdigkeit der immanent didaktischen Intention des sich als Sprachkunst verstehenden Romans von höchstem Wert. Dem entspricht das doppelte Spiel, zu dem der Roman der Aufklärung sowohl durch aktuell realgeschichtliche Forderungen als auch durch kanonisiert gattungsgeschichtliche Regeln sich genötigt sieht. Will der Roman dem pragmatischen Ehrgeiz der Epoche gemäß inhaltliche Resonanz entfalten, so muß er deren Ruf nach Authentizität, Lehre, Funktionalität ernst nehmen, d. h. er darf den Realitätsanspruch der »wahren Geschichte« nicht geringachten. Will der Roman aber zugleich in dem klassizistisch normierten Formenbestand des literarischen Gattungssystems Aufnahme finden, so hat er sich in seinem Kunstcharakter auszuweisen, d. h. dem Prinzip des Fiktiven, der figürlichen und metaphorischen Rede nachzukommen, was wiederum für den Realitätsgehalt der »wahren Geschichte« nicht folgenlos bleiben kann. Die Hinweise sollen nur soviel besagen, daß, bezogen auf Authentizität und Wahrheit, das komplexe Verhältnis von »histoire«

und »fiction« für die Entwicklung des modernen Romans als Sprachkunst ebenso problematisch wie grundlegend ist.

Wir halten jedenfalls fest, daß die Sinnfrage von dem in seine disparaten Teile zerbrochenen Erzählgegenstand an die Romanform ergangen und als Problembeschreibung ihr habituell geworden ist: »[...] die Form des Romans ist, wie keine andere, ein Ausdruck der transzendentalen Obdachlosigkeit« (G. Lukács, Theorie des Romans, S. 23). In der Literaturwissenschaft wuchert dieser Sachverhalt unter den Schlagworten von der angeblich stets anpassungsfähigen »Modernität des Romans«, von der aus nicht mehr weit ist bis zur »Krise des Romans«, die freilich so alt scheint wie seine Geschichte, so daß wir nach Kenntnis des Grundes ruhig von dem »ehrwürdigen Alter« der Romankrise (F. Sengle) sprechen können, ohne mit F. Altheim in eine Diskussion darüber eintreten zu müssen, ob Roman und dekadente Spätzeiten einander verwandt sind oder nicht.

Im Formalästhetischen des Romans, nach Lukács die »Auflösung einer Grunddissonanz des Daseins«, reflektiert sich entweder eine entzauberte Welt, die für den Helden Enttäuschung bereithält, oder eine problematische Psychologie, die ihrer Tiefe nicht Herr wird, so daß letztlich der Zusammenhang von Lebenswirklichkeit und Handlungsmotiv im Rahmen der epischen Fiktion nicht mehr glaubhaft geleistet werden kann. Eine solche Romanepik wird sich von ihren Voraussetzungen her gegen die manifeste Pragmatik und deren Analysen des Innen und Außen freilich weniger affirmativ als vielmehr kritisch verhalten, wenn sie ihrem Anspruch treu bleiben will, der es auf Vergegenständlichung der im Sinn stehenden Realität abgesehen hat. Es klingt etwas nach von dem Gedanken der romantischen Ironie F. Schlegels, wenn W. Benjamin und Th. W. Adorno die Aporien des Erzählers dahingehend bestimmen, daß mit der Entfremdung von Realität und Wesen die Identität und Mitteilbarkeit der Erfahrung überhaupt hinfällig geworden sei; das mache den Roman zur »negativen Epopoe«, da ihm wenig mehr beschieden sei, als »den vordergründigen Zusammenhang zu durchschlagen und das Darunterliegende, die Negativität des Positiven auszudrücken« (Th. W. Adorno, Standpunkte des Erzählers, S. 70 f.). – Unter diesen Bedingungen scheint es geradezu als Gütezeichen des europäischen Romans vom »Don Quijote« bis zum »Mann ohne Eigenschaften« und den »Mutmaßungen über Jakob«, daß er die Schwierigkeiten seiner Bestimmung in die Form aufnehmen konnte und dabei überlebt hat. Allerdings kann der über das Reflexionspotential sprachästhetischer Form verfügende Schriftsteller ohnehin nicht anders, als die »Mythen des objektiven Scheins« (R. Barthes) bzw. die Mythen der »herrschenden Repräsentanz« (H. Heißenbüttel), die sich seinem wachen Bewußtsein entgegenstellen, fest ins Auge zu fassen und kraft der sprachästhetischen Reflexivität scheinbar disponibel, d. h. der Möglichkeit neuen Sinnverstehens zugänglich zu machen: ein Vorgang, der notfalls auch gegen den Autor und seine Intentionen, quasi »bewußtlos«, sich durchzusetzen vermag, weil die in Sprachkunst verwandelte Realität niemals ganz und endgültig das sein und bleiben kann, worauf sie sich bezieht. Indem Sprachkunst überhaupt nur das darzustellen imstande ist, was sie selbst so nicht unmittelbar ist, drängt sie ihren »Gegenstand« notwendig in eine neue Form. Das gilt über den Roman hinaus für Dichtung schlechthin, die innerhalb sprachästhetischer Reflexivität und Geschichte ihr Äußerstes hat, aufgrund der artifiziellen Freiheit, die der Dichter oder Schriftsteller gegen seine Zeit sich herausnimmt und die noch im Mißlingen als formalästhetischer Überschuß die je konkreten Inhalte überdauert; weil im eigentlichen Sinne »unzeitgemäß« vom nachgeborenen Interpreten als reaktionär oder als fortgeschritten beliebig mißzuverstehen. Gerade darin aber fordert historische Sprachgestalt immer erneut Verständnis heraus: Zeuge dafür, daß die in ihr beschlossenen Motive und Intentionen in den zeitgeschichtlichen Bezügen nicht aufgehen, denen sie konkret entstammen. Die substantiale Sprachform besitzt diesen Reflex wider zeitgeschichtliche Fixiertheit, weil der in ihr aufbewahrte Sinn nie an ein Ende kommen kann, vielmehr je aktuellem Verstehensvollzug zu fortwährender Überarbeitung anheimgestellt ist, worin das Maß ihrer Geschichtsmächtigkeit aufscheint.

Es sei ausdrücklich betont, daß die sprachästhetische Aufhebung manifester Lebenswirklichkeit als das vielleicht allgemeinste Thema des großen Romans nicht dem Wortlaut der einzelnen Phrase leicht entnommen werden kann, sondern nur in deren werkhermeneutischer Verwandlung als ein Moment der Form in den Blick kommen kann. Die vermittelnde und evozierende Kraft des sprachschaffenden Bewußtseins wird gegenüber vergangener Redehandlung – dieselbe ebenso voraussetzend wie aufhebend – immer in gewisser Weise als »Berichtigung des Sprachgebrauchs« (G. Ch. Lichtenberg) bzw. Umformulierung überlieferter Gattungsprinzipien fungieren, wenn sie ihrerseits, über das unmittelbare Welthaben hinaus, weltabtragend und welterschließend, entmythologisierend und mythenbildend, gerade das für die vorstellende Erkenntnis zur Sprache bringt, was der einfältig auf augenscheinliche Realität ausgehenden Erfahrung unzugänglich bleibt. Der Schriftsteller, der Realität im Roman gegenständlich werden läßt, besteht auf der bescheidenen Hoffnung, sie lasse sich in sprachästhetischer Form wenn schon nicht verändern, so doch wenigstens erkennen und als Grenze der Erkenntnis überschreiten. In dieser Eigenschaft ist der Roman ein Stück »Aufklärung«, »sokratischer Dialog« seiner Zeit (F. Schlegel), sofern er nicht einfach darstellt, was Wirklichkeit ist oder nur vortäuscht, sondern zugleich die Entzifferung und Enttäuschung dieser Wirklichkeit sowie ihre Erfahrbarkeit sprachimmanent vorführt. (Vgl. hierzu allgemein D. Kimpel, Transzendental-hermeneutische Literaturwissenschaft, in: Methodische Praxis der Literaturwissenschaft, 1975).

Die inhaltliche Tendenz der romanepischen Fiktion auf Lehre und Funktion hin ist die Folge jener naiven Selbstsicherheit in analytischen Verstand und deistische Vernunftmoral, die die historische Aufklärung durch den gesamteuropäischen Rationalismus seit dem Ende des 17. Jhs. auch in Deutschland befördert hat. Die Ursachen dieser für die Sprachästhetik folgenreichen Entwicklung liegen in ihrer Gesamtheit dem Übergang vom Mittelalter zur Neuzeit zugrunde. Wenngleich vielfältig und eng aufeinander bezogen, lassen sich die folgenden Bereiche der geschichtlichen Entwicklung unterscheiden:

1. Der bei *Thomas v. Aquin* noch im göttlichen Heilsplan fundierte traditionelle Ordnungsgedanke der Einheit von Naturgesetz und Menschengeschichte tritt auseinander in die kategorial unterschiedenen Felder szientifischer Weltaneignung: die neuen Wissenschaften *G. Galileis* und *G. Vicos!* Wir können es auch, anders ausgedrückt, als ein von Renaissance und Reformation vorbereitetes allgemeines Charakteristikum der europäischen Aufklärung bezeichnen, daß der Mensch der Gebundenheit des untertänig gläubigen Geschöpfs in christlich mittelalterliche Heilsvorstellung entwächst und der zu Natur und Geschichte säkularisierten göttlichen Vorsehung als rational planendes Subjekt, das zusammen mit seiner Lebenswirklichkeit sich selbst erforschen will, entgegentritt.

2. Für die Physiko-Theologie *(Descartes, Leibniz, Newton, Tschirnhaus, Wolff)* ist die Natur nur deshalb noch Schöpfungsordnung Gottes, weil die Affinität, Entsprechung, Angemessenheit von Naturgesetz und Menschenverstand, in deren Zusammenhang die Natur zum rational kalkulierbaren Objekt der Forschung und technologischen Beherrschung wird, nach einer Letztbegründung verlangt. Mit dem Vordringen der neuzeitlichen Naturwissenschaften und der an Newtons klassischer Mechanik orientierten Naturphilosophie verändert sich im Rahmen des alten Naturrechts das Verhältnis des Menschen nicht nur zur Ordnung der einen Gottnatur, sondern wesentlich auch zu den davon abgeleiteten staats-, gesellschafts- und wirtschaftspolitischen Ordnungsprinzipien.

3. Die alte Naturrechtslehre der Stoa und der Scholastik enthielt die durch Kosmos (Logos) bzw. Schöpfungsidee (lex aeterna) verbürgten Grundsätze, nach denen die Natur ein nach Gesetzen durchdachtes Ordnungssystem ist,

an dem der Mensch als animal rationale und animal sociale teilhat: mit seiner theoretischen Vernunft, die das Naturgeschehen erkennt und rekonstruiert und seiner praktischen Vernunft, die analog den Naturgesetzen positives Recht und politische Ordnung schafft, ist der Mensch Bestandteil der göttlichen Vernunft (divina ratio). Demgegenüber korrigiert im rationalistischen Naturrecht (*Locke, Hume, A. Smith* in England, *Grotius, Pufendorf* in Deutschland) eine bürgerlich individualistische Anthropologie jene aus einheitsstiftender Gottnatur erwachsene Vorstellung ständestaatlich geschlossener Ordnung von Gottes Gnaden nachhaltig. Der im absolutistischen Staat erstarkte dritte Stand hat diese Entwicklung aufgrund bestimmter Voraussetzungen in die Hand genommen und in zwei unterschiedlichen Bewegungen, die wiederum von zwei sozial unterschiedlich strukturierten Gruppen innerhalb des Bürgertums getragen worden sind, eingeleitet und durchgesetzt.

Ökonomisch mußte im Sinne des liberalistischen »laissez faire laissez aller« die kapitalistische Privatwirtschaft, das auf Arbeitsteilung, Markt, Warenverkehr, Mehrwert, Kapital basierende Erwerbsstreben des Einzelnen, ganz gleich ob er als Produzent, Fabrikant und Manufakturist, Händler, Bankier im Schutze des absolutistischen Staates am Wettbewerb des Marktes teilnahm, den allmählichen Zerfall feudaler Herrschaftsstrukturen und eine neue Gliederung der Gesellschaft bedeuten.

Über den bildungspolitischen Aspekt hinaus gewann daneben ein Prozeß geschichtliche Relevanz, in dessen Verlauf die lesende und schreibende bürgerliche Intelligenz (Pfarrer, Lehrer, Professoren, Verwaltungsbeamte, Ärzte, Offiziere) einen Freiraum besetzte, den der absolutistische Staat seit den europäischen Glaubensauseinandersetzungen zugunsten vermeintlicher Machtsteigerung bereitwillig geräumt hatte. – *R. Koselleck* beschreibt in seinem Buch »Kritik und Krise« (1959), wie die Erfahrung der religiösen Bürgerkriege staatstheoretische Überlegungen zu der Frage ausgelöst hatte, auf welche Weise Gewissen, Moral, individuelle Gesinnung auf der einen Seite, Staatsräson, Handlungsgewalt, Allgemeinwohl auf der anderen Seite zukünftig friedlich nebeneinander auskommen könnten. Die Antwort darauf erfolgte durch den aufgeklärten absolutistischen Staat, der dem Souverän zum Zwecke der Friedenssicherung nach innen und außen alle Verantwortlichkeit und Handhabe für das Gemeinwohl übertrug und dem davon ausgeschlossenen Bürger das weite Feld der räsonierenden Innerlichkeit, der Moral und der Gesinnnung überließ. Das Staatsinteresse war der Kompetenz des Gewissens entzogen und dem Herrscher anheimgestellt, bürgerliche Moral und Gesinnung blieben »in secret free«. Jener private Raum aber, den das absolutistische System aussparte, dem es keine Beachtung entgegenbrachte und kein politisches Gewicht zubilligte, wurde in Institutionen (Sprach-, Literatur- und Lesegesellschaften, Akademien, Salons, Logen etc.) und Äußerungsformen (Roman; das Theater als »moralische Anstalt«; *Gottscheds* Programm einer literarischen Bildung in der »Kritischen Dichtkunst«: Morallehre, Geschmacksbegriff, Stilideal; *A. G. Baumgartens* »Aesthetica« als Theorie der sinnlichen Erkenntnis etc.) der bürgerlichen Intelligenz zu einer kritisch moralisch argumentierenden literarischen Öffentlichkeit, die politisch gegen den absolutistischen Herrscher und seine Ideologie Stellung bezog. – Der Dualismus von Legitimität und Moralität, weltgeschichtlicher Handlungsvollmacht und lebensgeschichtlichem Gewissen, wird uns als das zentrale Thema der beiden großen Formen aufklärerischer Romanepik, im Staatsroman und im Familienroman, wieder begegnen.

Sprachgeschichtlich hat sich die so skizzierte Entwicklung vor allem in der sprachdefinitorischen Reaktion der Aufklärung auf das pathetische und hyperbolische Stilideal der Barockpoetik geltend gemacht: ein Vorgang, den wir heute als Säkularisierung des barokken Sprachmythos *(J. Böhme)* zum Begriff der Sprache als ergon (*Leibnizens* Universalcharakteristika, *Wolffs* Sprachregelungen) zu fassen gewohnt sind. Eine hochentwickelte, oft willkürliche Etymologie und eine komplex anspielungsreiche Metaphorik wird mit der Forderung nach Allgemeinverständlichkeit und wissenschaftlicher Verwertbarkeit konfrontiert. Es wurde bereits kurz angedeutet, mit welchen formalen Einfällen aufklärerische Sprachästhetik dieser Bedrohung ihrer Position die Spitze nimmt und welche Rolle der Roman dabei spielt (vgl. hierzu D. Kimpel u. C. Wiedemann, Theorie und Technik des Romans im 17. u. 18. Jh., 1970, Nachwort Bd II). Bildungssoziologisch äußert sich der Wandel in der Sprachauffassung im Umschwung von den metaphysischen Spekulationen eines akademisch gelehrten und höfisch gesellschaftlichen Formbewußtseins zum Utilitätsdenken des bürgerlichen common sense. Zusammen mit der spezifisch abendländischen Form fortschreitender Entmythologisierung oder Aufklärung, die nicht allein die Entwicklung der europäischen Kultursprachen, sondern besonders auch die weitere Geschichte des Romans motiviert, wird die geistesgeschichtliche und gesellschaftspolitische Umschichtung in Deutschland zur Geburtsstunde nicht nur des modernen bürgerlich realistischen Aufklärungsromans, sondern auch einer durch das Ausmaß der Buchproduktion und -distribution geförderten neuen Art des Lesekonsums, der Unterhaltungsliteratur, zu deren Kennzeichnung man jedoch für das 18. Jh. mit der heute modischen Vokabel Trivialliteratur sehr vorsichtig sein soll. Diese unterscheidet sich von dem praktischen Interesse des auf bürgerliches Selbstverständnis ausgerichteten Aufklärungsromans durch die Blindheit seiner Vorstellungsfolien gegenüber dem aufklärerischen Erkenntniswillen. Das Fehlen der auf Einsicht zielenden Durchdringung des epischen Gegenstandes ermöglicht »eine rasche, unüberlegte und sozusagen leichter genießbare Identifikation des Lesers« (H. Heißenbüttel) mit den platten Reproduktionen, die nur scheinbar das bezeichnen, was sie vorstellen, weil sie weder von ihrer stofflichen Herkunft noch von ihrem formalen Telos etwas wissen.

Zu einem Zeitpunkt, da der Unterschied von akademisch gelehrter und höfisch gesellschaftlicher gegenüber praktisch populärer Bildung ins Wanken gerät und die Prosaepik im Anschluß an die Moralischen Wochenschriften immer stärker zum Bildungsorgan des aufgeklärten Bürgers avanciert, erreicht auch der Roman die Wertschätzung, die ihm im Rahmen der Auseinandersetzung zwischen barockem Sprachmythos und aufklärerisch szientifischer Sprachregelung tatsächlich zukommt. Nicht zuletzt wird die genannte sprachgeschichtliche Bewegung, besonders die Entwicklung der Prosatheorie, darüber Aufschluß geben können, wie es zu der »transzendentalpoetischen« Ranghöhe des Romans in der Frühromantik kommen konnte, da das alte Vorurteil über den Romancier als den »Halbbruder des Dichters« (Schiller) äußerst zählebig bis ins 19. Jh. bestehen bleibt; hier besonders im akademischen Bereich bei *Hegel* (»Vorlesungen über Ästhetik«), *G. G. Gervinus* (»Geschichte der deutschen Dichtung«), selbst bei dem wegen seiner Prosa-Einschätzung unverdächtigen *Th. Mundt* (»Geschichte der Literatur der Gegenwart«).

Literatur:

K. Biedermann, Deutschland im 18. Jh., 2 Teile in 4 Bänden, Leipzig: J. J. Weber ²1880 (Reprogr. Nachdruck Aalen: Scientia Verlag 1969).

M. v. Boehn, Deutschland im 18. Jh., Berlin: Askanischer Verlag 1921/22.

M. Weber, Die protestantische Ethik und der Geist des Kapitalismus, zuerst in: Archiv für Sozialwissenschaft und Sozialpolitik, Bd 21 u. 22, Tübingen: Mohr 1905; danach in: *M. W.*, Gesammelte Aufsätze zur Religionssoziologie, ebd, ⁴1947, S. 17–206.

F. Borkenau, Der Übergang vom feudalen zum bürgerlichen Weltbild, Paris: F. Alcan 1934 (Reprogr. Nachdruck Darmstadt: Wiss. Buchgesellsch. 1971); dazu vgl. die Rez. von *H. Grossmann*, Die gesellschaftlichen Grundlagen der mechanistischen Philosophie und die Manufaktur, in: Zs. f. Sozialforschung 4, 1935, S. 161–231.

W. H. Bruford, German in the 18th century: the social background of the literary revival, Cambridge: Univ. Press 1935; dt.: Die gesellschaftlichen Grundlagen der Goethezeit, Weimar: Böhlau 1936; auch Ullstein 1975.

E. Ermatinger, Deutsche Kultur im Zeitalter der Aufklärung, Potsdam 1935, ²Ffm: Athenaion 1969.

L. Balet/E. Gerhard, Die Verbürgerlichung der deutschen Kunst, Literatur und Musik im 18. Jh., Straßburg/Leipzig/Zürich: Heitz & Co 1936. Neu hrsg. und eingel. von *G. Mattenklott*, Ffm/Bln/Wien: Ullstein 1973.

G. Lukács, Größe und Grenzen der deutschen Aufklärung, in: *G. L.*, Fortschritt und Reaktion in der deutschen Literatur, Berlin-Ost: Aufbau Verlag 1947; auch in: *G. L.*, Skizze einer Geschichte der neueren deutschen Literatur, ebda 1953 und Neuwied: Luchterhand 1964; *G. Lukács*, Werke, Neuwied: Luchterhand 1962 ff., Band 3.

Th. W. Adorno/M. Horkheimer, Dialektik der Aufklärung, Amsterdam 1947; auch: Frankfurt: Fischer-Taschenbuch 6144, 1972.

L. Kofler, Zur Geschichte der bürgerlichen Gesellschaft. Versuch einer verstehenden Deutung der Neuzeit, Neuwied: Luchterhand 1948, [4]1971.

A. Hauser, Sozialgeschichte der Kunst und Literatur, 2 Bde, München: Beck 1953; ungek. Sonderausg. in 1 Band ebda 1967.

O. Brunner, Neue Wege der Verfassungs- und Sozialgeschichte, Göttingen: Vandenhoeck & Ruprecht 1956, [2]1968.

R. Koselleck, Kritik und Krise. Zur Pathogenese der bürgerlichen Welt, Freiburg i. Br.: Alber 1959, [2]1969; auch Ffm: Suhrkamp 1973 (stw 36).

J. Habermas, Strukturwandel der Öffentlichkeit, Neuwied: Luchterhand 1962, [3]1968; auch Slg Luchterhand 25.

H. Mottek, Wirtschaftsgeschichte Deutschlands, 2 Bde, Berlin-Ost 1964, [5]1971.

H. Blumenberg, Legitimität der Neuzeit, Ffm: Suhrkamp 1966.

L. Goldmann, Der christliche Bürger und die Aufklärung, Neuwied: Luchterhand 1968.

R. Vierhaus, Deutschland im 18. Jh., in: Lessing und die Zeit der Aufklärung, Göttingen: Vandenhoeck & Ruprecht 1968, S. 12–29.

F. Wagner, Europa im Zeitalter des Absolutismus und der Aufklärung. Sonderdruck aus: Handbuch der Europäischen Geschichte, hrsg. v. *Th Schieder*, Bd 4 hrsg. v. *F. Wagner*, Stuttgart: Union Verlag 1968.

H. H. Hofmann, (Hrsg.), Die Entstehung des modernen souveränen Staates, Köln/Bln: Kiepenheuer & Witsch 1967.

G. Oestreich, Geist und Gestalt des frühmodernen Staates, Berlin: de Gruyter 1969.

N. Elias, Über den Prozeß der Zivilisation. Soziogenetische und psychogenetische Untersuchungen, 2 Bde, Basel 1939, [2]Bern: Francke 1969.

Ders., Die höfische Gesellschaft. Untersuchungen zur Soziologie des Königtums und der höfischen Aristokratie, Neuwied: Luchterhand 1969.

H. Möller, Die kleinbürgerliche Familie im 18. Jh. Verhalten und Gruppenkultur, Berlin: de Gruyter 1969.

J. Mittelstrass, Neuzeit und Aufklärung. Studien zur Entstehung der neuzeitlichen Wissenschaft und Philosophie, Berlin: de Gruyter 1970.

Handbuch der deutschen Wirtschafts- und Sozialgeschichte, hrsg. v. *H. Aubin* und *W. Zorn*, Band 1, Stuttgart: Union Verlag 1971.

Geschichtliche Grundbegriffe. Historisches Lexikon zur politisch-sozialen Sprache in Deutschland, hrsg. v. *O. Brunner, W. Conze, R. Koselleck*, Stuttgart: Klett 1972 ff., bisher 2 Bde (besonders die Artikel »Aufklärung« von *H. Stuke*, »Bürger« und »Bürgerliche Gesellschaft« von *M. Riedel*).

A. Cobban (Hrsg.), Das 18. Jahrhundert. Aufklärung, Rokoko, und Revolution, München/Zürich 1971 (Bildband).

H. Medick, Naturzustand und Naturgeschichte der bürgerlichen Gesellschaft, Göttingen: Vandenhoeck & Ruprecht 1973.

W. Euchner, Egoismus und Gemeinwohl. Studien zur Geschichte der bürgerlichen Philosophie, Ffm: Suhrkamp 1973 (e.s. 614).

L. Löwenthal, Literatur und Gesellschaft. Das Buch in der Massenkultur, Neuwied: Luchterhand 1964.

E. A. Blackall, The Emergence of German as a literary Language 1700–1775, Cambridge: Univ. Press. 1959; dt.: Die Entwicklung des Deutschen zur Literatursprache 1700–1775. Mit einem Bericht über neue Forschungsergebnisse von *D. Kimpel*, Stuttgart: Metzler 1966.

R. Engelsing, Analphabetentum und Lektüre. Zur Sozialgeschichte des Lesens in Deutschland zwischen feudaler und industrieller Gesellschaft, Stuttgart: Metzler 1973.

Ders., Der Bürger als Leser. Lesergeschichte in Deutschland 1500–1800, Stuttgart: Metzler 1974.

II. Vom Barockroman zum Aufklärungsroman

1. Der Barockroman in Frankreich und Deutschland. Romantheorie und Romankritik: P. D. Huet, G. Heidegger, S. v. Birken, G. W. Leibniz

Überblickt man die Romankritik bzw. -satire, die in Frankreich zusammen mit der berühmten »Astrée« (1607/27) des Honoré d'Urfé (1567–1625), dem heroisch-historischen Staats- und Liebesroman der G. de La Calprenède (1614–1663; »Cassandre«, 1642; »Cléopatre«, 1646/57) und M. Le Roy de Gomberville (1600–1674; »Polexandre«, 1637) und dem daran anknüpfenden »genre préciosité« (M. de Scudéry 1607–1701; »Artamène ou le Grand Cyrus«, 1648/53; »Clélie histoire romaine«, 1654/61; M.de Lafayette 1634–1693; »La Princesse de Clèves«, 1678) zuerst in Europa aufkommt und das 17. Jh. beherrscht, oft von geistlicher Seite, aber auch von den Schriftstellern selber vorgetragen wird, so springt ein Grundzug sogleich ins Auge. Er stellt sich in dem klassizistischen und rational regelmäßigen Jahrhundert Descartes', der Schule von Port Royal und der haute tragédie Corneilles und Racines nicht von ungefähr ein. Langlois dit Fancan »Le Tombeau des Romans ou il est discouru. I. Contre les Romans; II. Pour les Romans« (Paris 1626), Cyrano de Bergerac »Lettre contre un liseur de Romans« (Lyon 1663), N. Boileau »Dialogue sur les héros de Roman« (1680), M.de Scudéry »De la manière d'inventer une fable« (1682), – ganz gleichgültig ob im einzelnen mehr in apologetischer oder satirischer Absicht verfaßt –, sehen die Gefahr der Romanlektüre mit schöner Übereinstimmung in einer verführerischen Ablenkung entweder von der Wahrheit der wissenschaftlichen Historie oder von der Evidenz der christlichen Offenbarung. Die genannte Kritik oder Satire vereinigt die Grundforderung nach »vérité« bzw. »vraisemblance« mit deutlichem Hinweis auf Geschichte und Heilsgeschehen unter einer gemeinsamen Losung.

Da erscheint 1670 die Schrift des gelehrten Erzbischofs von Avranches, »Traité de l'origine des Romans« von *Pierre Daniel Huet:* »[...] Romans sont des fictions d'avantures amoureuses, écrites en Prose avec art, pour le plaisir et l'instruction des Lecteurs. Je dis des fictions, pour les distinguer des Histoires veritables« (p. 4 f.). Aber Huet geht bedeutend weiter:

»Or les fictions n'estant que des narrations vrayes en apparence, et fausses en effet, les esprits des simples qui ne voyent que l'escorce, se contentent de cette apparence de verité, et s'y plaisent: mais ceux qui penetrent plus avant et vont au solide, se dégoustent aisément de cette fausseté. De sorte que les premiers aiment la fausseté à cause de la verité apparente qui la cache, et les derniers se rebutent de cette image de verité, à cause de la fausseté effective qu'elle cache, si cette fausseté n'est d'ailleurs ingenieuse, misterieuse, et instructive, et ne se soustient par l'excellence de l'invention et de l'art. Et Augustin dit en quelque endroit que ces faussetés qui sont significatives, et enveloppent un sens caché, ne sont pas des mensonges, mais de figures de la verité; dont les plus sages, et les plus saints personnages, et nostre Seigneur mesme se sont servis« (p. 86 f. – In der deutschen Übersetzung *E. W. Happels* von 1682: »Weil aber die Verzierungen nichts anders sind / alß warhaffte Erzehlungen in dem schein / und falsche in der That / so vergnügen sich die Gemüther der Einfältigen mit diesem Schein der Warheit / und haben ihren Lusten daran. // Aber die jenigen / so tieffer durchdringen und biß in Marck hinein sehen / bekommen bald einen Eckel vor dieser Falschheit / daß demnach die ersten die Falschheit lieben / wegen der scheinbaren Warheit / so dieselbe bedecket / die letzten aber einen Abscheu tragen vor diesem Bildnüß der Wahrheit / auß ursache der offenbahren Falschheit / welche dasselbe bedecket / wofern diese Falschheit von einer andern Seiten her nicht Vernünfftig / voll Geheimnüssen und Lehren / und nicht auffgeputzet ist durch die Vortrefflichkeit der Findung und der Kunst. Der H. *Augustinus* spricht an einem gewissen Ort / daß diese Falschheiten / welche etwas bedeuten / und einen verborgenen Sinn bedecken / keine Lügen / sondern vielmehr Abbildungen der Wahrheit seyn / deren sich die allerweisesten und heilichsten Personen / ja unser Heyland selber zum offtern bedienet.«, ebd. S. 151 f.)

Wir entnehmen dem Zitat aus Huet zwei grundlegende Einsichten:

1. Der Roman wird als eine sprachästhetische Gattung (»fiction [...] en Prose avec art«) von den mythischen Fabeln und den Geschichtsbüchern (»histoires«) unterschieden. Das ist insoweit von Wichtigkeit, als in der angeführten französischen Romankritik immer wieder ein wissenschaftlicher Wahrheitsbegriff an den »Roman« herangetragen wird, den die Etymologie des Wortes verursacht haben mag. Seit Mitte des 12. Jhs. wurden in Frankreich mit »romans« (provenzalisch), »romanz« (altfranzösisch), »romance« (spanisch), »romanzo« (italienisch), »romanicum« (mittellateinisch) alle die vorwiegend historischen Erzählstoffe bezeichnet, die in bewußtem Gegensatz zum gelehrten Latein in der Volks- bzw. Vulgärsprache (lingua Romana) Verbreitung fanden; schließlich soviel wie historische Erzählung oder Geschichtsbuch bedeuteten (vgl. P. Voelker, M. L. Wolff). »C'est mesme une opinion receue que le nom de Roman se donnoit autre fois aux Histoires, et qu'il s'appliqua depuis aux fictions: ce qui est un tesmoignage invincible que les unes

sont venues des autres« (Huet, p. 88). Die Begriffsverwirrung ist zu einem Zeitpunkt vollkommen, da die Prosaauflösungen der alten »chansons de geste« und der seit dem 16. Jh. über ganz Europa verbreitete »Amadis« ebenfalls unter der Bezeichnung »roman« kursierten.

2. Mit der klaren Unterscheidung von »fiction« und »histoire«, Roman und Historie, kann der eigentliche Kunstcharakter der Gattung und ihr artifizieller Wahrheitsbegriff erörtert werden. Er wird von Huet mit Wendungen, die sich dialektischer Form nähern, dahingehend bestimmt, daß der Roman als Fiktion der Wirklichkeit in Gestalt der »bedeutenden Lüge« (»fausseté significative«) auftritt, d. h. sein Wesen darin findet, natürliche Gegenstände und realgeschichtliche Vorgänge in bestimmter Umschreibung darzustellen. Anders gewendet: Die Wahrheit der Wissenschaft und des Glaubens verliert nicht, weil sie in romanhafter Darstellung »scheinbar« verfehlt oder verleugnet wird. Denn der »fausseté significative« geht es gerade um den formalen Freiraum, in dem manifeste Realität disponibel wird, jedenfalls nicht das bleiben kann, was sie tatsächlich ist. Wird der Roman bei Huet auch via negationis in seinem Kunstcharakter gewürdigt, so bleibt er letztlich doch religiös begründet und damit funktional abhängig.

In Deutschland bietet sich ein vergleichbares Bild. Auf der einen Seite polemische Verachtung des Barockromans, für die der Schweizer Geistliche *Gotthard Heidegger* (1666–1711) mit seiner Streitschrift hier einstehen mag:

»Mythoscopia Romantica oder Discours von den so benanten Romans, Das ist / Erdichteten Liebes- Helden- und Hirten-Geschichten: von dero Uhrsprung / Einrisse / Verschidenheit / Nütz- oder Schädlichkeit: Samt Beantwortung aller Einwürffen / und vilen besonderen Historischen / und anderen anmühtigen Remarques.« Zürich: bey David Gessner 1698.

Das Epitheton »romantica« bzw. im Text »romantisch«, wohl abgeleitet von »romanisch« im Sinne von »romanhaft« (im Englischen gebraucht H. More in »The immortality of the soul«, 1659, »romantic«: »wie im Roman«), das bei Heidegger zuerst im Deutschen auftritt und pejorativ gemeint ist – phantastisch, abenteuerlich, unwahr, unmoralisch (Heidegger), unwahr, unhistorisch (»Bernischer Spectator«), unwirklich (Bodmer, Breitinger) – kennzeichnet die Einschätzung der »so benanten Romans«:

»Es seyn einige Romans, die den Zettel auß wahrhafften Historien entlehnen / wie der Arminius, Cleopatra, Statira etc aber indem sie ihn mit erlognen Umständen durchweben / oder auch wahrhaffte Historien under alten Nammen / mit falschen Circumstanzen beymengen / wie der Arminius, werden sie vil schlimmer / als die vorigen / denn sie machen die wahrhaffte Geschichten zu Lügen / sie liegen nicht allein / sonder affrontieren auch höchlich die unschuldige Wahrheit / und indem sie mit ihrem Lügenschmier dieselbe verstellen / und / was einem nachsinnenden Gemüth / das ärgste und unerleidlichste ist / fälschen und erstücken sie auß eignem Stör-Kopff die Eventus und Verläuffe / die der Höchste der in dem Himmel ist / und schaffet was Er will / auß geheimem Rath-Schluß / zu seiner Ehr / auff seine Weise geordnet« (§ LXII, S. 73 f.).

Auf der anderen Seite höchste Wertschätzung für den von G. Müller so genannten »höfisch-historischen« Staats- und Liebesroman des deutschen Literaturbarock aufgrund seines Anspruches, Weltgeschichte als Heilsgeschehen dichterisch wahrscheinlich zu machen. Die in diesen Romanen häufig anzutreffende Quellenfiktion steht im Dienst der Glaubwürdigkeit eines vom göttlichen Heilshandeln durchwalteten Geschichtsverlaufs.

Sigmund von Birken hat in der Voransprache zur »Aramena« des Herzogs Anton Ulrich von Braunschweig 1669 »Annales oder Jahrbücher« von den »Gedichtgeschichten« (Epen: Homer, Vergil) und »Geschichtgedichten« (Romane) unterschieden. Letztere »tragen entweder eine warhaftige Geschicht unter dem fürhang erdichteter Namen verborgen, sind in ihren umständen anderst geordnet, als sie sich begeben, und ihre Historie ist mit andern umständen vermehret, die sich warscheinlich begeben können: oder es sind ganz-erdichtete Historien, welche der Verfasser erfunden, seinen verstand und sich in der Sprache, darinn er schreibet, zu üben, auch andere, durch lehr-hafte beispiele, von lastern ab- und zur tugend anzumahnen. Dergleichen Geschichtmähren sind zweifelsfrei weit nützlicher, als die warhafte Geschichtschriften: dann sie haben die freiheit, unter der decke die warheit zu reden, und alles mit-einzufüren, was zu des Dichters gutem absehen und zur erbauung dienet; da man hingegen, in warhaften Historien, nicht allein die warheit nit allemal schreiben, noch die handlungen beurteilen darf, sondern auch nit alles darinn findet, womit man gern den verstand üben und zur tugendliebe bereden wolte«.

Als dichterische Theodizee hat denn auch *Leibniz* diese Romane verstanden. Er schreibt am 26. April 1713 nach dem unglücklichen Ausgang des Haager Friedens aus Wien an den Herzog Anton Ulrich von Braunschweig: »Ich hätte zwar wünschen mögen, daß der Roman dieser Zeiten eine beßere entknötung gehabt; aber vielleicht ist er noch nicht zum ende. Und gleichwie E. D. mit Ihrer Octavia noch nicht fertig, so kan Unser Herr Gott auch noch ein paar tomos zu seinem Roman machen, welche zulezt beßer lauten möchten. Es ist ohne dem eine von der Roman-Macher besten künsten, alles in verwirrung fallen zu laßen, und dann unverhofft herauß zu wickeln. Und niemand ahmet unsern Herrn beßer nach als ein Erfinder von einem schöhnen Roman.«

Mit Leibnizens Bemerkungen ist der eine große Typus des deutschen Barockromans, *der höfisch-historische Staats- und Liebesroman*, thematisch und strukturell umrissen: Weltgeschichte spiegelt sich im Schicksal eines Herrscherpaares, dessen Liebe und Standhaftigkeit das ganze politische Geschick ihrer Fürstenhäuser und Staaten mit enthält und repräsentiert. Zufall, Verwirrung und Widerwärtigkeit der physischen und moralischen Natur, Seesturm, Schiffbruch, Erdbeben einerseits, Versuchung, Verführung, Erpressung, Überfall und Gefangenschaft anderseits reißen sie auseinander, verknüpfen die parallele Handlungsführung ihrer getrennt verlaufenden Lebensgeschichten mit unzähligen Nebenhandlungen und Episoden, bis gegen Ende hin der von Fortuna scheinbar unentwirrbar und unübersehbar gewirkte Vorgang unter dem wachen Blick der Providentia, die vorher durch unerklärliche Eingriffe ihre Allgegenwart angedeutet hatte, zu der schönen Ordnung festlicher Apotheose, der Vereinigung und Heirat der Helden, sich entfaltet.

Was die Helden des höfisch-historischen Barockromans in personaler Repräsentation zum Ausgleich bringen und in allen Wechselfällen des Daseins standhaft bewähren, politisch agierende Staatsräson und sittlich handelndes Individuum, ist hinsichtlich des Menschenbildes Ausdruck der Barockhumanität, hinsichtlich der Form-Entelechie des »Geschichtgedichts«, in deren Verlauf Weltgeschichte und Heilsgeschehen einander aufheben, Manifestation der Barockmystik.

Im Anschluß an Heliodors »Aithiopika«, um 1560 in Deutschland bekannt, und die deutsche Übersetzung von J. Barclays »Argenis« (lat. 1621) durch M. Opitz 1626 haben *A. H. Bucholtz* (1607–1671; »Des christlichen deutschen Großfürsten Herkules und des böhmischen königlichen Fräulein Valiska Wundergeschichte, 2 Teile, 1659), *Herzog Anton Ulrich von Braunschweig* (1633–1714; »Die durchleuchtige Syrerin Aramena«, 5 Teile, 1669/73; »Römische Octavia«, 6 Teile, 1677/1707), *H. A. v. Zigler und Kliphausen* (1663–1696; »Asiatische Banise«, 1689) und *D. C. v. Lohenstein* (1635–1683; »Großmütiger Feldherr Arminius oder Hermann, als ein tapferer Beschirmer der deutschen Freiheit, nebst seiner durchlauchtigen Thusnelda in einer sinnreichen Staats- Liebes- und Heldengeschichte ...«, ca 4000S., unvollendet, 1689) dem höfisch absolutistischen Weltbild und Handlungsbegriff exemplarische Gestalt verliehen und »die geistigsten Gesamtkunstwerke des deutschen Barockzeitalters« (G. Müller) geschaffen.

Neuere Untersuchungen, besonders die über »Epische Formen im höfischen Barockroman« am Beispiel Anton Ulrichs von *A. Haslinger*, haben unter Einbeziehung des potentiellen Lesers sowie des Begriffspaars von der Oberflächen- und Tiefenstruktur zur Erläuterung der Homologie zwischen augenscheinlich verwirrendem Vordergrundsgeschehen und verborgen wirkender Heilsplanung die zuerst von G. Müller am höfisch-historischen Staats- und Liebesroman aufgewiesene allgemeine Anlage, auch die Beziehung dieses durchgehenden Strukturprinzips zu Leibnizens Monadenbegriff und Theodizee mit differenzierten Analysen ausführen und bestätigen können. – Dagegen hat *F. Martini* mit seiner Studie »Der Tod Neros« zum Erzählstil in Anton Ulrichs »Octavia« und »Aramena« die Frage der epochalen

Zuordnung neu gestellt. Die der »Octavia« eingeschaltete Geschichte vom Tod Neros, an deren eingehender Interpretation Martini seine These vorführt, enthalte schon nicht mehr die zeit- und gattungsspezifische konstante und typische Figur, sondern eine individuell gedeutete »psychologisch in ihrer Subjektivität« dargestellte Person. Überdies sei »der Stil der ›Octavia‹ [...] nicht nach jenen Prinzipien der Rhetorik geformt, die sich am ›stilus ornatus‹, an der poetischen ›elocutio‹ und am ›genus altissimum‹ orientieren. Anton Ulrich und Birken setzen ihnen einen Stil entgegen, der auf die ›connexio realis‹ zielt und von einer Sach- und Rationalbezogenheit bestimmt wird. Sie folgt den Prinzipien der Wahrscheinlichkeit, der Natürlichkeit und Simplizität; sie bewirkt einen einheitlich fließenden Zusammenhang in Syntax und Vokabular. Es geht bei Anton Ulrich und bei Birken um eine Rhetorik klassizistischer Prägung, die aus dem Stilbereich des Barock hinaus und auf den der frühen Aufklärung verweist. Die in dieser Studie nachgewiesene Priorität der Sache, das heißt der bewegten Handlung, und von deren rationaler Begründung und Durchschaubarkeit war – entgegen der dekorativ-scharfsinnigen und artistisch verselbständigten Sprachgestaltung des Hochbarock – ein Grundpostulat des von der frühen Aufklärung verfochtenen Stils.« Wenn Martini nach diesen Sätzen dann noch die »Qualität der ›perspicuitas‹, der Deutlichkeit, und des ›aptum‹ als einer Angemessenheit der Sprache an den gewählten Gegenstand« für die Romane des Herzogs von Braunschweig zur Stützung seiner These ins Feld führt und im Zuge dieser erstaunlichen Aussage von einem Mimesisbegriff spricht, der »die Darstellung mit dem, was sich in der Empirie anbietet« übereinstimmen lasse, geht er m. E. einen Schritt zu weit. Seine noch so aufschlußreichen und bemerkenswerten Beobachtungen zur Askese des klassizistischen Prosastils im Barock lassen solche Schlußfolgerungen einfach nicht zu. Die frühaufklärerischen erkenntnistheoretischen (Psychologia empirica und Psychologia rationalis Wolffs) Begriffe der Deutlichkeit (Distinktheit) und Angemessenheit (Affinität von Gegenstand, Erkenntnisvermögen, Begriff) gehen im Rahmen der philosophischen Ästhetik über die der rhetorischen Systematik entnommenen Bedeutungen der perspicuitas und des aptum weit hinaus. Seit Descartes, der Schule von Port Royal und Leibniz haben die sprachdefinitorischen Bemühungen der frühaufklärerischen Schulphilosophie (Wolff, Baumgarten, Gottsched) einen säkularen Gehalt angenommen (Theorie der sinnlichen Erkenntnis: Aesthetica est scientia sensitiva, Morallehre, Geschmacksbegriff z. B.), der dem strukturell durchgehaltenen metaphysischen Ordnungsdenken in den Romanen Anton Ulrichs noch fremd und unzugänglich ist. Zum Stand der Erforschung des Prosastils im 17. Jh. verweise ich in diesem Zusammenhang auf die Bemerkungen bei *V. Meid* (Der deutsche Barockroman, S. 54 f.).

Ferner sei allen denen, die im Zeichen des Literaturbarocks Ansätze individualisierender Figurendarstellung für ein geschichtlich vorgreifendes Gestaltungsprinzip halten, zu bedenken gegeben, daß das in Form der sprachästhetischen Umschreibung exakt Leibnizens Begriff der wachen oder bewußten Monade entspricht, die wesentlich auf individuelle Weise das Allgemeine vorstellt (repräsentiert) und mit dieser Bestimmung zugleich ihre Stellung im kosmischen Geschehen definiert. Wichtig für die Analyse des epischen Vorgangs im höfisch-historischen Barockroman ist nicht so sehr der Sachverhalt, daß überhaupt Individuelles zur Gestaltung drängt, als vielmehr die Frage, wie sich Individuelles in seinem Verhältnis zur allgemeinen Ordnung religiöser Letztbegründung verhält!

Bringt der höfisch-historische Barockroman durch sein den epischen Vorgang organisierendes Strukturprinzip zum Ausdruck, daß das Diesseits, die schlechte Endlichkeit, die der Sünde verfallene Welt, einer durchscheinenden Begründung bedarf, damit der Held in ihr letztlich sinnhaft bestehen kann, so demonstriert der zweite große Romantypus des deutschen Literaturbarock, der *Pikaro- oder Schelmenroman,* am Beispiel eines einsträngigen Lebensverlaufs, unterhalb der höfischen Gesellschaftskreise, aber nicht minder exklusiv als jene, im Bereich des dienenden und fahrenden Gesindes, der Bettler, Räuber und Dirnen, das abenteuerliche Auf und Ab eines jungen Burschen von vollkommener Unerfahrenheit und Torheit über fortschreitende Enttäuschung bis hin zu dem »Adieu Welt«, dem Sich-Versagen, worin der Held seine Erlebnisse mit der Heillosigkeit dieser Welt, im Sinne der Entscheidung gegen eine nur negative Bildungserfahrung in ihr zusammenfaßt.

Es ist die Frage, ob die Bezeichnung »Bildungsroman« (M. Gerhard, W. Hoffmann), die den zweifelsfreien Abstand von J. Ch. v. Grimmelshausens (1621–1676) »Abenteuerlichem Simplicissimus« (1669) von seinen spanischen Vorbildern (»Lazarillo de tormes«, anonym 1554, von N. Ulenhart 1617 ins Deutsche übertragen; Mateo Aleman, »Guzman de Alfarache«, 1599, von A. Albertinus übersetzt) begreifen soll, seinem Gegenstand tatsächlich angemessen ist. Bei Grimmelshausen wird zwar am Leitfaden der Erlebnisse und Erfahrungen des Helden »Aufklärung« vorgeführt, allerdings immer nur in dem ausgemacht objektiven Sinn der Defizienz alles Irdischen, was an der Erzählhaltung deutlich ablesbar ist. Diese aufklärerische Tendenz in ihrer Abwendung von Welthaftigkeit überhaupt, verwirft gerade das, worin Bildung einzig wirklich werden kann. Bildungserfahrung, die im Bildungsroman zwischen Held und Welt wechselseitig sich herausarbeiten müßte, scheint im »Simplicissimus« zusammen mit der soweit persönlich-individuell ohnehin jeder Sinnhaftigkeit baren Empirie zugunsten der asketischen Betrachtungen des Reumütigen und Bußfertigen sub specie aeternitatis zugrunde gegangen und eliminiert.

Literatur:

1. Romanische Einflüsse auf die deutsche (Roman-) Literatur und Theorie des 17. und frühen 18. Jhs.

B. Groethuysen, Die Entstehung der bürgerlichen Welt- und Lebensanschauung in Frankreich, 2 Bde, Halle: Niemeyer 1927/30 (Reprogr. Nachdruck Hildesheim: Olms 1973).

F. Schürr, Barock, Klassizismus und Rokoko in der französischen Literatur, Leipzig: Teubner 1928.

E. Thurau, »Galant«. Ein Beitrag zur französischen Sprach- und Kulturgeschichte, Limburg/Lahn: Vereinsdruckerei 1936 (Diss. Ffm 1936).
F. Schalk, Studien zur französischen Aufklärung, München: Huber 1964.
W. Krauss, Studien zur deutschen und französischen Aufklärung, Berlin: Rütten & Loening 1963.
Ders., (Hrsg.), Die französische Aufklärung im Spiegel der deutschen Literatur des 18. Jhs., Berlin: Akademie Verlag 1963.
Ders., Perspektiven und Probleme. Zur französischen und deutschen Aufklärung, Neuwied: Luchterhand 1965.
Ders., (Hrsg.), Antike und Moderne in der Literaturdiskussion des 18. Jhs., Berlin: Akademie Verlag 1966.
Ders., Zur Bedeutungsgeschichte von »Romanesque« im 17. Jh., in: *W. K.*, Gesammelte Aufsätze zur Sprach- und Literaturwissenschaft, Ffm: Klostermann 1949.
Ders., Zur französischen Romantheorie des 18. Jhs., in: Nachahmung und Illusion. Kolloquium Gießen 1963, München: Fink 1964.
H. R. Jauss, Literarische Tradition und gegenwärtiges Bewußtsein der Modernität, in: *H. R. J.*, Literaturgeschichte als Provokation, Ffm: Suhrkamp 1970 (e. s. 418).
G. Schneider, Der Libertin. Zur Geistes- u. Sozialgeschichte des Bürgertums im 16. u. 17. Jh., Stuttgart: Metzler 1970.
P. Bürger, Studien zur französischen Frühaufklärung, Ffm: Suhrkamp 1972 (e. s. 525).
A. Buck, Dichtungslehren der Renaissance und des Barock, in: Neues Handbuch der Literaturwissenschaft, hrsg. von *K. v. See*, Bd 9: Renaissance und Barock, hrsg. von *A. Buck*, Ffm: Athenaion 1972.
A. Opitz, Schriftsteller und Gesellschaft in der Literaturtheorie der französischen Enzyklopädisten, Bern/Ffm: Lang 1975.

M. Oeftering, Heliodor und seine Bedeutung für die Literatur, Berlin: Felber 1901.
M. v. Waldberg, Der empfindsame Roman in Frankreich. Bd I: Bis zum Beginn des 18. Jhs., Berlin: Trübner 1906.
W. v. Wurzbach, Geschichte des französischen Romans, Heidelberg: Winter 1912.
M. Magendie, Le roman français au 17ᵉ siècle, Paris: Droz 1932.
M. Bardon, Don Quichotte en France au 17ᵉ et au 18ᵉ siècle (1605–1815), Paris: Champion 1931.
R. Burkart, Die Kunst des Maßes in Mme de Lafayettes »Princesse de Clèves«, Bonn: Röhrscheid 1933.
O. Ninow, Die Komposition des französischen Romans im 17. Jh. nach seinen Hauptvertretern, Leipzig: Noske 1935.
E. Hübner, Der höfische Roman des französischen Rokoko, Diss. Greifswald 1936.
E. Köhler, Mme de Lafayettes »La Princesse de Clèves«. Studien zur Form des Klassischen Romans, Hamburg: Cram, de Gruyter 1959.
G. May, Le Dilemme du Roman au 18ᵉ Siècle. Etude sur les Rapports du Roman et de la Critique (1715–1761), New Haven, Paris 1963.

E. Reichel, Gesellschaft und Geschichte im »Roman bourgeois« von Antoine Furetière, Diss. Kiel 1966 (masch.).
A. Stoll, Scarron als Übersetzer Quevedos. Studien zur Rezeption des pikaresken Romans »El Buscón« in Frankreich, Ffm 1970 (Rotaprint).
Ders., Wege zu einer Soziologie des pikaresken Romans, in: Spanische Literatur im Goldenen Zeitalter. Fritz Schalk zum 70. Geburtstag, Ffm: Klostermann 1973, S. 461–518.
D. Steland (Hrsg.), Französische Literatur von Ronsard bis Rousseau, Ffm: Fischer 1968 (Fischer Bücher 945).
J. v. Stackelberg (Hrsg.), Von Rabelais bis Voltaire. Zur Geschichte des französischen Romans, München: Beck 1970.
L. Schrader, Der französische Roman des 16. und 17. Jhs., in: Neues Handbuch der Literaturwissenschaft, hrsg. von *K. v. See*, Bd 9: Renaissance und Barock, hrsg. von *A. Buck*, Ffm: Athenaion 1972.

W. Küchler, Empfindsamkeit und Erzählkunst im Amadisroman, in: Zs. f. frz. Spr. u. Lit. 35, 1909, S. 158–225.
T. W. Berger, »Don Quixote« in Deutschland und sein Einfluß auf den deutschen Roman 1613–1800, Diss. Heidelberg 1908.
J. Schwering, Cervantes' »Don Quijote« und sein Kampf gegen den Roman in Deutschland, in: Euph. 29, 1928, S. 497–503.
H. Rausse, Zur Geschichte des spanischen Schelmenromans in Deutschland, Münster: Schoeningh 1908.
H. Tiemann, Das spanische Schrifttum in Deutschland von der Renaissance bis zur Romantik, Hamburg: Lütcke & Wolff 1936.
W. Beck, Die Anfänge des deutschen Schelmenromans, Diss. Zürich 1957.
G. Hoffmeister, Die spanische »Diana« in Deutschland. Vergleichende Untersuchungen zu Stilwandel und Weltbild des Schäferromans im 17. Jh., Berlin: E. Schmidt 1972.
G. Heetfeld, Vergleichende Studien zum deutschen und französischen Schäferroman, Diss. München 1954 (masch.).
C. Paulsen, geb. *Reuss*, Die »Durchleuchtigste Syrerin Aramena« des Herzogs Anton Ulrich von Braunschweig und »La Cléopâtre« des G. de La Calprenède, Diss. Bonn 1957 (masch.).
H. Heidenreich (Hrsg.), Pikarische Welt. Schriften zum europäischen Schelmenroman, Darmstadt: Wiss. Buchgesellsch. 1969.
H. G. Rötzer, Picaro – Landstörtzer – Simplicius. Studien zum niederen Roman in Spanien und Deutschland, Darmstadt: Wiss. Buchgesellsch. 1972.

E. Alanne, Das Eindringen der romanischen Sprachen in den Wortschatz des Frühbarock, in: ZfdSp. 21, 1965, S. 84–91.
P. D. Huet, Traité de l'origine des romans. Faksimiledruck nach der Erstausgabe von 1670 und der Happelschen Übersetzung von 1682. Mit Einleitung von *H. Hinterhäuser*, Stuttgart: Metzler 1966 (Slg Metzler 54).
P. Voelker, Die Bedeutungsentwicklung des Wortes Roman, Halle: E. Karras 1887 (Diss. Halle-Wittenberg 1887).

M. L. Wolff, Geschichte der Romantheorie mit besonderer Berücksichtigung der deutschen Verhältnisse. Teil 1: Von den Anfängen bis gegen die Mitte des 18. Jhs., Nürnberg: C. Koch 1915 (Diss. München 1911).

E. Neustädter, Versuch einer Entwicklungsgeschichte der epischen Theorie bis zum Klassizismus, Diss. Freiburg i. Br. 1927.

U. Hitzig, Gotthard Heidegger (1666–1711), Winterthur: P. G. Keller 1954 (Diss. Zürich 1953).

Gotthard Heidegger, Mythos-Copia Romantica oder Discours von den so benanten Romans. Faksimileausgabe nach dem Original von 1698, hrsg. von *W. E. Schäfer*, Ffm: Athenäum 1969.

W. Lockemann, Die Entstehung des Erzählproblems. Zur deutschen Dichtungstheorie im 17. und 18. Jh., Meisenheim: Hain 1963 (Diss. Mainz 1962).

W. E. Schäfer, »Hinweg nun Amadis und Deinesgleichen Grillen«. Die Polemik gegen den Roman im 17. Jh., in: GRM N. F. 15, 1965, S. 366–384.

W. Voßkamp, Romantheorie in Deutschland. Von M. Opitz bis Fr. v. Blanckenburg, Stuttgart: Metzler 1973.

F. Wahrenburg, Funktionswandel des Romans u. ästhetische Norm. Die Entwicklung seiner Theorie in Deutschland bis zur Mitte des 18. Jhs., Stuttgart: Metzler 1976.

2. Roman und Romantheorie des deutschen Literaturbarock

H. G. Rötzer, Der Roman des Barock (1600–1700). Kommentar zu einer Epoche, München: Winkler 1972.

V. Meid, Der deutsche Barockroman, Stuttgart: Metzler 1974 (Slg Metzler 128).

U. Herzog, Der deutsche Roman des 17. Jhs. Eine Einführung, Stuttgart: Kohlhammer 1976.

A. Schöne (Hrsg.), Das Zeitalter des Barock, München: Beck 1963, ²1968 (Die deutsche Literatur. Texte und Zeugnisse Bd 3).

R. Alewyn (Hrsg.), Deutsche Barockforschung. Dokumentation einer Epoche, Köln: Kiepenheuer & Witsch 1965.

M. Szyrocki (Hrsg.), Poetik des Barock, Reinbek b. Hamburg: Rowohlt 1968.

G. Hoffmeister, Europäische Tradition und deutsches Literaturbarock. Internationale Beiträge zum Problem von Überlieferung und Umgestaltung, Bern/München: Francke 1973.

D. Kimpel/C. Wiedemann (Hrsg.), Theorie und Technik des Romans im 17. und 18. Jh., Bd I: Barock und Aufklärung, Tübingen: Niemeyer 1970.

E. Lämmert (Hrsg.), Romantheorie I (1620–1880), Köln/Bln: Kiepenheuer & Witsch 1971.

E. Weber (Hrsg.), Texte zur Romantheorie I (1626–1731), München: Fink 1974.

Deutsche Romane der Barockzeit, von *K. G. Knight*, London: Methuen & Co 1969.

L. Cholevius, Die bedeutendsten deutschen Romane des 17. Jhs., Leipzig: Teubner 1866 (Reprogr. Nachdruck Darmstadt: Wiss. Buchgesellsch. 1965).

E. Cohn, Gesellschaftsideale und Gesellschaftsroman des 17. Jhs., Berlin: Ebering 1921 (Reprogr. Nachdruck Nendeln/Liechtenstein: Kraus 1967).

H. Anton, Gesellschaftsideal und Gesellschaftsmoral im ausgehenden 17. Jh., Breslau: Priebatsch 1935.

G. Müller, Barockromane und Barockroman, in: Litwiss. Jb. d. Görres-Gesellschaft 4, 1929, S. 1–29.

E. Thurnher, Das Formgesetz des barocken Romans, in: Innsbrucker Beiträge zur Kulturwissenschaft Bd 6, Innsbruck: Sprachwiss. Inst. 1959, S. 147–154.

R. Alewyn, Erzählformen des deutschen Barock, in: Formkräfte der deutschen Dichtung, hrsg. von *H. Steffen*, Göttingen: Vandenhoeck & Ruprecht 1963, ^{2}1967, S. 21–34.

H. Meyer, Der deutsche Schäferroman des 17. Jhs., Dorpat: Mattiesen 1928 (Diss. Freiburg i. Br. 1927).

K. Garber, Der locus amoenus und der locus terribilis. Bild und Funktion der Natur in der deutschen Schäfer- und Landlebendichtung des 17. Jhs., Köln/Wien: Böhlau 1974.

J. Prys, Der Staatsroman des 16. und 17. Jhs. und sein Erziehungsideal, Würzburg: F. Staudenraus 1913 (Diss. Würzburg 1912).

G. W. Stern, Die Liebe im deutschen Roman des 17. Jhs., Berlin: Ebering 1932 (Reprogr. Nachdruck Nendeln/Liechtenstein: Kraus 1967).

P. Kettelhoit, Formanalyse der Barclay-Opitzschen »Argenis«, Bottrop: W. Postberg 1934 (Diss. Münster 1933).

Cl. Lugowski, Die märchenhafte Enträtselung der Wirklichkeit im heroisch-galanten Roman, in: *C. L.*, Wirklichkeit und Dichtung. Untersuchungen zur Wirklichkeitsauffassung H. v. Kleists, Ffm: Diesterweg 1936, S. 1–62; wiederabgedruckt in: *R. Alewyn*, Deutsche Barockforschung, 1965, S. 372–394.

A. C. Jungkunz, Menschendarstellung im deutschen höfischen Roman des Barock, Diss. Münster 1937 (Reprogr. Nachdruck Nendeln/Liechtenstein: Kraus 1967).

P. L. Farwick, Die Auseinandersetzung mit der Fortuna im höfischen Barockroman, Lengerich: Handelsdruckerei 1941 (Diss. Münster 1940).

O. Woodtli, Die Staatsräson im Roman des deutschen Barocks, Frauenfeld: Huber 1943.

U. Stadler, Der einsame Ort. Studien zur Weltabkehr im heroischen Roman, Bern/München: Francke 1971.

H. Geulen, Erzählkunst der frühen Neuzeit, Habil.-Schrift Münster 1971 (masch.), Tübingen: Rotsch 1975.

H. Wagener, The German Baroque Novel, New York 1973.

Zu A. H. Bucholtz:

F. Stöffler, Die Romane des A. H. Bucholtz (1607–1671), Diss. Marburg/Lahn 1918.

U. Maché, Die Überwindung des Amadisromans durch A. H. Bucholtz, in: ZfdPh. 85, 1966, S. 542–559.
I. Springer-Sand, Barockroman und Erbauungsliteratur. Studien zum Herkulesroman von A. H. Bucholtz, Bern/Ffm: Lang 1975.

Zu Philipp von Zesen:
F. v. Ingen, Philipp von Zesen, Stuttgart: Metzler 1971 (Slg Metzler 96).
Ders. (Hrsg.), Philipp von Zesen 1619–1669. Beiträge zu seinem Leben und Werk, Wiesbaden: Steiner 1972.
P. Baumgartner, Die Gestaltung des Seelischen in Zesens Romanen, Frauenfeld: Huber 1942.
W. Kettler, Ph. v. Zesen und die barocke Empfindsamkeit, Diss. Wien 1949 (masch.).
E. Lindhorst, Ph. v. Zesen und der Roman der Spätantike, Diss. Göttingen 1955 (masch.).
U. Rausch, Ph. v. Zesens »Adriatische Rosemund« und Ch. F. Gellerts »Leben der Schwedischen Gräfin von G.« Zur Individualitätsentwicklung im deutschen Roman, Diss. Freiburg i. Br. 1961 (masch.).
V. Meid, Zesens Romankunst, Diss. Ffm 1966 (Rotaprint).
Ders., Barockroman und Erbauungsliteratur. Quellenmaterial zu Zesens »Simson«, in: Levende Talen 265, 1970, S. 125–141.
K. Kaczerowsky, Bürgerliche Romankunst im Zeitalter des Barock. Philipp v. Zesens »Adriatische Rosemund«, München: Fink 1969.

Zu Anton Ulrich von Braunschweig:
Cl. Heselhaus, Anton Ulrichs »Aramena«. Studien zur dichterischen Struktur des deutschbarocken »Geschichtgedicht«, Würzburg: Triltsch 1939.
W. Bender, Verwirrung und Entwirrung in der »Octavia/Roemische Geschichte« Herzog Anton Ulrichs von Braunschweig, Diss. Köln 1964.
Ders., Herzog Anton Ulrich von Braunschweig-Wolfenbüttel. Biographie und Bibliographie, in: Philobiblon 8, 1964, S. 166–187.
B. L. Spahr, Anton Ulrich and Aramena. The genesis and development of a Baroque novel, Berkeley/Cal.: The University of California Press 1966.
A. Haslinger, Epische Formen im Barockroman. Anton Ulrichs Romane als Modell, München: Fink 1970.
F. Martini, Der Tod Neros. Suetonius, Anton Ulrich v. Braunschweig, S. v. Birken oder: Historischer Bericht, erzählerische Fiktion und Stil der frühen Aufklärung, in: Probleme des Erzählens in der Weltliteratur. Festschrift für Käthe Hamburger, hrsg. von F. Martini, Stuttgart: Klett 1971. – Erweiterte Fassung Stuttgart: Metzler 1974.

Zu D. C. von Lohenstein:
B. Asmuth, D. C. v. Lohenstein, Stuttgart: Metzler 1971 (Slg Metzler 97).
Ders., Lohenstein und Tacitus. Eine quellenkritische Interpretation der Nero-Tragödien und des Arminius-Romans, Stuttgart: Metzler 1971.
L. Laporte, Lohensteins »Arminius«, Berlin: Ebering 1927 (Reprogr. Nachdruck Nendeln/Liechtenstein: Kraus 1967).

M. Wehrli, Das barocke Geschichtsbild in Lohensteins »Arminius«, Frauenfeld: Huber 1938.
W. Voßkamp, Zeit- und Geschichtsauffassung im 17. Jh. bei Gryphius und Lohenstein, Bonn: Bouvier 1967.
D. Kafitz, Lohensteins »Arminius«. Disputatorischer Aufbau und Lehrgehalt in einem Roman zwischen Barock und Aufklärung, Stuttgart: Metzler 1970.
E. M. Szarota, Lohensteins Arminius als Zeitroman. Sichtweisen des Spätbarock, Bern/München: Francke 1970.
W. Bender, Lohensteins »Arminius«. Bemerkungen zum »Höfisch-Historischen« Roman, in: Rezeption und Produktion zwischen 1570 und 1730. Festschrift für G. Weydt zum 65. Geburtstag, hrsg. von *W. Rasch* u. a., Bern/München: Francke 1972, S. 381–410.
K.-H. Mulagk, Phänomene des politischen Menschen im 17. Jh. Propädeutische Studien zum Werk Lohensteins, Berlin: A. Schmidt 1973.

Zu H. A. von Zigler und Kliphausen:
W. Pfeiffer-Belli, »Die Asiatische Banise«. Studien zur Geschichte des höfisch historischen Romans, Berlin: Ebering 1940.
R. Röder, Barocker Realismus in der »Asiatischen Banise«, Diss. Erlangen 1948 (masch.).
E. Schwarz, Der schauspielerische Stil des deutschen Hochbarock. H. A. v. Ziglers »Asiatische Banise«, Diss. Mainz 1956 (masch.).
E.-M. Schramek, Die Komposition der »Asiatischen Banise« von H. A. v. Ziegler und Klipphausen, Diss. Wien 1971 (masch.).

Zu H. J. Ch. von Grimmelshausen:
G. Weydt, H. J. Ch. v. Grimmelshausen, Stuttgart: Metzler 1971 (Slg Metzler 99).
Ders. (Hrsg.), Der Simplicissimusdichter und sein Werk, Darmstadt: Wiss. Buchgesellschaft 1969 (Wege der Forschung Bd CLIII).
W. E. Schäfer, Die sogenannten »heroisch-galanten Romane Grimmelshausens«, Diss. Bonn 1957 (masch.).
S. Streller, Grimmelshausens Simplicianische Schriften. Allegorie, Zahl, Wirklichkeitsdarstellung, Berlin: Rütten & Loening 1957.
G. Rohrbach, Figur und Charakter. Strukturuntersuchungen an Grimmelshausens »Simplicissimus«, Bonn: Bouvier 1959.
W. Hoffmann, Grimmelshausens »Simplicissimus« – nicht doch ein Bildungsroman?, in: GRM N.F. 17, 1967, S. 166–180.
H. Gersch, Geheimpoetik. Die »Continuatio des abentheuerlichen Simplicissimi« interpretiert als Grimmelshausens verschlüsselter Kommentar zu seinem Roman, Tübingen: Niemeyer 1973.

2. Verwandlungen des barocken Pikaro-Romans im frühaufklärerischen Politischen Roman: J. Beer, Ch. Weise, J. Riemer, W. C. Printz, J. Kuhnau. – Ch. Reuters »Schelmuffsky« als Satire auf das bürgerliche Selbstverständnis der Übergangszeit

Es bedurfte schon des Aufkommens der neuzeitlichen Naturwissenschaften, des Übergangs von stoisch-scholastischen zu rationalistischen Naturrechtsvorstellungen, schließlich der Bildung einer bürgerlichen Gesellschaft im absolutistischen Staat und der damit insgesamt verbundenen Säkularisierung der Natur sowie der Entwicklung des geschichtlichen Sinnes innerhalb der gesamteuropäischen Aufklärung, um die wissenschafts- bzw. bildungstheoretische und gesellschaftspolitische Umwertung einzuleiten, die der empirischen Natur ihren Eigensinn und dem empirischen Subjekt sein Selbstverständnis zuerkannte. Natürliche und geschichtliche Gegenstände fungieren im frühaufklärerischen Roman nicht mehr bloß gleichnishaft oder allegorisch für einen transzendenten Sinn, der allenfalls heilsgeschichtliche Zuordnung nicht aber lebensgeschichtliche Bedeutung verbürgt: die konkrete von Gesetz oder Interesse geleitete Zweckmäßigkeit wird vielmehr zum eigentlichen Erfahrungsgehalt aufklärerischer Vernunftmoral und Weltfrömmigkeit. Die vom »politischen« Verstand getragenen Romane Ch. Weises und J. Riemers sind von der gleichen pragmatisch didaktischen Tendenz gekennzeichnet, wie sie uns in der empfindsam räsonierenden Selbstbespiegelung des bürgerlichen Familienromans (Ch. F. Gellert, J. T. Hermes, S. v. La Roche) und der vernunftmoralisch traktierenden Systemkritik des bürgerlichen Staats- und Gesellschaftsromans (Hofliteratur, Fürstenspiegel, Staatsroman: J. M. v. Loen, A. v. Haller, Ch. M. Wieland) entgegentritt. Gegenständlichkeit im Aufklärungsroman demonstriert nicht wie der Barockroman die von göttlicher Vorsehung gelenkte und vorentschiedene Weltgeschichte oder Lebensgeschichte zum Zwecke religiöser Diesseitsverachtung, sonders den Vorgang der individuell moralischen Selbstbestimmung zum Zwecke allgemeinverbindlich politischer Wohlfahrt. An die Stelle der weltweiten Haupt- und Staatsaktion, höfisch spektakulärer Repräsentation und Machtfülle, deren Schicksalhaftigkeit den vorgegebenen Sinn oder Unsinn dieser Welt enthüllt, tritt eine bürgerlich pragmatische Gesinnung, der es um die nützliche und moralisch haltbare Einrichtung einer zugleich privaten und politischen Lebenswirklichkeit geht, in der staatliche Ordnungsprinzipien und gesellschaftliche Regeln einzig die Glückseligkeit aller Bürger befördern sollen.

Es ist das Verdienst von *R. Alewyn* sowie von *A. Hirsch* und *H.*

Singer, die Übergänge vom Barockroman zum Aufklärungsroman, soweit die Quellen aufspürbar waren, erforscht zu haben. Neueren Datums sind zwei wichtige Untersuchungen über Ch. Weises »›Politicus‹ als Bildungsideal« von *H. A. Horn* und über die in diesem Begriff sich austragende Spannung von »Privat-Klugheit« und »Staats-Klugheit« sowie deren sinnbildhafte Darstellung von *G. Frühsorge*.

Die Entdeckung der Werke J. Beers durch R. Alewyn hatte wertvolle Einsichten gebracht für die beginnende »Einbürgerung« des Pikaro, eine von Grimmelshausens »Simplicissimus« sich entfernende Diesseitsbejahung, die in der unmittelbaren Wirklichkeitsfülle konkreter Detailerzählung weniger drastisch, phantastisch oder grotesk (Grimmelshausen) als vielmehr sinnlich realistisch (Beer) zur Darstellung kommt: »Während der *Politische Roman* in den Spuren Christian Weises und unter Führung von Johann Riemer diese Richtung immer entschiedener verfolgt und damit pikareskes Gut zu einem edleren Realismus erhebt, senkt sich gleichzeitig der ›Galante Roman‹ als Erbe des Höfischen Romans von oben zur Welt des Kleinadels und des Bürgertums herab.« (R. Alewyn, Johann Beer, S. 215)

Diesen Hinweis hat zuerst A. Hirsch mit einer glänzenden Arbeit über den Politischen Roman unter dem Titel »Bürgertum und Barock im deutschen Roman« (1934) aufgegriffen, der, ausgehend vom barocken Pikaro-Roman Grimmelshausens, dessen weniger formale als inhaltliche Verwandlungen bei *J. Beer* (1655–1700; »Der Simplizianische Welt-Kucker/Oder Abentheuerliche Jan Rebhu ...«, 4 Teile, 1677/79; Die vollkommene Comische Geschicht des Corylo ...«, 2 Teile, 1679/80; »Zendorii à Zendoriis Teutsche Winternächte«, 1682; »Der Verliebte Österreicher«, 1704), *Ch. Weise* (1642-1708; »Die drey ärgsten Ertz-Narren In der gantzen Welt«, 1672; »Die drey Klügsten Leute in der Gantzen Welt«, 1675; »Der Politische Näscher«, 1678), *J. Riemer* (1648–1714; »Der Politische Maul-Affe«, 1679; »Die Politische Colica«, 1680; »Der Politische Stock-Fisch«, 1681) eindrucksvoll vorführt.

J. Beer aus St. Georgen im Attergau, österreichisch lutherischer Exulant, seit 1670 am Gymnasium Poeticum zu Regensburg, 1676 Theologiestudent in Leipzig, kommt 1678 als Altist, später Konzertmeister der Hofkapelle des Herzogs August nach Sachsen-Weißenfels. Am dortigen Gymnasium Augusteum, das nach dem Muster der Ritterakademien dem absolutistischen Kleinstaat die Beamtenschaft erzog, lehrte seit 1670 der historisch und juristisch gebildete *Ch. Weise* als Professor für Politik, Rhetorik und Poesie (1678/1708 dann Rektor am Gymnasium seiner Vaterstadt Zittau), las seit 1673 auch der Theologe *J. Riemer* über Logik und Metaphysik, der 1678 Weises Professur eloquentiae et poeseos als dessen Nachfolger übernahm; beide im protestantischen Mitteldeutschland aufgewachsen und zu Hause. Unter dem Einfluß der konfessionellen Herkunft und des Berufs erfolgt in den Romanen der drei »gelegentlichen« Schriftsteller, die der Struktur nach durchaus die lineare pikarische Welt- und Lebensgeschichte als äußeren Handlungsaufbau weiter bevorzugen, die durchsichtige Uminterpretation des enttäuscht entsagenden Pikaro zum lebenszugewandten neugierigen Abenteurer, der sein Geschick auf eigenpersönliche Gefahr und Risiko besteht und entsprechend deutet, nicht aber als Walten von Fortuna und Providentia versteht, was in der ungebrochenen Fülle seiner Lebenserfahrung aufrechterhalten bleibt. Der Abenteuer-Roman Beers ist »subjektive Weltdeutung«, wo der Pikaro-Roman Grimmelshausens »Darbietung objektiver Weltbedeutung« gewesen war. (Hirsch, S. 26) Der neue Held »scheint allein durch sein Dasein, durch seine Qualitäten einen geheimen Akt individueller Zustimmung zu dem Abenteuerlichen des Geschehens zu vollziehen – der barocke Beispielcharakter der Verhältnisse ist geschwunden«. (Hirsch, S. 36) Der in Gestalt des individuell persönlichen Abenteurers von seinem Pikaro-Habitus, d. h. von Fortuna-Unterworfenheit und asketischer Weltinterpretation befreite Romanheld des alten Schelmen- und Reiseromans wird nun von dem im absolutistischen Beamtendienst stehenden Schriftsteller mit einer vielfach abgeleiteten und zusammengesetzten Bildungsausstattung versehen. Auch dieser neue Held geht wieder in die Welt hinaus, er erlebt sie auf Reisen, nun aber nicht um über ihre Heillosigkeit enttäuscht zu sein und dieselbe im Hinblick auf sein Seelenheil asketisch zu verachten, sondern um Einsicht in ihre Umgangsformen und Regelsysteme zu gewinnen und sich in richtiger, d. h. nützlicher und moralisch vertretbarer Einstellung zu üben. Bereicherung der Erfahrung im Sinne praktischer Weltklugheit und Weltgewandtheit hat allerdings am Diesseits eine weitaus positivere, wenngleich oft kasuistisch rabulistische Orientierung als der mit dem Einsiedlerdasein endende alte Pikaro-Roman des Barock. Das mit dem Modewort der Zeit »politisch« genannte neue Bildungsideal, das der bürgerliche »Politicus« im Handorakel B. Graciáns vorformuliert fand, ist »nicht allein bemühet, wie der Mensch innerlich im Gewissen solle zu frieden seyn, sondern sie giebt uns auch Anleitung, wie eine Republic in ihrem eußerlichen Wandel könne klückselig gemachet werden«. Der Roman »Der Politische Näscher«, dem diese Sätze entnommen sind, schließt mit einem Traktat »Der Weg zu der wahren Glückseligkeit«, der beginnt: »Ein Mensch lebet darum in der Welt, daß er sol glückselig seyn ...«.

Hier ist die Umorientierung überaus deutlich: die religiöse Heilserfahrung des barocken Pikaro wird abgelöst von der politischen Welterfahrung des frühaufklärerisch gebildeten Bürgers. Ch. Weise hat die neuen Anleitungen für den bürgerlichen Politikus in einer Reihe von Lehrbüchern niedergelegt, deren Verbreitung durch stattliche Auflagenziffern belegt ist. (vgl. Hirsch, S. 49 ff.) In ihnen distanziert er sich von dem nutzlosen, weil lebensfremden scholastischen Lehrgebäude, so wie er sich in der Vorrede zu den »Drey Ertz-Narren« von Grimmelshausen und anderen »ledernen Saalbadern« losgesagt hatte. Es ist verständlich, wenn Weise in einer Schrift, die bezeichnenderweise dem Naturwissenschaftler E. W. v. Tschirnhaus (1651–1708) gewidmet ist und deren aufschlußreiche Titelei einem Programm gleichkommt – »Curiöse Gedancken von Deutschen Versen/Welcher gestalt Ein Studierender in dem galantesten Theile der Beredsamkeit was anständiges und practicables finden sol/damit er Gute Verse vor sich erkennen/selbige leicht und geschickt nachmachen endlich eine kluge Maße darinn halten kan: wie bißhero die vornehmsten Leute gethan haben/welche/von der klugen Welt/nicht als Poeten/sondern als polite Redner sind aestimirt worden« –, die Poesie »eine Dienerin der Beredsamkeit« nennt, während sich die Oratorie »als eine Dienerin der Politica« dem historischen Stand der staats- und gesellschaftspolitischen Verfassung entsprechend für den Bürger zu bewähren habe. Mit dem Studium der Historie und der Lektüre wissenschaftlicher Journale erwirbt der Schüler das Motivwissen, das ihn urteilsfähig macht (iudicium), an dem er die aktuellen politischen Möglichkeiten von Sprachwirkung im privaten und öffentlichen Bereich einzuschätzen lernt. (»Politischer Redner«, 1677, S. 186, 214 f.; »Neu-Erleuterter Politischer Redner«, 1684, S. 285; »Freymüthiger und höfflicher Redner«, 1693, S. a3) Die Stilprinzipien Weises, wie er sie für Rede, Dialog, Brief, »sermo publicus« und »sermo secretus«, in viel gelesenen Rhetorik-Lehrbüchern und Briefstellern entwickelt hat (»Curiöse Gedancken Von Deutschen Brieffen«, 1691; »Politische Nachricht von Sorgfältigen Brieffen«, 1693), finden mit dem Schema simplicitas, perspicuitas, dignitas, d. h. einfach gebräuchliche, deutliche, angemessene Rede- und Schreibweise ihre Zusammenfassung. Poetik und Literatursprache sind von diesen Grundsätzen der Stillehre bis in das erste Drittel des 18. Jhs. hinein nachhaltig bestimmt. Literarische Gebrauchsformen, Rede, Dialog, Brief, Schulkomödie, Satire, Roman, beherrschen die Szene, auf der ein tradiertes artifizielles Sprachbewußtsein die Herausforderung durch das wissenschaftliche und politische Zeitalter der Aufklärung zu akzeptieren versucht.

Neben den synonym gebrauchten Modeworten »galant« und »politisch« bezeichnet »curiös« (auch couriös, curieux; wohl von lat. curiosus abgeleitet; volksetymologisch bisweilen auf franz. cour bezogen) eine Qualität sowohl des Subjekts (wissenschaftliche Neugier, Wißbegierde) als auch des Objekts (neu, wichtig, interessant). Für den galanten Stil bzw. die politische Lebenslehre, wie sie Weise zum Wohle des Einzelnen und der Gemeinschaft zu lehren meint, sind situationsgerechte Einstellung auf das Publikum und die Verhältnisse, ein gewandter Umgang, pragmatisch geschickte und effektive Umsetzung von Gedanken in freie Rede, schließlich besonnenes Handeln, die entscheidenden Kriterien, in denen sich »politische Klugheit« (prudentia civilis) oder das »Summum Bonum Politicum« erfüllt. (»Der Kluge Hoff-Meister«, 1675; »Summa politica«, 1676; »Teutsche Staats-Geographie«, 1686; »Politische Fragen/Das ist: Gründliche Nachricht von der Politica«, 1690; vgl. hierzu die ausgezeichnete Arbeit von H. A. Horn). Dem hat sich besonders auch der Ornatus zu fügen. Nur insoweit Tanz, Mimus, Poesie imstande sind, didaktischen Funktionen zu genügen, zählen sie zu den empfehlenswerten Übungen, deren sich der angehende Politikus zu seinem Vorteil und Nutzen sowie zum Wohle des Ganzen unterzieht. Dieser pragmatisch didaktischen Absicht dienen Weises satirische Romane: »Indessen frage ich/weil eine Disciplin von nöthen ist/darinnen die Erhaltung der Menschlichen Gesellschafft vorgeschrieben wird/solte nicht auch eine Lehre von nöthen seyn/darinn ein iedweder Mensch insonderheit angewiesen würde/wie er sein Privat-Glück erhalten/und alle besorglichen Unfälle klüglich vermeiden könte? ich halte es allerdings darvor ...« (»Der Politische Näscher«, S. a8) – Im Sinne seiner Stil- und Handlungs-Regeln – die »Methodus Weisiana« war schon zu Lebzeiten des Autors ein Begriff –, die die Kluft zwischen scholastischer Wissenschaft einerseits und »Staats-Klugheit« sowie »Privat-Klugheit« anderseits überbrücken sollten, gewinnt das einfache, nützliche und angemessene Sprachverhalten in allen seinen Aspekten von der Schuloratorie bis zur Hofrede, vom Brief bis zum pragmatisch didaktischen Roman, zwar eine erste Beziehung zur gesellschaftspolitischen Praxis, aber wohl kaum den kritischen Blick wider sich selbst:

»Meine gantze methode bey der Information, das ist/meine Ordnung in Lectionibus, meine Ordnung in Disciplinen/so dann meine Ordnung in Regeln und Exempeln beruht auf drey Principiis, und wohin ich von denselben geführet werde/da lasse ich mich nimmermehr bereden/daß ich unrecht bin. Ich suche was möglich ist. Ich suche was nützlich ist. Ich glaube nichts/was der Möglichkeit und der Nutzbarkeit zu wieder ist. Ich möchte wol das vierdte Principium aus gewissen Ursachen noch dazu setzen: Ich tadle keinen/der meiner Gedancken nicht ist.« (»Curieuse Gedancken über die Logica«, 1696, S. 568)

G. Frühsorge hat nach den bei R. Koselleck und J. Habermas vorfindlichen Arbeitshypothesen in seiner quellenorientierten und aufschlußreichen Untersuchung gegen Horn und Barner u. a. betont, daß der unspezifische Hinweis auf das »politische Bildungs- und Lebensideal, von dem in der Weiseforschung immer wieder gesprochen wird« (S. 25), zur Beschreibung des »bürgerlichen Politicus« nicht ausreiche. Mit begriffsgeschichtlicher Sorgfalt verfolgt er den historischen Sinngehalt und Bedeutungswandel von »bürgerlich« bzw. »Privat-Klugheit« gegenüber der »Hof« bzw. »Staats-Klugheit« im Übergang vom 17. zum 18. Jh. Das Resultat kann nach den zuerst von R. Koselleck vorgeführten Gedankengängen zum Thema nicht sonderlich überraschen: Für die Gesamtentwicklung der im absolutistischen Staat sich bildenden bürgerlichen Gesellschaft gilt das allmählich sich vollziehende Auseinandertreten von höfischer Staatsräson und bürgerlicher Subjektivität, öffentlicher Handlungsgewalt und privater Gesinnung. Es ist Frühsorge darin zuzustimmen, daß Weises Unterscheidung von »Staats-Klugheit« und »Privat-Klugheit« in den genannten Kontext gehört und, allein schon aufgrund der vorgenommenen Differenzierung, einen Vorgang wesentlich gefördert hat, demzufolge im 18. Jh. der die Staats-Klugheit repräsentierende Souverän und seine Hofhaltung vom moralischen Gehalt bürgerlichen Selbstbewußtseins aus kritisierbar wird. Nur besitzt bei Weise die bürgerliche Privat-Klugheit noch nicht jene entschiedene und im rationalistischen Naturrecht systematisch abgesicherte moralische Qualität, mit der sie bei Pufendorf, Thomasius, Heumann, Ch. Wolff gegen Mißbrauch und Verfälschung durch staatliche Herrschaft und Verwaltung sich behauptet. Es darf bei Hervorhebung der bewußten Abwendung Weises von scholastischem Wissenschaftsbetrieb, höfischer Kultur und Barockmystik nicht nur nicht übersehen werden, daß ihm in seinen Romanen eine eigenständige Form noch fehlt, daß er die mittelalterliche Ständesatire und Narrenrevue, die Handlungsstruktur des Pikaro-Romans nicht verleugnen kann. Überdies partizipiert Weises Theorie der politischen Bildung, ganz gleich ob sie den absolutistischen Staat oder das bürgerliche Individuum meint, noch zu sehr am barock mittelalterlichen Rückbezug zur »wahren Religion«, die mit »Gott verbindet« und die »Hoffnung auf ewiges Leben« bewahrt (»Politische Fragen, das ist gründliche Nachricht von der Politica«, 1696, S. 414), und innerhalb seiner Theorie der politischen Bildung ist die bürgerliche Privat-Klugheit noch zu sehr an den Umgangsformen und Handlungsregeln des höfischen galant homme beteiligt, als daß Frühsorges Differenzierungsversuch der schon für Weise unterstellten strikten Trennung der Bedeutungsinhalte von Privat-Klugheit und Staats-Klugheit (S. 57) hier ganz überzeugen könnte.

Formal und inhaltlich bleibt Ch. Weise eine ebenso interessante wie wichtige Übergangserscheinung. Künstlerisch, was die Erzählbegabung und Formkraft anlangt, ist ihm der Weißenfelser Kollege *J. Riemer* zumindest ebenbürtig, wissenschaftlich, was die Systematik und Präzision des gedanklichen Gehalts angeht, werden seine

Traktate über politische Realität und moralische Lebenspraxis, über absolutistischen Staat und bürgerliches zoon politikon von den Schriften des *Chr. Thomasius* (1655–1728; »Kurtzer Entwurff der Politischen Klugheit, sich selbst und andern in allen Menschlichen Gesellschafften wohl zu rathen und zu einer gescheiden Conduite zu gelangen [...] Aus dem Lateinischen des Herrn Thomasii«, 1710, Reprogr. Nachdruck Ffm: Athenäum 1971) und denen des Thomasius-Schülers *Ch. A. Heumann* (»Der Politische Philosophus, Das ist Vernunfftmäßige Anweisung zur Klugheit im gemeinen Leben«, 1714, Reprogr. Nachdruck Ffm: Athenäum 1972) überholt.

Es muß hier genügen, stichwortartig darauf hinzuweisen, daß »Die gegenhöfische Strömung der deutschen Barockliteratur« (1932) von *Erika Vogt*, als Ergänzung zu *Günther Müllers* »Höfischer Kultur der Barockzeit« (1929) zur Diskussion gestellt, nicht mit *Ch. Weises* Lehre von der politischen Lebensführung des Bürgers in Beziehung zu setzen ist. Geht es doch bei den namhaften Vertretern eines »gegenhöfischen Literaturbarock«, bei *H. M. Moscherosch* (1601–1669; »Die Gesichte Philanders von Sittewald«, 1640/43) und den Mitgliedern der elsässischen ›Aufrichtigen Tannengesellschaft‹ (H. H. Schill u. a.), aber auch bei *J. Rist* (1607–1667; »Das Friedewünschende Teutschland«, 1647), *J. G. Schottel* (1612 bis 1676; »Friedenssieg ein Freudenspiel«, 1648) und *F. v. Logau* (1604–1655; Epigramme) zusammen mit der Besorgung der deutschen Sprache um Tugendpflege und Wahrung der deutschen Eigenart überhaupt, d. h. um den behaupteten Vorrang der angeblich altdeutschen »Redlichkeit«, »Biederkeit«, das »teutsche Gemüth und Hertz«, die es gegen das Alamode der höfisch gesellschaftlichen Lebensart und die windige Kasuistik sowie rhetorische Komplementierkunst des in Gracián bewanderten weltmännischen Höflings zu verteidigen galt; es bestand die Neigung, den gewandten Hofmann samt seiner spanisch-jesuitischen Erfolgsmoral pejorativ im Sinne des Heuchlerischen, Skrupellosen und Intriganten als gegenreformatorisch und »welsch« anzusehen (vgl. die Belege bei E. Vogt).

Ch. Weise hat Züge des Graciánschen Hofmannes, der sich »nach Gelegenheit«, nicht »nach Grundsätzen« entscheidet (»Handorakel«, Nr 288), den Zeichen seiner Zeit entsprechend auf den bürgerlichen Politikus übertragen. Zum Zwecke des Erfolgs sind gezielte Galanterie und geschickt eingesetzte rhetorische Gebärde durchaus empfohlen. – Der »Redliche« und »Biedermann« Moscheroschs als Gegenbild des Höflings und Libertin erscheint erst wieder in Gestalt des empfindsamen Helden, in Loens »Redlichem Mann am Hofe ...« (1740) und Gellerts »rechtschaffenem« Grafen v. G. und seiner bürgerlichen Gemahlin, m. E. wesentlich nach dem Vorbild des puritanischen sober man Addisons, Steeles und Richardsons. – Als Lesepublikum der »moral weeklies« sowie der Romane Richardsons und Gellerts hatte das Bürgertum ein Selbstvertrauen erlangt, das in Umgangsform und Bildung auch ohne fremde Anleihen den Vergleich mit dem Adel nicht mehr zu scheuen brauchte; diesem sich gesinnungsethisch sogar überlegen fühlte. – Moscherosch und seine elsässischen Freunde sowie J. Rist schrieben noch für eine protestantische Oberschicht adliger Herkunft, nicht für den Bürger. Überhaupt handelt es sich bei ihnen weniger um eine »gegenhöfische Strömung« innerhalb des Literaturbarock als vielmehr um die nationale Sorge (Sprachgesellschaften!) über den weit verbreiteten fremdländischen Einfluß auf Sprache, Umgang und Sitten an deutschen Barockhöfen. Dahingehend müßte man E. Vogts Darstellung präzisieren.

Der von Ch. Weise geschaffene und zur Weiterentwicklung empfohlene »Politische Roman« (*Ch. Weise* »Kurtzer Bericht vom politischen Näscher, wie nehmlich Dergleichen Bücher sollen gelesen, und Von andern aus gewissen Kunst-Regeln nachgemachet werden«, Leipzig 1680, ²1694) wurde im ausgehenden 17. und in den ersten beiden Jahrzehnten des 18. Jhs. zur beliebten literarischen Mode, die – analog dem bei Simpliziaden und Robinsonaden beobachteten Vorgang – besonders von den Verlegern, meistens völlig unberechtigt, für die Benennung neu- oder wiederaufgelegter Bücher ausgenutzt wurde, um Leser anzulocken.

A. Hirsch (S. 70/88) hat die auffindbaren Titel namhaft gemacht und die davon wichtigsten gekennzeichnet; unter ihnen sind die Musikerromane von *W. C. Printz* (1641–1717) und *J. Kuhnau* (1660–1722) erwähnenswert: »Musicus Vexatus, oder, Der wohlgeplagte, doch nicht verzagte, sondern iederzeit lustige musicus instrumentalis [...]«, 1690; »Musicus magnanimus Oder Pancalus, Der Grossmüthige Musicant in einer überaus lustigen, anmuthigen, und mit schönen Moralien gezierten Geschicht [...]«, 1691; »Musicus Curiosus. Oder Battalus, Der Vorwitzige Musicant. In Einer sehr lustigen, anmuthigen, unertichteten, und mit schönen Moralien durchspickten Geschichte [...]«, 1691 (W. C. Printz). – »Der Schmid Seines eignen Unglückes, Oder Abriß solcher Leute, Welche durch ihre böse und unbesonnene Thaten sich selbst in ihr Elende zu stürtzen pflegen, Aus Vielen seltzamen Begebenheiten verfertiget, Und So wohl allen Interessenten zum Nutzen, als auch denen, so die Moralia lieben, zu besondern Vergnügen übergeben [...]«, 1695; »Der musikalische Quack-Salber, nicht alleine denen verständigen Liebhabern der Music, sondern auch allen andern, welche dieser Kunst keine sonderbahre Wissenschafft haben[...]«, 1700 (J. Kuhnau).

Printz, aus Waldthurn in der Oberpfalz, war früh von der Theologie zur Musik übergewechselt und nach einem abenteuerlichen Wanderleben über Italien und Ungarn und nach verschiedenen Berufen schließlich 1665 in Sorau Kantor geworden. *Kuhnau*, seit 1701 Vorgänger J. S. Bachs als Thomaskantor in Leipzig, komponierte zusammen mit dem damals 20jährigen Jurastudenten Ph. Telemann für die Thomaskirche und vertrat theoretisch den alten strengen Kirchenstil gegen das Vordringen des stilus theatralicus der italienischen Oper. Die Helden in ihren Romanen, der Künstler bzw. Musiker, entwickeln Weises Politikus unter dem sozialethischen Aspekt seiner bürgerlichen Einvernahme weiter in Richtung des redlichen, soliden Mannes, wie wir ihm bei Loen und Gellert wieder begegnen werden. Während Printz Berufsethos und Zunftmoral des ausgebildeten Musikers mit dem rohen Treiben der gemeinen Spielleute und Bierfiedler kontrastieren läßt, um ersteren den Ansprüchen der bürgerlichen Lebensführung und Berufsausübung akzeptabel erscheinen zu lassen, hat bei Kuhnau der »wahre Musicus« und »vollkommene Virtuose«, der als das Gegenteil des »musikalischen Quack-Salber«, des Hochstaplers Caraffa gilt, diese Position mit dem Gefühl der Sicherheit eingenommen. – Strukturell bleibt die Episodenreihung nach dem Muster des pikarischen Reiseromans, hinsichtlich des Sprachstils das Vorbild der Ständesatire und des Schwanks bestimmend. Bemerkenswert ist die satirisch polemische Abwendung von dem radikalen Politikus, dem höfischen Parteigänger Graciánscher Prägung; sowohl bei Printz als auch bei Kuhnau trägt er unverkennbar die Züge des Falschspielers und des Unreellen oder, wenn der Bürgerliche sich solche Unnatur anmaßt, die des Stutzers und Gecken. An seine Stelle ist die mit didaktischem Eifer ausgestattete Gestalt des in Bildung und moralischer Disziplin selbstbewußten bürgerlichen Künstlers getreten:

»Das ist das Politische ABC, welches [...] keiner lernen wird, der nicht [...] aller Scham und Redlichkeit vergessen [...] und eine Maschke des Betruges, und der Falschheit vorgezogen, die doch der natürlichen Auffrichtigkeit, Treu und Glauben am ähnlichsten seyn muß. Denn die Tugend muß man unter solchen Leuten auffheben wie alte Müntze, die zwar gut, aber keinem nützlich ist im menschlichen Leben« (»Musicus Vexatus«, S. 83 ff.).

In die Reihe der frühaufklärerischen Romane, die formal dem pikarischen Abenteuer- und Reiseroman nachgebildet sind und thematisch den Übergang von höfisch-galanter Umgangs- und Lebensform und akademisch scholastischem Lehrbetrieb zum bürgerlichen Utilitarismus Weises (der »Politikus« als bürgerliche Oberschicht mit deutlichen Zügen des Graciánschen Hofmannes), Riemers und ihrer auf dem Wege einer spezifisch bürgerlichen Moral fortgeschritteneren Nachfolger Printz und Kuhnau (der »wahre Musicus« als redlicher wohlausgebildeter Mann) in satirischer Tönung darstellen, – vielfältiger gebrochen, komplizierter ineinander verwandelt und aufeinander bezogen, als es die wenigen Bemerkungen wiedergeben können, – in diese Reihe gehört auch *Ch. Reuters* (1665–1712) Roman »Schelmuffsky Curiose und Sehr gefährliche Reiße-Beschreibung zu Wasser und zu Land. Gedruckt zu St. Malo. Anno 1696« (A) bzw. »Schelmuffskys curiöser und sehr gefährlicher Reise-Beschreibung Zu Wasser und Lande Anderer Theil. Gedruckt zu Padua eine halbe Stunde von Rom. Bey Peter Martau 1697« (B); wenngleich zumindest die umgearbeitete Fassung B der Romanfigur artistische Möglichkeiten abgewinnt, die der didaktisch satirischen Prosa der Zeit fremd waren. Aus der Episodenfigur der Komödien (»Die Ehrliche Frau zu Plißine«, 1695; »Der Ehrlichen Frau Schlampampe Krankheit und Tod«, 1696), Pasquillen des 20jährigen Studenten, wurde der Ich-Erzähler des Romans, ein einfältiger und grobschlächtiger, aber phantasiebegabter Bursche, der »brave Kerl«, der seine Kavalierstour beschwatzt, von tollkühnen Abenteuern und galanten Affairen waghalsig und unsinnig schwadroniert, wobei die unbeholfen aufgeputzte Sprache seiner Berichte über Personen und Situationen der vornehmen Gesellschaft und über fremde Länder immer wieder in rustikale Redensarten, Grob- und Plattheiten zurückfällt, die das Ganze eher als subjektiv phantastische Etude über einen Kneipenbummel im Nachbarort Schelmenrodes ausweist denn als »curiöse Reise zu Wasser und Land«. Der »Gegensatz zwischen bürgerlichem Herkommen und adeligem Gehaben [...] bürgerlicher Rüpel – adeliger Geck« (K. Tober, S. 135), den die Fassung B in Schelmuffsky hineinverlegt, der dann im Erzählen, d. h. in der disparaten Sprache des Romanhelden komisch sich austrägt, macht den künstlerischen Reiz des Romans aus; darin ist er wesentlich über die Aufschneiderei eines bloß lügenhaften Reiseberichts bzw. über bürgerliche Anmaßung, wie sie seit A. Furetières (1619–1688) »Roman Bourgeois« (1666) der Lächerlichkeit preisgegeben war, hinaus.

Ob indes Schelmuffsky »aufschneidet und unbewußt trotzdem Wahrheiten sagt«, d. h. ob der Autor seine Romanfigur als »humorvolle Verspottung der veräußerlichten Barockkultur« gemeint und die Zeitsatire auf Kosten der Literatursatire hervorgekehrt hat (W. Hecht, FuF 29, 1955, S. 381 f.; ›Slg Metzler‹ 46, 1966, S. 35), mag dahingestellt bleiben. Zu offensichtlich sind es Schelmuffskys Geisteskinder, die sein Erzählen in Form von unstimmiger Welt entwirft, die doch vielzusehr dem Wahnwitz des Helden oder der artistischen Erzählfreude des Autors entstammen und in dieser Eigenschaft sich verselbständigen, als daß es erlaubt sein könnte, ihnen epochenkritische Aggressivität beizumessen.

Literatur:

Allgemeine Hinweise

K. Borinski, B. Gracián und die Hofliteratur in Deutschland, Halle: Niemeyer 1894.

W. Krauss, B. Graciáns Lebenslehre, Ffm: Klostermann 1947.

R. Koselleck, Kritik und Krise. Zur Pathogenese der bürgerlichen Welt, Freiburg i. Br.: Alber 1959, [2]1969; auch Ffm: Suhrkamp 173 (stw 36).

J. Habermas, Strukturwandel der Öffentlichkeit, Neuwied/Berlin: Luchterhand 1962, [3]1968; auch Slg Luchterhand Bd 25.
H. Blumenberg, Die Legitimität der Neuzeit, Ffm: Suhrkamp 1966; Teilabdruck stw Bd 24.
G. Oestreich, Geist und Gestalt des frühmodernen Staates, Berlin: de Gruyter 1969.

Zu Johann Beer (1655–1700):

R. Alewyn, J. Beer. Studien zum Roman des 17. Jhs., Leipzig: Mayer & Müller 1932.
K. G. Knight, The novels of J. Beer (1655–1700), in: MLR 56, 1960, S. 194–211.
M. Kremer, Die Satire bei J. Beer, Diss. Köln 1964 (masch.).
Johann Beer, Sein Leben von ihm selbst erzählt, hrsg. von *A. Schmiedecke*. Mit einem Vorwort von *R. Alewyn*, Göttingen: Vandenhoeck & Ruprecht 1965.
J. J. Müller, Studien zu den Willenhag-Romanen J. Beers, Marburg/L.: Elwert 1965.
M. Roger, Das komische Element in den Romanen von J. Beer, Diss. Univ. of California at Los Angeles 1969.
M. Bircher, Neue Quellen zu J. Beers Biographie, in: ZfdA 100, 1971, S. 230–242.
J. Seitz, Die Frau und ihre Stellung im Werk J. Beers, Diss. Univ. of Minnesota 1971.

Zu Christian Weise (1642–1708):

Christian Weise, Sämtliche Werke, hrsg. von *J. D. Lindberg*, 20 Bde, Berlin: de Gruyter 1970 ff.
J. Beinert, Ch. Weises Romane in ihrem Verhältnis zu Moscherosch und Grimmelshausen, in: Studien zur vergleichenden Literaturgeschichte 7, 1907, S. 308–328.
R. Becker, Ch. Weises Romane und ihre Nachwirkung, Diss. Berlin 1910.
M. Zarneckow, Weises »Politica Christiana« und der Pietismus, Diss. Leipzig 1924 (hs.).
M. Speter, Grimmelshausens Einfluß auf Ch. Weises Schriften, in: Neophil. 11, 1926, S. 116–117.
A. Hirsch, Bürgertum und Barock im deutschen Roman. Zur Entstehungsgeschichte des bürgerlichen Weltbildes, Ffm: J. Baer & Co. 1934; 2. Aufl. bes. von *H. Singer*, Köln: Böhlau 1957.
K. Schäfer, Das Gesellschaftsbild in den dichterischen Werken Ch. Weises, Diss. Berlin (Humboldt Univ.) 1960 (masch.).
H. A. Horn, Ch. Weise als Erneuerer des deutschen Gymnasiums im Zeitalter des Barock. Der »Politicus« als Bildungsideal, Weinheim: J. Beltz 1966.
R. M. G. Nickisch, Die Stilprinzipien in den deutschen Briefstellern des 17. und 18. Jhs., Göttingen: Vandenhoeck & Ruprecht 1969.
W. Barner, Barockrhetorik, Tübingen: Niemeyer 1970.

G. Frühsorge, Der politische Körper. Zum Begriff des Politischen im 17. Jh. und in den Romanen Ch. Weises, Stuttgart: Metzler 1974.

Zu Johann Riemer (1648–1714):
A. F. Kölmel, Johannes Riemer (1648–1714), Mannheim: H. Haas 1914 (Diss. Heidelberg 1914).

Zu W. C. Printz (1641–1717) und J. Kuhnau (1660–1722):
H. F. Menck, Der Musiker im Roman. Zur vorromantischen Erzählliteratur, Heidelberg: Winter 1931.
S. Stöpfgeshoff, Die Musikerromane von W. C. Printz und J. Kuhnau zwischen Barock und Aufklärung, Diss. Freiburg i. Br. 1960 (masch.).

Zu Christian Reuter (1665–1712):
F. Zarncke, Ch. Reuter, der Verfasser des »Schelmuffsky«, in: Abhandl. d. Königl. Sächs. Gesellsch. d. Wiss. Philol.-Hist.Kl. 9, 1884, S. 453–661.
J. Lunzer, Happel und Reuter, in: VjsfLG 2, 1889, S. 440–446.
J. Risse, Ch. Reuters »Schelmuffsky« und sein Einfluß auf die deutsche Dichtung, Noerde: Halbach 1911 (Diss. Münster 1911).
O. Deneke, »Schelmuffsky«, Göttingen: Selbstverlag 1927.
E. Dehmel, Sprache und Stil bei Ch. Reuter, Großenhain i. Sachs.: H. Plasnick 1929 (Diss. Jena 1929).
H. König, Reuters »Schelmuffsky« als Typ der barocken Bramarbasdichtung, Diss. Hamburg 1945 (masch.).
K. Tober, Ch. Reuters »Schelmuffsky«, in: ZfdPh. 74, 1955, S. 127–150.
W. Hecht, Die Idee in Ch. Reuters »Schelmuffsky«, in: FuF 29, 1955, S. 381–382.
Ders., Christian Reuter, Stuttgart: Metzler 1966 (Slg Metzler 46).
H. Geulen, Noten zu Ch. Reuters »Schelmuffsky«, in: Rezeption und Produktion zwischen 1570 und 1730. Festschrift f. G. Weydt zum 65. Geburtstag, hrsg. von *W. Rasch* u. a., Bern/München: Francke 1972, S. 481–492.

3. Der Übergang vom höfisch-historischen Staats- und Liebesroman zum Galanten Roman

In der Vorrede zu seinem bekannten Buch, das die Verbürgerlichung des barocken Pikaro zum frühaufklärerischen Politikus in den Romanen Weises und Riemers aufzeigt, hatte *A. Hirsch* »die hier noch fehlende Verbürgerlichung des [barocken »höfisch-historischen«] Staats- und Liebesromans [...] in einem zweiten Teil« zu analysieren versprochen, »der den Kultureinfluß des französischen Hofes auf die galante Literatur Deutschlands« behandeln sollte: eine Romangattung, die er vorläufig mit »Kavaliersroman« bezeichnete. Nachdem A. Hirschs Exilierung und sein vorzeitiger Tod die Ausführung dieses Planes verhindert hatten, ist er von *H. Singer* wieder aufgenommen und mit unerwartet bescheidenen Ergebnissen abgeschlossen worden. Hauptschuld trägt die mangelhafte Überlieferung der betreffenden Forschungsobjekte; die durch anonymes Erscheinen bedingte unzuverlässige bibliographische Erfassung sowie die ihrer Leichtgewichtigkeit entsprechende nachlässige Aufbewahrung durch Hof- oder private Gelehrtenbibliotheken nötigt zu der Annahme, der größte Teil dieser Romane sei verschollen. Die aufgefundenen Kompilationen aus höfischem Staats- und Liebesroman und Schäferroman vermitteln ausnahmslos das Bild einer Trümmerstätte des zu rascher Unterhaltung ausgebeuteten alten Barockromans; unter ständigem Rekurs auf dessen bruchstückhafte Fossilien hat H. Singer versucht, den höchst hypothetischen Torso des galanten genre, bzw. im engeren Sinne den von ihm so benannten Typus des »Komödienromans« literarhistorisch zu rekonstruieren, und er läßt keinen Zweifel darüber aufkommen, daß bei dem Stand der Überlieferung seines »galanten Romans« bzw. »Komödienromans« nur vermutlich von durchwaltenden Strukturen eines literarhistorisch geschlossenen Romantyps die Rede sein kann.

Wenn man von den Episoden- und Anekdotensammlungen absieht, die unter dem Titel des »Academischen Romans« *E. W. Happels* (1647–1690) gleichnamigem Werk nachgebildet sind,

»Worinnen das Studentenleben fürgebildet wird; zusamt allem / Was auf den Universitäten passieret / wie diese bestellet werden / wie die Professiones und Facultäten eingeteilet sind / was des Rectoris, Magnifici, Decani, Professoren, Studenten, Pedellen / etc. Amt und privilegia, wie und welcherley Gradus man conferieret / wie viel Universitäten, hohe und andere berühmte Schulen und Collegia jetzo in ganz Europa; Wann der Pennalismus abgeschaffet; was für Excessen die Studenten offt begehen / was die Bachanten für Leute / und was man von dem Academischen Leben zu wissen verlangen mag. Das Gute zur Lehre / das Böse aber zur Warnung der ehrliebenden Jugend / in einer schönen Liebes-Geschichte fürgestellet« (Ulm 1690),

und von den epigonalen Verfallsformen des höfisch historischen Barockromans seit 1690, die die gewaltige Dimension an äußerem Umfang, Hyperbolik und Formentelechie ihres Vorbildes abspannen, dafür Zeitsatirisches und Erbauliches einfließen lassen (vgl. Singer, S. 29 f.), dann sind es vor allem *A. Bohse-Talander* (1661-1742), der *Barclays* »Argenis«, Mme *de Lafayettes* »Princesse de Montpensier«, *Fénélons* »Télémaque« übersetzte und in den Jahren 1685/1700 weitere vierzehn Romane schrieb (vgl. Singer »Der galante Roman«, S 33 f.) sowie seine Zeitgenossen und Nachfolger *J. Meier* (1661–1732), *V. Autorff* und *G. Ch. Lehms-Pallidor* (1684–1717), die das Schema von Heliodors »Aithiopika« dem barocken Staats- und Liebesroman entnehmen, aber dessen bedeutungsschwere Formaspekte geschickt umgehen. Mit der eschatologischen Ausdeutung dieser Welt, die als Schöpfung immer schon mehr ist als das Werden und Vergehen in ihr, wovon die schöne Ordnung der Schlußapotheose im höfischen Roman Zeugnis ablegte (die barocke Theodizee Leibnizens), hat Bohse nichts mehr im Sinn. Dem Publikumsgeschmack entsprechend verwandelt sich bei ihm die von Fortuna beherrschte Welt mit ihren repräsentativen Schicksalen und schwergewichtigen Formintentionen in den leichtverfänglichen »Irregarten der Liebe« (1696) und das »Liebes-Cabinet« (1685), d. h. in den Schauplatz amourös frivoler Verwirrung und Intrigen, die stereotyp zwar, aber zur offensichtlichen »Gemüths-Ergötzung der Galanten Welt« Erzählabsicht und Leserinteresse allein beschäftigen. »Damit ist eine Entwicklung angebahnt, die geradewegs auf den galanten Roman hinführt, dem Bohse als Vorbild und Wegbereiter gilt. Was Weise, Beer, Riemer und andere für die nichthöfischen Romantypen leisten, besorgt Bohse für den höfischen: die Säkularisierung des Romans« (Singer »Der galante Roman«, S. 35).

Ch. F. Hunold-Menantes (1681–1721) hat diese Entwicklung auf ihren Höhepunkt geführt, jedenfalls was die Beliebtheit seiner Bücher angeht: »Die Verliebte und Galante Welt...«, 1700 bis 1749 acht Auflagen; »Die Liebens-Würdige Adalie [...]«, 1702 bis 1752 vier Auflagen; »Der Europäischen Höfe Liebes- und Helden-Geschichte [...]«, 1705 bis 1744 fünf Auflagen; »Satyrischer Roman [...]«, 1706 bis 1744 elf Auflagen. – Die Romanpersonen, adlige Kavaliere, Prinzessinnen, Hofschranzen und Kammerdiener sind sich über die Spielregeln einig, die die konfliktlos erotische Spielwelt, das »Labyrinth der Sinne«, in das sie sich verstricken, ausmacht. Das »Verwirrungsschema [...] im galanten Roman dient dazu, das Welttheater einzuengen und zu entlarven als ›geheimes Liebes-Cabinet‹« (Singer, S. 46), in dem die »Tugend der Anpassung« an die Konventionen der problemlosen Gesellschaft über alles geht. Der leichtfertig scherzende und frivol tändelnde Charakter dieses galanten genre, die beschränkte Thematik und sein formelhaft curiöser Konversationston sowie die vollkommene moralische Gleichgültigkeit haben H. Singer veranlaßt, »den galanten Roman als Komödienroman einzuordnen« (S. 50 ff.); im Gegensatz zum höfischen Barockroman, der angeblich der Tragödie nahesteht. – Außer Hunold hat sich allerdings »nur ein einziges ganz reines Beispiel« auffinden lassen: »Des glückseligen Ritters Adelphico Lebens- und Glücks-Fälle / In einem Liebes-Roman Der Galanten Welt vorgestellet / von Melisso [...]«, 1715; ferner die neun in den Jahren 1708/22 von *J. L. Rost-Meletaon (1688–1727)* verfaßten Romane und »Der im Irr-Garten der Liebe herum Taumelnde Cavalier [...]«, 1738, von *J. G. Schnabel (1692–1752)*, bei dem das Vordringen empfindsam didaktischer, moralisierender Tendenzen bereits unverkennbar den 1740 einsetzenden bürgerlichen Aufklärungsroman ankündigen.

An dieser Stelle sei kursorisch auf eine Terminologie hingewiesen, die C. *Lugowski* 1936 in seinem Buch »Wirklichkeit und Dichtung« entwickelt hat (von R. Alewyn in »Deutsche Barockforschung«, 1963, S. 372 ff., wieder abgedruckt). Dort nennt der Autor die finale Enttäuschung der unüberschaubar chaotischen Fortunawelt im höfischen Barockroman zu bloßem Schein, der durchsichtig wird auf seinen integren Grund, d. h. auf die Ordnung des Geschöpflichen in Natur und Geschichte »märchenhafte Enträtselung der Wirklichkeit« (Muster sind die Romane der M. de Scudéry und des G. de La Calprenède); davon unterscheidet er den »Intrigen- oder Antimärchenroman«, in dem die Unberechenbarkeit gesellschaftlicher Verhältnisse und menschlicher Affekte, höfischer Kabalen sowie Irrtum und Täuschung dem Helden oder der Heldin zum Schicksal werden, ohne daß eine Auflösung der Konflikte oder Erlösung der Betroffenen stattfände (Muster ist Mme de Lafayettes »Princesse de Clèves«).

Ich habe diese Bezeichnungen von Lugowski, die P. Böckmann (AfdA 1936, Heft 4) früh kritisierte, die H. Singer in seinen Arbeiten erneut durchgehend verwendet, hier absichtlich vermieden, weil ihnen mit Sicherheit nicht zugestanden werden kann, daß sie das begreifen, was sie meinen. Man braucht nur an die Briefe Leibnizens an den Herzog Anton Ulrich von Braunschweig zu erinnern, um den Beweis zu führen, daß die Gleichung Lugowskis – »Wirklichkeit wird als Märchen und Märchen als Wirklichkeit vorgetäuscht« – in dieser Form für den höfischen Barockroman und das von ihm ausgehende Weltverständnis einfach nicht zutrifft. Bedurfte die Barockmetaphysik zur Darstellung des geordneten Lebenszusammenhangs von Schöpfung und Geschöpf noch den Rückbezug auf die Providentia, die quasi zentralmonadisch die wahre und vollkommene »repraesentatio mundi« in sich enthält und erfüllt, so wird dem aufgeklärten Ich diese transzendente Beziehung zur Alleinvertretung zugeschoben, d. h. die Ordnung der Welt ist ihm auf eigenes Risiko und persönliche Bewährung anheimgestellt (die empfindsame Heldin der Mme de Lafayette). Der Sinn der Erzählung geht in der Standhaftigkeit der Heldin auf, vor der die Frage nach einem wie auch immer gearteten Eingriff »von Oben« fast belanglos erscheinen muß; ein solcher würde, um mit Schiller zu reden, die hohe Grazie der sittlichen Erscheinung nur entstellen. Man mag diskutieren, ob Lugowskis Termini diese Zusammenhänge fassen.

Abschließend macht der Abschnitt über den »Galanten Roman« eine Anmerkung erforderlich, die mithelfen mag, naheliegende Mißverständnisse künftig zu vermeiden. Soll der Zeitraum 1680 bis 1730 sprach- und literarhistorisch nicht, wie bisher üblich und durch die Forschungen H. Singers zum »Galanten Roman« noch bestätigt, bloß als abgesunkenes Barock betrachtet oder weithin mit Geringschätzung bedacht werden, bedarf es innerhalb des »Galanten Stils« (C. Wiedemann) der wichtigen Unterscheidung zwischen dem bildungstheoretisch gesellschaftlichen und dem poetologisch literarischen Aspekt:

1. Zweifellos geht die zeitgeschichtliche Relevanz der politischen oder galanten Lebenslehre und Bildungstheorie auf Kosten der Literatur und Kunst, die z. B. bei Ch. Weise (Rede- und Diskussionstechnik, satirische Kritik) und Thomasius (Decorum-Lehre) eindeutig funktional gebunden sind: *Ch. Weise; Thomasius; S. Grosser,* »Gründliche Anweisung zur Logica«, 1696 und »Gründliche Einleitung zur wahren Erudition«, 2 Teile, 1700/04; *Ch. A. Heumann,* »Der Politische Philosophus«, 1714; *J. Ch. Barth,* »Galante Ethica/In welcher gezeiget wird/Wie sich Ein junger Mensch bey der Galanten Welt/Sowohl Durch manierliche Wercke, als complaisante Worte recommandiren soll«, ³1728; *Ch. H. Amthor,* »Collegium Homileticum de Iure Decori«, 1730 u. a.

2. Demgegenüber steht die galante Poetik und Literatur, auch die allgemein sprach- und umgangsdidaktisch verwertbaren Formen (Rede, Brief, Dialog, Satire, Komödie, Oper, Singspiel), noch im Banne des Literaturbarock. Die Verfasser galanter Gedichte, Romane, Briefsteller, Briefsammlungen und Poetiken versuchen die Bildungskonzeption des galanten Politikus im Rahmen ihrer geschichtlichen Standortbestimmung zwar zu adaptieren (B. Neukirch, 1665–1729; J. G. Neukirch, 1670–1735; J. Jänichen, 1659–1731; Erdmann Neumeister, 1671–1756; G. Stolle 1673–1744; J. B. Mencke, gen. Philander von der Linde, 1674–1732; Ch. Hölmann, 1677–1744; A. Bohse, gen. Talander, 1661–1730; Ch. F. Hunold, gen. Menantes, 1681–1721; J. L. Rost, gen. Meletaon, 1688–1727. Quellenangaben bei U. Wendland, H. Singer, R. M. G. Nickisch, C. Wiedemann), doch stand die literarische Tradition, das Barock und hier vornehmlich Opitz, Gryphius, Hofmannswaldau und Lohenstein noch in allzu großem Ansehen, als daß sich der neue bürgerliche Realismus literarisch schon hätte durchsetzen können. Ihm widersprach im Grunde auch die Faszination, die der französische Einfluß mit seiner bewundert kultivierten, angeblich ebenso eleganten wie klaren Gesellschafts- und Salonsprache auf die Gemüter in Deutschland ausübte. Als vornehmste Pflegestätte der Sprachverfeinerung galt das Hôtel de Rambouillet der Cathérine de Vivonne, das die glänzendsten Stilisten der Zeit vereinigte: Jean G. de Balzac (1594–1664), V. Voiture (1598–1648), La Calprénède (1610–1663), Madeleine de Scudéry (1608–1701). Nachdem das berühmte Vorbild seit Mitte des 17. Jhs. zu formalistischem Leerlauf denaturierte (Preziösentum des Salons der Marquise de Sablée, 1599–1673) und der Kritik im eigenen Lande verfiel (Ch. Sorel, 1597–1674; P. Scarron, 1610–1660; C. de Bergerac, 1619–1654; Molière, »Les précieuses ridicules«, 1659), schwenkten die deutschen Galanten in der Spätphase ebenfalls mehr auf die rationalistischen Forderungen des französischen klassizistischen Geschmacks ein.

Literatur:

G. Steinhausen, Galant, Curiös und Politisch. Drei Schlag- und Modeworte des Perückenzeitalters, in: ZfdtU. 9, 1895, S. 22–37.

U. Wendland, Die Theoretiker und Theorien der sogen. galanten Stilepoche und die deutsche Sprache, Leipzig: H. Eichblatt 1930 (Diss. Greifswald 1930).

H. Singer, Der galante Roman, Stuttgart: Metzler 1961, ^{2}1966 (Slg Metzler 10).

Ders., Der deutsche Roman zwischen Barock und Rokoko, Köln: Böhlau 1963.

R. M. G. Nickisch, Die Stilprinzipien in den deutschen Briefstellern des 17. und 18. Jhs., Göttingen: Vandenhoeck & Ruprecht 1969.

C. Wiedemann (Hrsg.), Der galante Stil 1680–1730, Tübingen: Niemeyer 1969.

H. Vogel, Ch. F. Hunold (Menantes), Diss. Leipzig 1897.

Th. Schuwirth, E. W. Happel. Ein Beitrag zur Literaturgeschichte des 17. Jhs., Aschaffenburg: C. Krebs 1908.

E. Schubert, A. Bohse, gen. Talander, Breslau: F. Hirt 1911.

H. Tiemann, Die heroisch galanten Romane A. Bohses als Ausdruck der seelischen Entwicklung in der Generation von 1680 bis 1710, Diss. Kiel 1932.

G. Lock, Der höfisch galante Roman des 17. Jhs. bei E. W. Happel, Würzburg: Triltsch 1939 (Diss. Berlin 1939).

O. Heinlein, A. Bohse-Talander als Romanschriftsteller der galanten Zeit, Diss. Greifswald 1939.

L. Brögelmann, Studien zum Erzählstil im »idealistischen« Roman von 1643–1733 (mit bes. Berücksichtigung von A. Bohse), Diss. Göttingen 1953 (masch.).

H. Singer, Joseph in Ägypten. Zur Erzählkunst des 17. und 18. Jhs., in: Euph. 48, 1954, S. 249–279.

Ders., Die Prinzessin von Ahlden. Verwandlungen einer höfischen Sensation in der Literatur des 18. Jhs., in: Euph. 49, 1955, S. 305–334.

H. Wagener, Die Komposition der Romane Ch. F. Hunolds, Berkeley/Los Angeles 1969.

J. Erhard u. *A. Haslinger,* Wer ist Melisso, der Autor des »Adelphico«? Zur Verfasserfrage und zum Gattungsproblem eines galanten Romans, in: *G. Hoffmeister* (Hrsg.), Europäische Tradition und deutsches Literaturbarock. Internationale Beiträge zum Problem von Überlieferung und Umgestaltung, Bern/München: Francke 1973, S. 449–469.

4. Robinsonaden und bürgerliche »Utopien«

Von 1615–1669 werden in Deutschland etwa 30 Originalromane und fast 60 Roman-Übersetzungen gedruckt, 1670 bis 1724 sind es über 300 Originalromane und etwa 150 Übersetzungen. Die Erschließung der literarischen Interessen und Ambitionen der mittleren und unteren Schichten des Bürgertums besonders für den Roman, die im Anschluß an die Lektüre der aufklärerischen Journale (Wochenblätter) sich entwickelt, die lange vor den angelsächsischen »moral weeklies« im 17. Jh. vorwiegend in den protestantischen Gegenden Deutschlands (Wolfenbüttel, Straßburg, Berlin, Frankfurt a. M.) bekannt waren (L. Mackensen und die Arbeiten der Deutschen Presseforschung in Bremen), läßt an der Wende vom Barockroman zum Aufklärungsroman eine Vielzahl von Übergangserscheinungen und Zwitterformen entstehen, die im einzelnen die tiefgreifenden Veränderungen in der geistigen und sozialen Struktur der Zeit mehr oder weniger charakteristisch vorstellen und zur Sprache bringen. Die Verbürgerlichung des barocken Pikaro zum aufklärerischen Politikus, die Denaturierung des barocken Haupt- und Staatsaktionärs im adligen Hofmann, homme galant und bürgerlichen Hofbeamten, die Säkularisierung des Eschatons zum innerweltlichen Augenblick individuellen Glücks und der zwar fortunaberherrschten doch in göttlicher Gnade gehaltenen Weltgeschichte zur intriganten aber unproblematisch geregelten erotischen Spielwelt, diese Übergangsmodelle schaffen zwischen Ch. Weise und J. M. v. Loen, d. h. zwischen 1690 und 1740 eine ganze Reihe von Formen und Tendenzen, die in gedanklich und stilistisch völlig heterogenen Romangebilden zusammenkommen, ohne daß es möglich wäre, die thematischen und formalen Momente entsprechenden verschiedenen »Roman-Typen« zuzuordnen. Die Romane dieser Übergangszeit sind jeweils im einzelnen auf ihre Uminterpretation hin zu analysieren, von vielen Seiten her einzukreisen, aber kaum eindeutig klassifizierbar.

Der Versuch von *M. Götz,* aus angeblich allgemeinsamen Formalien, die er an Figur, Raum, Zeit und Erzähler aufzuzeigen sich bemüht, einen »frühbürgerlichen Roman 1720–1750« zu konstatieren, überzeugt nicht: »Es hat sich gezeigt, daß der frühe bürgerliche Roman in Deutschland ein durchaus eigener und in sich geschlossener Typ ist« (S. 140). Unter den von ihm u. a. aufgeführten »Sächsischer Robinson oder Wilhelm Retchirs eines Gebohrnen Sachsens Wahrhafftige Beschreibung[...]«, 1722; »Faramunds Glückseeligste Insul[...]«, 1723, von Ph. B. Sinold-Schütz; »Des seltsamen Avanturiers sonderbare Begebenheiten[...]«, 1724; »Wunderliche FATA einiger See-Fahrer[...]«, 1731/43, von J. G. Schnabel; »Der Redliche Mann am Hofe[...]«, 1740, von J. M. v. Loen; »Der im Irr-Garten der Liebe herum taumelnde Cavalier[...]«, 1738, von J. G. Schnabel; »Das Leben der schwedischen Gräfin von G.[...]«, 1747/48, von Ch. F. Gellert, bestehen nicht nur hinsichtlich der Handlungsstruktur und Erzählabsicht bedeutende Unterschiede; Schnabel und Gellert z. B. sind stilistisch und formal durch eine ganze Epoche voneinander getrennt! Auch die antike bzw. humanistische

Stiltrennung, die rhetorische Trias von hohem, niederem und mittlerem Stil, ist schwerlich als ein Ordnungsprinzip heranzuziehen, da sie für die Mehrzahl dieser Romane »rein« oder »einheitlich« nicht anwendbar ist; dafür ist außerordentlich auffallend, daß die Stilebenen sich mischen und ineinander schieben. – Außerdem würde ich die Bezeichnung »frühbürgerlicher Roman« den J. Beer, Ch. Weise, J. Riemer sowie C. D. Printz und J. Kuhnau vorbehalten wollen.

Dazu kommt die 1720 in Deutschland einsetzende Flut der *Robinsonaden* und *Pseudo-Robinsonaden*, d. h. der alten Abenteuer- und Reiseromane (»Avanturiers«), die sich der neuen Mode im Titel bedienen, um auf dem Büchermarkt weiter im Gespräch zu bleiben. – Im Frühjahr 1719 war in London »The Life and Strange Surprising Adventures of Robinson Crusoe« des damals 60jährigen *D. Defoe* (1659–1731) erschienen. Der Autor, ein Plebejer, Handelsmann und Journalist, abwechselnd Spion für die Torys und Whigs, in soziologischen Fragen anpassungsfähig (»Family Instructor«, 1715; »Religious Courtship«, 1722) und politisch flink, Wirtschaftstheoretiker mit zeitgeschichtlichem Spürsinn (»Essay upon Projects«, 1698) und Herausgeber mehrerer Zeitschriften (›Review‹, 1705; ›Behaviour of Servants‹, 1724; ›Complete English Tradesman‹, 1726), hatte mit seinem Buch, das noch 1719 eine erste Fortsetzung (»The Further Adventures of Robinson Crusoe«), 1720 eine zweite (»Serious Reflections«) erhielt, das puritanische Welt- und Lebensverständnis von seiner sowohl nüchtern ökonomischen als auch religiösen Seite vollkommen getroffen und dem bürgerlichen Zeitgeschmack entsprechend gewandt umschrieben; in der Vorrede zur zweiten Fortsetzung nannte Defoe seinen Roman »emblematic«: Figur und Metapher verkünden den puritanischen Lebenssinn. – Wo gesunder Menschenverstand und natürliche Ordnung sich anpassen, da arbeitet das animal rationale als auserwählt und erfolgreich in der Unmittelbarkeit der göttlichen Gnade. Robinson allein überlebt Sturm und Schiffbruch; seine Einstellung zur Natur, seine praktische Vorsorge und gewissenhafte Selbstüberwachung, kurz, der gegen widrige Umstände fleißig und geschickt erarbeitete irdische Erfolg erscheint als Auszeichnung durch göttliche Fügung in sich gerechtfertigt.

1720 erscheint die erste deutsche Robinson-Übersetzung, 2 Teile, übertragen von dem schwäbischen Magister L. F. Vischer bei Th. v. Wierings Erben in Hamburg, ²1721, ³1731. Von dem ersten Teil des Romans erschienen allein 1720/21 weitere fünf, vom zweiten Teil weitere vier Nachdrucke bei J. Ch. Martini in Leipzig, M. G. Weidmann in Leipzig sowie bei A. J. Felsekker in Nürnberg. Von 1727/28 bis 1773 sind bei Felsecker noch acht Auflagen der beiden Teile des Romans erschienen (O. Deneke). Abgesehen von den vielen unechten Robinsonaden, die den Namen aus merkantilen Gründen sachlich unberechtigt und mißverständlich im Titel führen, erscheinen mit deutlicher Anlehnung an die Motive des englischen Vorbildes u. a. die folgenden, wohl wichtigsten Robinson-Nachahmungen in Deutschland:

1. »Der Teutsche / Robinson / Oder / Bernhard Creutz / Das ist / Eines übelgearteten / Jünglings / seltsame Lebens-Beschreibung / Darinnen / Seine Geburth, Auferziehung, Lehr- / Jahre, höchstgefährliche Reisen, Ordens- / Standt, Heyrathen, Schiffbruch, Judenthum, / Hohe Erhebung, jählinger Fall, verwunde / rungswürdige Fata und Begebenheiten / erzehlet. / Und nebst einer neuen Welt, deroselben Frucht- / barkeit, Justiz-Polizey, Sitten, Gewohnheiten / und geführte Kriege. / Mit glaubwürdiger Feder beschrieben [...]«, Hall in Schwaben: J. F. Galli 1722, bis 1737 drei Neuauflagen.

2. »Der Sächsische / Robinson, / oder / Wilhelm Retchirs, / Eines / Gebohrnen Sachsens, / Wahrhafftige Beschreibung seiner Anno / 1691 von Leipzig aus, durch Holland, / Engelland, Franckreich, Spanien, Portugall, / die Barbarey, Griechenland, Servien, / und Hungarn gethanen Reisen, / Wobey er / Vielen wunderbaren Glücks- und Unglücks- / Fällen, zweymahl durch Schiffbruch, auch son- / sten denen äussersten Lebens-Gefahren unterworffen gewesen [...]«, Leipzig 1722, bis 1759 drei Neuauflagen.

3. »Die glückseeligste Insul auf der gantzen Welt oder das Land der Zufriedenheit«, Königsberg 1723 (Ps. Constantin v. Wahrenberg), Nachdruck Ffm u. Leipzig 1728 (Ps. L. E. v. Faramund); der Verfasser ist Ph. B. Sinold, genannt Schütz; bis 1749 insgesamt vier Auflagen.

4. »Gustav Landcron, eines Schwedischen Edelmannes, merckwürdiges Leben und gefährliche Reisen. Auf welchen er, als ein wahrhafter Robinson [...] Nach seinem eigenen etwas undeutlichen Concept, mit verbesserter Schreibart zum Druck befördert [...]«, 1724, bis 1743 sieben Neuauflagen.

5. »Die wunderbahre und erstaunens-würdige Begebenheiten Des Herrn von *Lydio*, worinnen dessen fast unglaubliche und unerhörte *Fata* enthalten; insonderheit wie er durch einen entsetzlichen Sturm auf eine unbewohnte Insul geworffen [...] Mit untermengten curieusen Geschichten anderer Personen, von ihm selbst beschrieben; der neubegierigen Welt aber mitgetheilet durch *Selimenem*«, Ffm u. Leipzig 1730/34, bis 1754 zwei Neuauflagen; der Verfasser ist J. M. Fleischer.

6. Das Bey zwey hundert Jahr lang unbekannte, nunmehro aber entdeckte vortreffliche Land Der Inquiraner, Aus der Erzehlung eines nach langwieriger Kranckheit in unsern Gegenden verstorbenen Aeltesten dieses glückseligen Landes, Nach allen seinen Sitten, Gebräuchen, Ordnungen, Gottesdienst, Wissenschafften, Künsten, Vortheilen und Einrichtung umständlich beschrieben, Und dem gemeinen Wesen zum Besten mitgetheilet. Frankfurt und Leipzig 1736; der Verfasser ist Johann Friedrich Bachstrom (1686–1742).

7. »Wunderliche *Fata* einiger See-Fahrer, absonderlich *Alberti Julii*, eines geborenen Sachsens, welcher in seinem 18den Jahre zu Schiffe gegangen, durch Schiff-Bruch selb 4te an eine grausame Klippe geworffen worden nach deren Uebersteigung das schönste Land entdeckt, sich daselbst mit seiner Gefährtin verheyratet aus solcher Ehe 300 Seelen erzeuget, das Land vortrefflich angebauet durch besondere Zufälle erstaunenswürdige Schätze gesammlet, seine in Teutschland ausgekundschafften Freunde glücklich ge-

macht [...]«, Nordhausen: J. H. Gross 1731/43, 4 Tle, (Ps. Gisander) von J. G. Schnabel; es erschienen vom ersten Teil (1731) bis 1768 sieben, vom zweiten Teil (1732) bis 1772 sechs, vom dritten Teil (1736) bis 1767 fünf, vom vierten Teil bis 1769 vier Neuauflagen. 1828 erschien eine bearbeitete Neuausgabe des Romans unter dem Titel »Insel Felsenburg« mit einem Vorwort L. Tiecks.

Unter diesen deutschen Robinson-Nachahmungen, die insofern ihren Namen mit einem gewissen Recht tragen, als sie die Hauptmotive des Originals nicht bloß erwähnen, sondern über weite Strecken der Erzählung auch darstellen, bestehen wiederum die größten Differenzen. Von einem eigentümlichen Romantypus kann nicht die Rede sein.

So ist z. B. *Schnabels* »Wunderliche Fata [...]« stilistisch ausgesprochen uneinheitlich; einerseits rückt der Stil wegen der häufig auftretenden connexiones verbales und Partizipialkonstruktionen, der umständlichen Umschreibungen, Verdoppelungen und parataktischen Reihungen nahe an den Kanzleistil des 17. Jhs. heran, bei dem »der mittellange bis lange Periodenbau« dominiert, »den die Barockprosa aus der humanistischen Gelehrtenprosa übernommen hatte« (K. Werner, E. A. Blackall); andererseits erscheint in den Abschnitten mit deutlich pietistischem Einschlag (vgl. die Szenen der Trauer Concordias über den toten Gatten, Geburt und Krankheit der Tochter, der Liebeserklärung zwischen Concordia und Albert u. a.) die periodische Schwerfälligkeit auffällig verdrängt. In jedem Fall aber ist Schnabels Prosa sprachgeschichtlich rückständig gegenüber der altfränkisch getönten Sprache des ersten deutschen Robinson-Übersetzers J. L. Vischer, der in wort-, vor allem aber syntaktisch getreuer Anlehnung an das englische Original dessen Möglichkeiten eines einfachen und klaren Satzbaues auch im Deutschen zu nutzen verstand; von einem Vergleich mit der zeitgenössischen Prosa Gottscheds oder Gellerts ganz zu schweigen.

Die gleichen starken Unstimmigkeiten bestehen für diese Romane in formaler Hinsicht. Viele von ihnen übernehmen lediglich das Robinson-Motiv von Schiffbruch und Insel in die bekannte Handlungsführung des pikarischen Romans; episodisch gedehnt, in Form der »Avanturiers«, fanden sie ihr Publikum überwiegend in den unteren Schichten des Bürgertums. Im »Avertissement« zum »Sächsischen Robinson« heißt es: »Das Wort Robinson hat seit einiger Zeit bei uns Teutschen eben die Bedeutung angenommen, die sonsten das französische Wort Avanturier hat, welches einen Menschen anzeigt, der in der Welt allerhand außerordentliche Glücks- und Unglücksfällen unterworffen gewesen.«

Über dem Aufweis der spätbarocken Tradition und ihrer

Schwundstufen in Sprache und formaler Struktur, in die das Robinson-Motiv bei seinen deutschen Bearbeitern gerät (H. Steffen), dürfen die charakteristischen Momente seiner zeitkritischen Umgestaltung nicht unbeachtet bleiben. *F. Brüggemann* (»Utopie und Robinsonade«, 1914) hat sie an Schnabels »Wunderlicher Fata [...]« und Sinolds »Glückseeligster Insul [...]« klar herausgearbeitet. Für *Defoes* Robinson ist die Insel ein aufgezwungenes »Exil«, »Verzweiff-lungs-Insul«, »ein trostloser weltverlassener Zustand«, der erst nach langen Reflexionen über das widrige Schicksal und seine eventuelle Bestimmung schließlich religiös aufgelöst, anerkannt und tätig ertragen wird; vorübergehend gestaltet sich sein Dasein ökonomisch idyllisch, zuletzt aber verläßt er seine zivilisierte Einöde ohne Umschweife und die Sehnsucht der ersten Fortsetzung ist vor allem durch ein praktisches Interesse motiviert hinsichtlich der wirtschaftlichen und gesellschaftlichen Verhältnisse, die während seiner Abwesenheit auf der Insel sich hergestellt haben könnten. Für *Sinold* und besonders *Schnabel* dagegen wird das Insel-Motiv zum »Asyl der Redlichen«, einer pietistisch bürgerlichen Gesellschaft, die der höfisch adligen Kabale und Libertinage sowie der skrupellosen Rabulistik des »Politikus« Absage und Verachtung erteilt. Die eingeschalteten Lebensgeschichten der in die Inselgemeinschaft Neuaufgenommenen entwerfen ein düsteres Bild der europäischen Gesellschaftsverhältnisse, die sich in boshafter Rankünе, in Betrug und Gewalttätigkeit erschöpfen, vor denen die Gutwilligen auf der Felsenburg Zuflucht suchen. »Schnabel zeichnet in seinem Roman das Bild einer von dem neuen sozialen Lebensgefühl getragenen Gemeinschaft, aber die neue, der Kabale entkleidete bürgerliche Welt [...] kommt ihm selbst 1731 noch so unzeitgemäß, unwahrscheinlich vor, daß er diese Welt gleichsam nur als Utopie weit draußen auf einer fernen Insel im Ozean erscheinen läßt« (F. Brüggemann). Der Argumentation ist bisher nicht widersprochen worden. Dem Autor der »Insel Felsenburg« ist das zentrale Motiv unter der Hand unversehens zu einer Art »utopischen Archipelagus« geraten für alles das, was die Pragmatik der Zeitgeschichte noch nicht einzulösen imstande war, was nach Brüggemann erst die bürgerliche Gemeinschaftskultur der 40er Jahre des 18. Jhs. herbeigeführt hat.

Die geläufige Zuordnung »Robinsonade«:»Utopie« bedarf der erneuten Diskussion. Es ist eine Definitionsfrage, ob der Begriff der bürgerlichen »Utopie« in diesem Zusammenhang tatsächlich angemessen ist. Zweifellos wäre eine Interpretation vertretbar, die die Darstellung des Insel-Motivs bei Schnabel als Allegorie des kleinbürgerlichen Bewußtseins versteht, das in ohnmächtiger Isoliertheit von politischen Handlungsabläufen seine vernunftmoralisch religiösen Gedankengänge über die ideale Gesellschafts- und Lebensform an die patriarchalische Familienstruktur und »Ökonomie des ganzen Hauses« bindet und in den Lebensläufen und Konfigurationen der »Wunderlichen Fata« außerhalb der öffentlichkeitswirksamen Bereiche des Adels und Großbürgertums sehnsüchtig bewegt: »figura« der kleinbürgerlichen empfindsam räsonierenden Psyche und deren pietistisch quietistischen Selbstanalyse. – Unverkennbar bekommt das Maß an Isolation und Autarkie, das die Zuflucht Suchenden mit ihrem Insel-Dasein akzeptieren, einen nahezu realitätsfeindlichen Zug: die Landschaft der Insel ist geomorphologisch zusätzlich gesichert und nach außen hermetisch abgeriegelt; der Zugang zum »gelobten Land«, »gesegneten Erdreich«, »Lust-Revier«, »irdischen Paradies« steht nur den Eingeweihten offen; die natürlichen Gegebenheiten sind zweckmäßig aufeinander abgestimmt und kommen der Kultivierungsarbeit des Menschen, der ihren Eigensinn achtet, auf halbem Weg entgegen; die Arbeit dient dem Eigenbedarf, durch Fleiß erwirtschafteter Überschuß führt nicht zu privater Bereicherung, sondern kommt der Vorratshaltung der Gemeinschaft zugute und wird im Hinblick auf eventuell hinzukommende Bewohner und zukünftige Generationen legitimiert; Markt und Warenverkehr spielen keine Rolle; das Geld, in Form eines aufgefundenen Schatzes vorhanden, über dessen Herkunft und mögliche Konsequenz niemand nachdenkt, wird schließlich, aufschlußreicherweise an Europäer, verschenkt. Insgesamt kennzeichnen diese Momente die Figur des kleinbürgerlich empfindsamen Bewußtseins als einen scheinbar geschichtslosen Ort, an dem das Böse ausstirbt und das Problem von Theorie (Bewußtsein, Seele, Gewissen) und Praxis (staatliche Verwaltung, politisches Handeln) sich nicht mehr stellt:

»Solchem befanden sich um selbige Zeit auf der Insul Felsenburg 203 Manns und 191 Weibs-Personen, die in aller Frömmigkeit, Liebe und Einigkeit miteinander lebten, und nach dem Exempel der ersten christlichen Kirche eine treuhertzige Gemeinschafft der zeitlichen Güther untereinander hielten, keinen Eigennutz auch im allergeringsten Dinge zeigten, sondern ihren Nechsten und sich selbst zu dienen, alles mit Lust verrichteten, worzu sie sich geschickt befanden.« (»Wunderliche Fata«, 2. Theil, Nachdruck der Ausgabe 1732, Ffm: Minerva 1973, S. 175)

Unterstellt man nun einen Begriff der Utopie, der formal das Kriterium der bestimmten Negation zur bestehenden Lebenswirklichkeit derart impliziert, daß über Träume, Sehnsüchte, Phantasmagorien hinaus Handlungsmotive vorstellbar werden, die Traditionszusammenhänge, Staatsideologien und Gesellschaftssysteme zu distanzieren und zu brechen imstande sind, dann erscheinen Zweifel angebracht, inwieweit Schnabels »Wunderliche Fata« eine utopische

Gesellschaftsform oder gar bürgerliche Staatsutopie genannt werden darf. Und ob der epische Vorgang des Romans nicht vielleicht doch eher die kleinbürgerlich empfindsame Bewußtseinsstruktur selber in Szene setzt, wie sie in der pietistischen Bewegung längst von sich Zeugnis abgelegt hatte. Ich kann hier nur summarisch an Thematik und Aufbau der »Hausväterliteratur« und »Predigten über den christlichen Hausstand« des 17. und 18. Jhs. erinnern sowie auf die pietistischen Autobiographien und Bekenntnisbücher verweisen. Weniger utopische als vielmehr illusionäre Züge nimmt das kleinbürgerlich empfindsame Bewußtsein, das als organisierendes Formprinzip dem engumgrenzten Modell der »Felsenburg« zugrunde liegt, überall da an, wo es den Anschein zu erwecken versucht, der angenommenen Harmonie von Gottnatur und gesundem Menschenverstand und der vernunftmoralisch christlichen Haushaltsführung könnte allein aus ihrem Verweigerungsgestus gesellschaftskritische Geltung zukommen bzw. diese könnten für sich an die Stelle des absolutistischen Staates treten. Um der politischen Wirkung willen mußten kleinbürgerlich empfindsame Moralvorstellungen aus ihrer Isoliertheit heraustreten und als kritische Privatreserve oder Opposition mit dem absolutistischen Staat sich einlassen, wie es zumindest die Absichtserklärung in dem Roman von *Johann Friedrich Bachstrom* »Das Bey zwey hundert Jahr lang unbekannte, nunmehro aber entdeckte vortreffliche Land Der Inquiraner«, 2 Bde, Frankfurt u. Leipzig 1736/37 andeutet (vgl. F. J. Lamport, D. Naumann).

Von der konkreten Bewährung und Enttäuschung bürgerlicher Moralkritik innerhalb des absolutistischen Staatsapparates handelt erst der bürgerliche Staatsroman (Loen, Haller, Wieland), der gegenüber dem bürgerlichen empfindsam räsonierenden Familienroman (Richardson, Gellert, Hermes, La Roche) zwar eine vergleichbare moraldidaktische Intention und Integrationsfähigkeit nach oben und unten an den Tag legt, aber ungleich größere Einsicht in die Rechts- und Verwaltungsverhältnisse des absolutistischen Systems vorweisen kann. Schließt der bürgerliche Staatsroman an die europäische Hofliteratur (B. Castiglione, »Il libro del Cortegiano«, 1528; B. Gracián, »Oráculo manual«, 1647) und den politischen Roman Ch. Weises an, so steht der bürgerliche Familienroman in der Nachfolge der Hausväterliteratur, der Familienchroniken und der pietistischen Autobiographien.

Literatur:

A. Kippenberg, Robinson in Deutschland bis zur Insel Felsenburg (1731–1743), Hannover: Goedel 1892 (Diss. Leipzig 1892).

H. Ullrich, Robinson und Robinsonaden. Bibliographie, Geschichte, Kritik. Teil 1: Bibliographie, Weimar: Felber 1898; bibliogr. Ergänzung in: Zs. f. Bücherfreunde 2, 1907/08, S. 444 ff. und S. 489 ff.
O. Deneke, »Robinson Crusoe« in Deutschland. Die Frühdrucke 1720–1780, Göttingen: Selbstverlag 1934.

S. Kleemann, Der Verfasser der »Insel Felsenburg« als Zeitungsschreiber, in: VjsfLG 6, 1893, S. 337–371.
H. Rötteken, Weltflucht und Idylle in Deutschland von 1720 bis zur »Insel Felsenburg«. Zur Geschichte des deutschen Gefühlslebens, in: ZVL N.F. 9, 1896, S. 1–32 und S. 295–325.
H. Halm, Beiträge zur Kenntnis J. G. Schnabels, in: Euph. 1908, 8. Erg.-Heft, S. 36ff.
F. K. Becker, Die Romane J. G. Schnabels, Bonn: Foppen 1911 (Diss. Bonn 1911).
K. Schröder, J. G. Schnabels »Insel Felsenburg«, Marburg/Lahn: Ch. Schaaf 1912 (Diss. Marburg/L. 1912).
F. Brüggemann, Utopie und Robinsonade. Schnabels »Insel Felsenburg«, Weimar: A. Duncker 1914.
Ders., DLE, Reihe Aufklärung, Bd 4: Vorboten der bürgerlichen Kultur. Einführung zu J. G. Schnabels »Insel Felsenburg«, Leipzig: Reclam 1931 (Reprogr. Nachdruck Wiss. Buchgesellsch. Darmstadt 1960).
K. Werner, Der Stil von J. G. Schnabels »Insel Felsenburg«, Diss. Berlin (Humboldt Univ.) 1950 (masch.).
H. Mayer, Die alte und die neue epische Form: J. G. Schnabels Romane, in: *H. M.,* Von Lessing bis Thomas Mann, Pfullingen: Neske 1959, S. 35–78.
H. Steffen, J. G. Schnabels »Insel Felsenburg« und ihre formgeschichtliche Einordnung, in: GRM N.F. 11, 1961, S. 51–61.
Rosemarie Haas, Die Landschaft auf der Insel Felsenburg, in: ZfdA 91, 1961, S. 63–84.
Th. C. v. Stockum, »Robinson Crusoe«. Vorrobinsonaden und Robinsonaden, in: *Th. C. v. St.,* Von F. Nicolai bis Thomas Mann, Groningen: J. B. Wolters 1962, S. 24–38.
I. Weinhold, J. G. Schnabels »Insel Felsenburg«, Diss. Bonn 1963.
H. Bierfreund, Bericht über das Leben des Dichters J. G. Schnabel und dessen Hauptwerke, Sangershausen 1965.
M. Stern, Die wunderliche Fata der »Insel Felsenburg«. Tiecks Anteil an der Neuausgabe von J. G. Schnabels Roman (1828). Eine Richtigstellung, in: DVjs 40. 1966, S. 109–115.
F. J. Lamport, Utopia and Robinsonade. Schnabel's Insel Felsenburg and Bachstrom's Land der Inquiraner, in: Oxford German Studies 1, 1966, S. 10–30.
H. Brunner, Die poetische Insel. Inseln und Inselvorstellung in der deutschen Literatur, Stuttgart: Metzler 1967.
W. Voßkamp, Theorie und Praxis der literarischen Fiktion in J. G. Schnabels Roman »Die Insel Felsenburg«, in: GRM N.F. 18, 1968, S. 131–152.

S. A. Jørgensen, Adam Oehlenschlägers »Die Inseln im Südmeer« und J. G. Schnabels »Wunderliche Fata«. Aufklärung, Romantik – oder Biedermeier?, in: Nerthus 2, 1969, S. 131–150.
A. Schmidt, Herrn Schnabels Spur. Vom Gesetz der Tristaniten, in: *A. Sch.*, Nachrichten von Büchern und Menschen 1. Zur Literatur des 18. Jhs., Ffm: Fischer 1971, S. 28–57.
H. Wagener, Faramonds Glückseligste Insel. Eine pietistische Sozialutopie, in: Symposium 26, 1972, S. 78–89.
R. Allerdissen, Die Reise als Flucht. Zu Schnabels »Insel Felsenburg« und Thümmels »Reise in die mittäglichen Provinzen von Frankreich«, Bern/München: Lang 1975.
Roland Haas, Lesend wird sich der Bürger seiner Welt bewußt. Der Schriftsteller J. G. Schnabel, Diss. Ffm 1976 (masch.).

W. Mahrholz (Hrsg.), Der deutsche Pietismus. Eine Auswahl von Zeugnissen, Urkunden und Bekenntnissen aus dem 17., 18. und 19. Jh., Berlin: Furche Verlag 1921.
Ders., Deutsche Selbstbekenntnisse. Ein Beitrag zur Geschichte der Selbstbiographie von der Mystik bis zum Pietismus, Berlin: Furche Verlag 1919.
A. Reiche, Der Pietismus und die deutsche Romanliteratur des 18. Jhs., Diss. Marburg/Lahn 1947 (masch.).
W. Schmitt, Die pietistische Kritik der »Künste«. Untersuchungen über die Entstehung einer neuen Kunstauffassung im 18. Jh., Diss. Köln 1958.
J. Hoffmann, Die »Hausväterliteratur« und die »Predigten über den christlichen Hausstand«, Weinheim: Beltz 1959.
G. Misch, Geschichte der Autobiographie, Bd I, Bern 1949/50, Bd II–IV, Ffm 1955/69.
B. Neumann, Identität und Rollenzwang. Zur Theorie der Autobiographie, Ffm: Athenäum 1970.
R.-R. Wuthenow, Das erinnerte Ich. Europäische Autobiographie und Selbstdarstellung im 18. Jh., München: Beck 1974.
K. D. Müller, Autobiographie und Roman, Tübingen: Niemeyer 1976.
Günter Niggl, Geschichte der deutschen Autobiographie im 18. Jh., Stuttgart: Metzler 1977.
B. Mildebrath, Die deutschen »Avanturiers« des 18. Jhs., Gräfenhainichen: C. Schulze & Co 1907. (Diss. Würzburg 1907).
M. Götz, Der frühe bürgerliche Roman in Deutschland (1720–1750), Diss. München 1958 (masch.).
M. Spiegel, Der Roman und sein Publikum im früheren 18. Jh. (1700–1767), Bonn: Bouvier 1967.
K. Reichert, Utopie und Staatsroman. Ein Forschungsbericht, in: DVjs 39, 1965, S. 259–287.
A. Neusüß (Hrsg.), Utopie. Begriff und Phänomen des Utopischen, Neuwied: Luchterhand 1968.
J. Servier, Histoire de l'Utopie, Paris: Gallimard 1967. Dt.: Der Traum von der großen Harmonie. Eine Geschichte der Utopie, München: List 1971 (List Taschb. 1555).

P. U. Hohendahl, Zum Erzählproblem des utopischen Romans im 18. Jh., in: Gestaltungsgeschichte und Gesellschaftsgeschichte. In Zusammenarbeit mit *K. Hamburger* hrsg. von *H. Kreuzer.* F. Martini zum 60. Geburtstag, Stuttgart: Metzler 1969, S. 79–114.
H. U. Seeber, Wandlungen der Form in der literarischen Utopie. Studien zur Entfaltung des utopischen Romans in England, Göppingen: Kümmerle 1970.
R. Villgradter/F. Krey (Hrsg.), Der utopische Roman, Darmstadt: Wiss. Buchgesellsch. 1973.
R. Grimm/J. Hermand (Hrsg.), Deutsches utopisches Denken im 20. Jh., Stuttgart: Kohlhammer 1974 (Urban Taschb. 864).
W. Biesterfeld, Die literarische Utopie, Stuttgart: Metzler 1974 (Slg Metzler 127).
D. Naumann, Politik und Moral. Studien zur Utopie der deutschen Aufklärung, Heidelberg: Winter 1977 (Diss. Ffm 1972).

Allgemeine Quellennotiz zu Kapitel II:

Die Titel der Romane dieses Übergangszeitraums sind bibliographisch erfaßt in *K. Goedeke* »Grundriß zur Geschichte der deutschen Dichtung«, Band 3: Barock und Aufklärung, [2]1887 und Band 4/1: Von den Schweizern bis zum Sturm und Drang, [3]1907 sowie bei *Hayn/Gotendorf* »Bibliotheca Germanorum Erotica et Curiosa«, 9 Bde, [3]1912/29; ergänzt, thematisch gegliedert und zum Teil aufgearbeitet in den Beiträgen von *A. Hirsch, H. Singer, A. Kippenberg, H. Ullrich, B. Mildebrath, M. Götz* und *M. Spiegel.*

III. Geschichtliche Positionen der europäischen Aufklärung und ihre Umschreibung in romanpoetologischer Relevanz: Die »Aesthetica« als Prinzip bürgerlicher Erkenntniskritik und die »Empfindsamkeit« als Form bürgerlicher Moralkritik

Die Schwierigkeit epochaler Gliederung, besonders die der klaren literarhistorischen Abgrenzung eines so komplexen Gegenstandes, wie den des Aufklärungsromans, nötigt dazu, über geläufige Schlagworte und willkürliche Datierungen hinaus die gesamtgeschichtlich wesentlichen Bedingungen skizzenhaft vorzustellen, die den tradierten Gattungskanon um die Prosaform des Erzählens im Roman erweitert. Als dessen allgemeinste Voraussetzung darf die aufklärerische Diskussion um die Neufassung des Erfahrungsbegriffs angesehen werden, der einerseits die am naturwissenschaftlichen Gesetzescharakter orientierte Wendung zum neuzeitlichen Rationalismus nimmt, der anderseits im politischen Raum aus der dem absolutistischen System immanenten Spannung von Staatsräson und Gewissen, Legalität und Moralität, nomos und Freiheit, die Aufmerksamkeit für das Außerordentliche, Einmalige, Nicht-Subsumierbare weckt und damit geschichtlichen Sinn begründet. Welche Bedeutung bürgerliche Ästhetik und Empfindsamkeit für die praktische Vernunft der deutschen Aufklärung besitzt, denen auch der pragmatisch didaktische Grundgedanke der Aufklärungspoetik (Roman!) das beste verdankt, das kann dieser kurze Abriß nur andeuten, nicht interpretatorisch durchführen.

Als *Ch. Thomasius* (1655–1728) 1687 an der Universität Leipzig eine Vorlesung in deutscher Sprache ankündigte: »Welcher Art man denen Franzosen in gemeinem Leben und Wandel nachahmen solle«, ging es ihm unter diesem Titel um die Mahnung an die Deutschen, sie sollten sich die Franzosen hinsichtlich der Ausbildung ihrer Sprache als eines Werkzeugs der Wissenschaft und Philosophie zum Vorbild nehmen. Die französischen Ideale des honnête homme, galant homme, homme savant, bel esprit, homme de bon goût bestünden eben wesentlich auch darin, ebenso klar wie gefällig, ebenso natürlich wie kultiviert innerhalb des höfischen ancien régime sich zu bewegen. Ausgehend von R. Descartes hatten *Cl. F. Sieur de Vaugelas* (1585–1650) in »Remarques sur la langue française«, 1647, und die »Grammaire générale et raisonnée«, 1660, von *Port Royal* (A. Arnauld 1612–1694 u. a.) sowie *F. Charpentier* »De l'excellence de la langue française«, 1683, der französischen Sprache das einzigartige Privileg zuerkannt, daß in ihr ordo naturalis, d. h. die den objektiven Seinsverhältnissen analogische Wortfolge, und ordo artificialis, d. h. die rhythmische und metaphorische Auszierung des Stils, einander entsprechen. Das Französische besitze par nature die Eigenschaften, die die anderen Sprachen (auch das Lateinische!) par artifice erst herstellen müßten. Die natürliche Wahlverwandtschaft zu Methode und Regel finde ihren Niederschlag in clarté, facilité, simplicité. Für unseren Zusammenhang ist besonders wichtig, daß die rationale Sprachauffassung des französischen Klassizismus im 17. Jh., der Schulrhetorik folgend, ingenium (Witz oder Erfindungsgabe, Originalität) und iudicium (Urteilskraft, ordnendes Prinzip), d. h. génie, esprit einerseits und raison, bon sens, jugement andererseits neu zusammendenkt, was sich im Verstande der Zeit als justesse, bienséance, honnêteté in anthropologischer Schätzung formuliert und sowohl erkenntnistheoretisch als auch ethisch von grundlegender Bedeutung für die gesamteuropäische Aufklärung geworden ist. Sprachstil, Denkstil und sittlicher Habitus, theoretische und praktische Vernunft bedingen sich gegenseitig: »Le style c'est l'homme même« erklärte *G. L. Buffon* (1707–1788). So ist der honnête homme bzw. galant homme nach Descartes und den französischen Grammatikern und Poetologen des 17. Jhs. das höfische Menschenideal des ancien régime, das kraft einer wohlausgewogenen treffsicheren Sprache über »clara et distincta perceptio« (worin nach Descartes Innerlichkeit und Gottnatur rechtmäßig aufeinander bezogen sind) verfügt und damit ausgewiesen ist, auch entsprechende politische Ansprüche durchzusetzen. Das nationale Hochgefühl sprachlich kultureller und naturwissenschaftlicher Überlegenheit gewinnt seinen spektakulärsten Ausdruck in der am 27. Jan. 1687 durch den Vortrag von *Ch. Perrault* (1628–1703) »Siècle de Louis Le Grand« vor der ›Académie française‹ (gegr. 1634) ausgelösten »Querelle des anciens et des modernes«. Perrault in dem genannten Huldigungsgedicht an das »Siècle du Roi Soleil« sowie in den drei Bänden der »Parallèles des anciens et des modernes« (1688/96) und nach ihm *B. Le Bovier, Sieur de Fontenelle* (1657–1757), der Neffe Corneilles, mit »Digression sur les anciens et les modernes« (1688) hatten gegen die an der normativen Geltung ihrer antiken Vorbilder orientierten großen Namen der höfisch klassizistischen Literatur, gegen *N. Boileau* (1636–1711; »L'Art poétique«, 1674), *J. de La Fontaine* (1621–1695; »Fables«, XII Vol. 1668/94), *J. Racine* (1639–1699), *A. Arnauld* (1612–1694), *P. D.*

Huet (1630–1721), *F. de Salignac de La Mothe-Fénélon* (1651–1715; »Les Avantures de Télémaque«, 1699) das im Sinne des beschriebenen Kultur- und Menschenideals fortgeschrittene Bewußtsein der neuen Zeit betont. Deutlich genug appellierte Perrault in seinen Schriften an den gesunden Menschenverstand des bürgerlichen Publikumsdurchschnitts, dem er unvoreingenommeneres Urteilsvermögen attestierte im Vergleich mit der humanistischen Gelehrtenwelt, der er vorwarf, sie lasse das Wesentliche der Gegenwart am Gewesenen, längst Abgestorbenen, zugrunde gehen. Kein Wunder, daß für *D. Bouhours* (1628–1702; »Entretiens d'Ariste et d'Eugène«, 1671; »Manière de bien penser dans les ouvrages d'esprit«, 1687) eben nur ein Franzose, *R. Descartes* (1596–1650; »Discours de la méthode pour bien conduire sa raison et chercher la vérité dans les sciences«, 1637; »Meditationes de prima philosophia«, 1641), den in Renaissance und Reformation wirkenden neuzeitlichen Denkansätzen jenen Grad von Wissenschaftlichkeit verleihen konnte, der im engeren Wortsinn als aufklärerisch zu bezeichnen ist.

An der einseitig mathematisch naturwissenschaftlichen Methode cartesianischen Philosophierens tritt nämlich von Anfang an der Dualismus sichtbar hervor, der der europäischen Aufklärung bis auf Kant das charakteristische Gepräge gibt und nicht in Bausch und Bogen als Rationalismus abgetan werden darf; der bleibt in der ausgesprochenen Tendenz zur allgemeinen Gesetzeswissenschaft, die dem Geschichtlich-Individuellen und Genetischen kein Verständnis bot, zwar stets gegenwärtig, schafft sich jedoch bereits mit seinen Voraussetzungen den Widerpart. Die Zersetzung des naiv fortschrittsoptimistischen Rationalismus durch die Unsicherheit der Sinnesqualitäten, denen die Vermittlung von Innerlichkeit und Gottnatur nicht endgültig gelingen will, führt zu einem skeptischen Psychologismus dieses Vermittlungsvorgangs im englischen Empirismus, und eben von daher hat der deutsche »empfindsame« Aufklärungsroman im Anschluß an S. Richardson seine Problematik und mögliche Auflösung in Form und Gedanke. Die Hauptlinien der Entwicklung sollen hier abbreviatorisch verfolgt werden, da sie eine Begründung der literarhistorischen Abgrenzung des Aufklärungsromans aufbieten.

Die über allen Zweifel erhabene Gewißheit, daß im »sum cogitans« der Mensch sowohl naturhaft kreatürlich (»sum«) als auch geistig (»cogitans«) klar und distinkt sich selbst erfährt, tritt in der weiteren Entfaltung des cartesianischen Systems wieder aus- und gegeneinander: in unmittelbar daseinsgewisse Innerlichkeit (ens cogitans) und rational (clara et distincta perceptio) gesicherte Außenwelt (ens extensum). Innerhalb des einen Bereichs waltet eine mechanische

Gesetzmäßigkeit, die zwischen künstlichen und organischen Maschinen nur graduell unterscheidet, im anderen ist die Zweckmäßigkeit und Freiheit wirklich, die sich in Überwindung der erkenntnisstörenden Affekte übt. Bezeichnenderweise artikuliert sich bereits in den »Meditationes« Descartes' die Schwierigkeit, evidente Innerlichkeit mit der von einer absoluten Substanz deduzierten objektiven Gegenständlichkeit (Gottnatur) über die unsicheren Sinnesqualitäten zu vermitteln, die abgesehen von klarem Vorstellungsvermögen auch Täuschung und Irrtum zulassen. Die Auflösung erscheint schließlich nur in der steten Überwachung und Prüfung der Sinne durch den Verstand gewährleistet, was sich wenig später als die Unterscheidung von »reflection« und »sensation« in die Sprache der empirischen Psychologie J. Lockes übersetzt, wobei »reflection« die Bearbeitung der »sensations« zu Bewußtseinsdaten erst leistet: der Verstand kontrolliert den durch affizierte Sinnesempfindung ausgelösten Erkenntnisvorgang.

Die beschränkte Ausdeutung des Cartesius im Sinne einer materialistischen Anthropologie durch J. O. de Lamettrie (1709–1751; »L'homme machine«, 1748), E. B. de Condillac (1715–1780; »Traité des sensations«, 1754), A. C. Helvetius (1715–1771; »De l'esprit«, 1758), P. H. D. von Holbach (1723–1789; »Système de la nature«, 1770) wird später in *J. C. Wezels* (1747 bis 1819) »Versuch über die Kenntnis des Menschen«, 2 Bde, 1784/85 (Reprogr. Nachdruck Ffm: Athenäum 1971) und seinen Romanen eine ebenso bemerkenswerte wie für die Entwicklung in Deutschland vereinzelte und atypische Bedeutung erlangen.

In England hatte H. v. Cherbury (1581–1648; »De veritate«, 1624; »De religione gentilium«, 1645) und im Anschluß an ihn J. Toland (1670–1722; »Christianity not mysterious«, 1696), A. Collins (1676–1729; »A discourse of free thinking, occasioned by the rise and growth of a sect call'd freethinkers«, 1713), M. Tindal (1656–1733; »Christianity as old as the creation – a republication of the religion of nature«, 1730) den Gedanken einer natürlichen Vernunftreligion (Deismus) konsequent rationalistisch vertreten.

Das Unbehagen an der schroffen Antinomie, in die Descartes das psycho-physische Problem geführt hatte, bzw. an seiner Unterschlagung durch die Deisten, gewinnt schon im jansenistischen Kloster von Port Royal mit *B. Pascal* (1623–1662; »Pensées«, 1670) und *P. Bayle* (1647–1705; »Dictionnaire historique et critique«, 1695/97) seine nachhaltigsten Stimmen. Bayles Plan eines »tableau de l'esprit humain« leitet ihn zur Analyse der philosophischen Systeme, die für ihn nur hinsichtlich des persönlich individuellen Gedankenganges ihrer Schöpfer, nicht aber aufgrund einer perennierenden universallogischen Schlüssigkeit, gleichberechtigt und wertfrei nebeneinander bestehen: nur die summative Erfassung wäre imstande, ein Bild des menschlichen Geistes zu errichten. Solche Analyse, die in Feststellung der Willkür des bloß Faktischen ihre skeptischen Einwände gegen jedwede Art von dogmatischer Gesetzeswissenschaft unsystematisch und aphoristisch notiert, deutet den Irrationalismus an, in den umzuschlagen extremes Verstandestum sich anschickt. Der Umschlag wird von England aus eingeleitet.

Hatte sich schon für Descartes die Forderung nach einer rational ausgebildeten Affektenlehre ergeben, die die Klarheit der Perzeption überwacht, damit die Voraussetzung von Erkenntnis abgesichert ist, darin natürliche Religion und Vernunftmoral ihre Fundierung haben, so wird im englischen Empirismus seit *F. Bacon* (1561–1626) und *Th. Hobbes* (1588–1679), ganz entschieden mit *I. Newton* (1643–1727; »Naturalis philosophiae principia mathematica«, 1687) und *J. Locke* (1632–1704; »Essay concerning human understanding«, 1690) die rationalistische Erkenntnistheorie von einer Psychologie des Erkenntnisvorgangs verdrängt. Gegenüber dem deduktiven Verfahren Descartes' und der Deisten gibt Newton, in der Tradition des bodenständigen angelsächsischen Pragmatismus stehend, Beobachtung und Experiment den Vorzug. Empirie und Induktion leiten auch J. Locke bei seiner Analyse des Bewußtseins, dessen apriorische Vernunftausstattung (ideae innatae) er in Abrede stellt. Bewußtsein oder Seele sind für den Empiristen nurmehr als »tabula rasa« (»white paper«) vorstellbar, auf der äußere Erfahrung oder Sinneswahrnehmung (»sensation«) bzw. innere Erfahrung oder Selbstwahrnehmung (»reflection«) über die Empfindung (»sentiment«) eindrückliche Spuren (»impressions«) hinterlassen. »Tant de raisonneurs ayant fait le roman de l'âme« – sagt *Voltaire* in den 1726/29 entstandenen »Lettres sur les Anglais« (Lettre XIII) über J. Lockes »Scheidekunst der Seele« – »un sage est venu qui en a fait modestement l'histoire. Locke a développé à l'homme la raison humaine, comme un excellent anatomiste explique les ressorts du corps humain«.

In England erscheinen diese geistigen Erträge der Zeit allgemeinverständlich in populärer Diktion, verbreitet durch die von *J. Addison* (1672–1719) und *R. Steele* (1672–1729) herausgegebenen Moralischen Wochenschriften (›The Tatler‹, 1709/11; ›The Spectator‹, 1711/12; ›The Guardian‹, 1713) als empfindsame Erbauungslektüre der well regulated families. Die von J. Locke in erkenntnistheoretischer Absicht vorgenommene Psycho-Analyse der Bewußtseinsinhalte und die religiös deduzierte Vernunftmoral der Deisten sind in der Erscheinung der Empfindsamkeit eigentümlich amalgamiert: psychologische Selbstbetrachtung (»self-control«) wird für den aufgeklärten Bürger zur Hygiene des gesunden Menschenverstandes

(»common sense«), der sich der zwar eingeborenen, aber durch die Unsicherheit der Sinne gefährdeten Vernunft und Tugend pfleglich hingibt und in der Vertrautheit mit Gleichgestimmten sehnsüchtig zu versichern bestrebt ist. In »Observations on man, his frame, his duty, and his expectations« (1749) entwickelte der englische Arzt *D. Hartley* (1705–1757) eine zwischen Freude und Schmerz sich bewegende Assoziationspsychologie, deren Kernstück die in einfühlsamem Mitleid geübte Sympathie bildet. Damit war der empfindsame (sentiment, sentimental) bürgerliche Gefühls- und Sympathiekult des »delicacy« ein echter Zeitstil geworden, aus rationaler Ethik und analytischer Psychologie, eine in sich heterogene Übergangsmentalität vom französischen höfisch klassizistischen Rationalismus zum englischen bürgerlich aufklärerischen Empirismus. In England bestimmt er den Geist der bürgerlich puritanischen Familienkultur. *S. Richardson* hat ihn in Sprache und Form seiner Briefromane maximal beschrieben. In ihnen ist die Wendung vom bel esprit des höfischen honnête homme, galant homme zum sentimentalen delicacy des bürgerlichen man of principles, sober man, als sozialethische Konfiguration wirklich und zugunsten des letzteren entschieden. Entsprechend hatte der Schweizer Pietist *L. B. Muralt* nach jahrelangen Aufenthalten in Paris und London (um 1695) in seinen 1725 veröffentlichten »Lettres sur les Francais et les Anglais« den durch sentiment, tender, good nature gekennzeichneten sittenstrengen Bürger Londons dem windigen Höfling der galanten Pariser Courteoisie kontrastierend entgegengestellt. Für Muralt besitzt der galant homme nichts mehr von seiner sittlichen Bildung und menschlichen Integrität, die über dem Grund sprachlicher Klarheit und Wahrhaftigkeit vordem unverfälscht sich erhob und als den Thomasius ihn nachahmenswert nannte. Selbst in Frankreich hatte sich noch Ende des 17. Jhs der alte Ehrenmann, der »galant homme« von seinem frivolen Ableger, dem »homme galant«, einem Modekavalier und Libertin, getrennt (vgl. P. Richelet »Dictionnaire de la langue française«, Paris 1680; »Reflexions sur l'usage présent de la langue française«, Paris 1692; Voltaire »Dictionnaire philosophique«, 1774), der als Verführer und Bösewicht zum Schrecken der empfindsam räsonierenden Bürgerlichkeit durch die Romane Richardsons geistert, durch dessen raffinierte Intrigen betroffen der bürgerliche Held »virtue in distress« demonstrieren kann, was in endlosen Selbstanalysen geschieht.

Daran hat der bürgerliche empfindsam didaktische Aufklärungsroman in Deutschland (*J. M. v. Loen, Ch. F. Gellert, J. T. Hermes, S. v. La Roche*) um 1740 angeschlossen, sofern er, in der eigenen Tradition von Leibniz, Ch. Wolff einerseits und des zur Erfahrungsseelenkunde säkularisierten Pietismus andererseits, nicht schon von sich aus dem angelsächsisch puritanischen sentiment strukturell überaus ähnlich war.

Kursorisch sei in diesem Zusammenhang darauf hingewiesen, daß für den »Übergang vom feudalen zum bürgerlichen Weltbild« (F. Borkenau) bzw. für die Entwicklung des dritten Standes im absolutistischen Staat der neue Bildungsgedanke des sensus communis (Geschmacksdiskussion), der die ständeübergreifende »gute Gesellschaft« der Zukunft herbeiführen soll, grundlegend ist. Dieser Gemeinsinn oder sensus communis (Geschmacksbegriff) besteht wesentlich aus einem erkenntniskritischen Problemkreis, in dem die Auseinandersetzung zwischen Logik und Ästhetik, den oberen und unteren Erkenntniskräften, dem zweckrationalen Verstand und der urteilsfähigen Vernunft stattfinden und einem moralkritischen Problemkreis, in dem die Spannungen zwischen allgemeinverbindlichem Gesetz und individueller Empfindsamkeit, zwischen Rechtssystem und Handlungsmotiv, Politik und Moral ausgetragen werden. Die gegen den scholastischen Wissenschaftsbetrieb angetretene »Aesthetica« *A. G. Baumgartens* und *G. F. Meiers* führt den Beweis, daß der distinkte Begriff, der hierarchisch gliedert und subsumiert, auf die Erfahrung der sinnlichen Evidenz, die um Zustimmung wirbt, nicht verzichten kann, wenn er seinen totalen Erkenntnisanspruch aufrechterhalten will. – Die gegen das Ordnungsdenken geistlicher und weltlicher Autorität opponierende »Empfindsamkeit« bürgerlicher Schriftsteller besteht auf dem unbestechlichen Sinn des seelenanalytisch geschulten Gewissens, weil sie ohne dessen regulative Kraft den politischen Alleinvertretungsanspruch allmächtiger Handlungsgewalt der Willkür ausgeliefert sieht. Beide im Geschmacksbegriff eng miteinander verbundenen Intentionen bürgerlichen Selbstbewußtseins im 18. Jh. behaupten das Recht des Individuellen, Besonderen, Außerordentlichen, Nicht-Subsumierbaren gegenüber der hierarchischen Logik des Ständestaats und seinen öffentlichkeitswirksam auftretenden Handlungsbevollmächtigten. Diese begründen ihre gesellschaftliche Stellung durch Geburt oder Rang und handhaben überdies eine Form der Selbstdarstellung, die auf Beeindrucken, Überreden, Überwältigen angelegt ist. Jene dem bürgerlichen sensus communis inhärente Bildungsidee setzt dem eine gesellschaftspolitisch relevante Initiative entgegen, die im Argumentieren, Appellieren, Überzeugen auf gemeinsame Urteile bzw. Vereinbarungen abzielt. Es leuchtet ohne weiteres ein, daß die auf umfassende Erfahrung und allseitige Moral verpflichtete Bildungsverantwortung des bürgerlichen Gemeinsinns (sensus communis) der an Offenbarung und Geschichte orientierten Wahrheitsfiktion des Romans im Übergang vom 17. zum 18. Jh., von der Barockmystik zum Aufklärungspragmatismus, ausgesprochen entgegenkommen mußte. Mit dem Begriff der »Empfindsamkeit« hat diese Bildungsverantwortung des bürgerlichen Gemeinsinns für den Aufklärungsroman eine gleichsam konstitutive Bedeutung angenommen.

Für den geschichtlichen Sinn und die gesellschaftspolitische Funktion der Empfindsamkeit als der spezifischen Form bürgerlichen Selbstbewußtseins im 18. Jh. verweise ich auf den quellensichtenden Beitrag von *G. Jäger* sowie auf die material- und gedankenreiche Arbeit von *G. Sauder*. – Die von *R. Alewyn/L. Pikulik* eingeleitete Kontroverse zur Frage der soziologischen Zuordnung der Empfindsamkeit (bürgerlich – antibürgerlich), die *P. U. Hohendahl* um ebenso modernistische wie fragwürdige Thesen bereichert hat, dürfte sich inzwischen als unergiebig herausgestellt haben (vgl. P. Szondi, K. S. Guthke, G. Sauder). Es wird sich m. E. stets als historisch unangemessen und wenig ertragreich erweisen, Formen, Motive, Tendenzen der deutschen Aufklärung von Leibniz und Ch. Wolff bis an die Schwelle der 70er Jahre des 18. Jhs., soweit sie so komplexe Problembereiche wie den Gemeinsinn, den Geschmack und die Empfindsamkeit betreffen, hinsichtlich der dort implizierten Gegenbegriffe rational – irrational, raison – sentiment, Kopf und Herz, denken – empfinden, bürgerlich und antibürgerlich disjunktiv zu untersuchen und zu kennzeichnen. Denn: »In Deutschland sucht man das ganze 18. Jh. hindurch nichts anderes als diese Vermittlung« (A. Baeumler, S. 64).

In Frankreich entwickelte sich der Begriff »sensibilité du coeur« (J. J. Rousseau) aus der bei *N. Boileau-Despreaux* (1636–1711; »L'Art poétique«, 1674), *D. Bouhours* (1628–1702; »La Manière de Bien Penser«, 1688), *J. P. de Crousaz* (»Traité du Beau«, 1715) und *J. B. Dubos* (1670–1742; »Réflexions critiques sur la Poésie, la Peinture et la Musique«, 3 Bde, 1719) im Rahmen des cartesianischen Dualismus zwischen raison und sentiment, esprit und coeur, réfléchir und sentir diskutierten ästhetischen Fragestellung.

In Deutschland verbinden sich *Leibnizens* Theodizeegedanke und *Wolffs* Psychologie. Das Bestreben Wolffs, auch Empfindung und Gefühl im System als »selbstbewußt« festzulegen, führt bei ihm zu einer Psychologisierung der Erkenntnistheorie, wobei der Zusammenhang seiner Gedanken etwa mit dem Locke-Verständnis Voltaires bis in den Wortgebrauch hinein überaus bezeichnend ist: »Die Gedancken / welche den Grund in den Veränderungen an den Gliedmaßen unseres Leibes haben / und von den cörperlichen Dingen außer uns veranlasset werden / pflegen wir Empfindungen und das Vermögen zu empfinden die Sinnen / die Gliedmaßen aber / darinnen sich diese Veränderungen ereignen / die Gliedmaßen der Sinnen zu nennen« (»Vernünfftige Gedancken von Gott, der Welt und der Seele des Menschen, auch allen Dingen überhaupt«, 1720, S. 220). – Die Psychologie, für Wolff die philosophische Grunddisziplin schlechthin, ist aufgrund ihres Zusammenhangs mit der Morallehre in einen empirischen und einen rationalen Teil untergliedert (»Psychologia empirica«, 1738, und »Psychologia rationalis«,

1740), wobei die rationale Psychologie die Möglichkeit von Erfahrung aus Wesen und Natur der Seele deduziert, das von den Wolffianern sogen. »theatrum anatomicum der menschlichen Seele« quasi vorkonstruiert, dessen Spielregeln die empirische Psychologie durch Beobachtung und Experiment im Sinne der Vernunftmoral dann als »Seelengeschichte« verifiziert: »Quamvis autem haec Psychologiae pars tota hypothetica videri possit, et eo etiam consilio a Psychologia empirica separata fuerit, ne principia, quibus in Moralibus praesertim utemur, ab hypothesibus pendere viderentur [...]« (»Psychologia rationalis«, praefatio). – Bei *Gottsched* werden die Wolffschen Unterscheidungen undeutlicher. Er beginnt das I. Hauptstück der mit der ›Vernunftlehre‹ anhebenden »Gründe der gesamten Weltweisheit« (1733), überschrieben »Von der Empfindungskraft« (§ 24) mit den Sätzen: »Empfinden heißt sich eine Sache in Gedanken vorstellen, oder abbilden. Daß wir ein solches Vermögen zu empfinden in unserer Seele haben, lehret uns die Erfahrung. Man unterscheidet aber in den Empfindungen die empfundenen Sachen von den Vorstellungen derselben, oder von den Abbildungen, so sich der Verstand davon machet. Diese Letztern sind allemal in der Seele, und werden Begriffe genennet: Jene aber sind gemeiniglich außer uns.«

Im Verstande des Durchschnittsbürgers stellte sich die erbauliche Symbiose von *Leibniz* und *Wolff* folgendermaßen dar: Innerhalb einer Welt, die als die beste aller möglichen galt, soll die analog der universalen Harmonie im Menschen angelegte Vernunft und Tugend der Selbsterfahrung (Selbstbewußtsein) offenbar werden und von da aus dem praktischen Verhalten dienen. Glücklichsein (Eudämonismus) durch Erziehung der Tugend ist in der natürlichen Anlage des Menschen begründet, kann gelehrt und für den eigenen Gebrauch und Nutzen erlernt werden, wenn man die affektiven Gemütskräfte der strengen Verstandeskontrolle unterwirft, d. h. die Seele als das mikrokosmische Abbild der universalen Harmonie begreift und in diesem Sinne erfahrungsseelenkundlich kultiviert. Sollte im Pietismus der Glaube psychologisch wahrscheinlich gemacht werden, so nun die von den Sinnen und dunklen Affekten bedrohte Vernunftmoral. Doch schon »im Pietismus ist nicht nur der psychologische Aneignungsprozeß verselbständigt, sondern auch der religiöse Wahrheitsgehalt selber [...] Der Gott in der eigenen Brust soll zur Sprache gebracht werden. Das höhere Selbst sucht zu sich selber zu kommen. In diesem Streben nach der Gewißwerdung des eigenen Gottes kommt aber die Grundtendenz der Autonomie des modernen Geistes überhaupt zu klarem Ausdruck« (H. R. G. Günther, »Psychologie des deutschen Pietismus«, S. 150 ff.). Indem an die Stelle Gottes unbemerkt das Ich tritt, anstelle der Evidenz des Glaubens die in eudämonistischer Absicht aufgesuchte Moralität, säkularisiert der Pietismus zur Erfahrungsseelenkunde und kommt dem nahe, was die Zeit mit jenem rational-emotional doppeldeutigen

»empfindlich« (»Empfindung«) im Sinne Wolffs und Gottscheds, später nach der Übersetzung von Richardsons und Sternes »sentimental« als »empfindsam« bezeichnet hat.

In Parenthese sei hier angemerkt, daß das englische »sentimental«, abgeleitet von sentiment (zunächst in rational emotionaler Doppelbedeutung: Meinung, Verstand, Gedanke, Gesinnung sowie Empfindung, Gefühl, Betrachtung nach Locke und Hartley am besten mit »in der Empfindung erfahrener Gedanke« zu fassen), als es in *S. Richardsons* Briefroman »Clarissa« (1748) zuerst erschien, eine stark vernunftmoralische Wertung einschloß und soviel wie »moralempfindliche Gesinnung« bedeutete. Wenn *Lessing* in einem Brief vom Sommer 1768 an J. J. Bode »empfindsam« für die Übersetzung von *L. Sternes* »Sentimental Journey through France and Italy« empfahl, so hatte er in einer langen Diskussion den Freund schließlich überzeugt, der »sentimental« vordem mit »sittlich« im Deutschen wiedergeben wollte, wie aus einer bei Lessing beiläufig zitierten Bemerkung Bodes hervorgeht: »Ich hatte es anfangs durch sittlich gegeben, und dabey noch andere Ausdrücke, auch Umschreibungen in Vorschlag gebracht; mein Freund aber prägte das Wort Empfindsam. Er hatte dazu bei mir ein unbedingtes Recht [...]« (Sämtl. Schriften, hg. von Lachmann/Muncker, Bd 17, S. 256).

Nur ein Jahr später 1769 erschien in Braunschweig eine weitere Übersetzung von *Sternes* Buch unter dem Titel »Versuch über die menschliche Natur in Herrn Yorick's, Verfasser des Tristram Shandy, Reisen durch Frankreich und Italien«. Der Übersetzer, der Braunschweiger Hofprediger *M. Th. Ch. Mittelstedt* (1712–1777), erklärt in der Vorrede: »Das Wort sentimental ist im Englischen neu, und im Deutschen unübersetzlich. Die Bedeutung desselben ist inzwischen leicht zu errathen, und der selige Sterne hat sich [...] hinlänglich erklärt [...] So sieht man auch, wie er, nun mit Pope zu reden, die Thorheit im Fluge schiesst – die Sitten in ihren ersten Aufkeimen erhaschet – und den Empfindungen, von ihrem Ursprunge an, in allen ihren Wendungen nachspüret. Dies ist sentimental. Ohne Umschreibungen, und viele Veränderungen, läßt sich nicht einmal das Wort sentiment im Deutschen geben, und wir würden unglücklich seyn, wenn uns die Sache ebenso fehlte, als das Wort [...] Ich habe also den Titel gewählt, den Yorick im ersten Theile selbst angibt, und seine Reisen, so wie sie es wirklich sind, Versuche über die menschliche Natur genannt«.

Ausgehend vom englischen »sentimental« wird Bodes »empfindsam« hier im Sprachgebrauch der Zeit umschrieben als das Vermögen, vernünftige, d. h. moralische Gedanken zu empfinden und dieselben analysierend in Erfahrung zu bringen. Im erbaulichen Beisammensein von rationaler Ethik und psychologischer Analyse ist alles das angesprochen, was der Begriff der Empfindsamkeit (Empfindung, Empfindungskraft im Sinne Wolffs und Gottscheds) an zeitgeschichtlichem bürgerlichen erkenntnis- und moralkritischem Bildungsanspruch besetzt hielt. So jedenfalls verwenden wir ihn. Als der Begriff zuerst in Deutschland erscheint – und hier hat *G. Jäger* vereinzelte Erstbelege noch vor der dann einschlägigen Sterne-Übertragung Bodes 1768 bekannt gemacht – bezeichnet er ein schon altgewordenes Phänomen. –

Die Kritik der Genies seit den 70er Jahren des 18. Jhs. gegen den Mißbrauch des Begriffs der Empfindsamkeit, der von gesellschaftsrelevanter Bildungsverantwortung zu müder Rührseligkeit und reizbarer Überspanntheit einerseits sowie zu vernunftmoralischem Dogmatismus und platter Nützlichkeitspropaganda zu verkommen drohte, galt weniger der Absicherung als vielmehr der ungeduldigen Weiterentwicklung dieses mehr und mehr ins egoistisch Seelendiätetische oder egoistisch Ökonomische abgesunkenen bürgerlichen Integrationsanspruchs (vgl. hierzu die ausgezeichnete Materialaufarbeitung durch *W. Doktor*).

Strukturell der Empfindsamkeit überaus verpflichtet beginnt der Aufklärungsroman im strengen Sinne 1740 mit *J. M. v. Loens* »Redlichem Mann am Hofe [...]« als ein nach Gedanke und Form in sich geschlossener Typus, der gegen die äußerst kompliziert ineinander verwobenen Schwundformen des alten Barockromans und den frühaufklärerischen »politischen« Roman (Ch. Weise, J. Riemer) sowie die bürgerlichen Utopien (P. B. Sinold, J. G. Schnabel) abgehoben und festgestellt werden kann. Seine größte Errungenschaft ist die Eröffnung der Dimension der Innerlichkeit, zunächst noch rational unter Kontrolle bzw. ausgeleuchtet, im weiteren Verlauf des Jhs. dann immer mehr sich verselbständigend in Richtung einer reizempfindlichen »sensibilité du coeur« (*J. J. Rousseau*, 1712–1778; »Julie ou La Nouvelle Héloïse«, 1761), deren genialer Enthusiasmus (*Lord Shaftesbury*, 1671–1713; »The Moralists«, 1709; *E. Young* »Conjectures on Original Composition«, 1760) rationaler Reglementierung spottete (Goethes »Werther«, 1774; F. H. Jacobis »Allwill«, 1775/76; K. Ph. Moritz' »Anton Reiser«, 1785/90; L. Tiecks »William Lovell«, 1795/96), aber auch oft der eigenen Tiefe oder dem individuellen Expansionsdrang nicht Herr wurde. Das diesbezüglich vielleicht schönste Beispiel bieten in der Frühromantik *Novalis* und besonders *F. Schlegel*, die das aufklärerisch überkommene psycho-physische Problem als erregendes Motiv einer Romanlehre auf die Spitze treiben: »Die Tiefen unsers Geistes kennen wir nicht. – Nach Innen geht der geheimnisvolle Weg. In uns, oder nirgends ist die Ewigkeit mit ihren Welten, die Vergangenheit und die Zukunft« (Novalis' »Schriften«, hg. von P. Kluckhohn, R. Samuel, Bd 2, S. 17). Die romantische Seele soll in unendlichem Progreß die Synthetisierung von Innen und Außen »universalpoetisch« leisten. Mit dem »Begriff« der »Arabeske« als formale »Manifestation der Ahnung auf die unendliche Fülle« (K. K. Polheim) bzw. in der formelhaften Anwendung der Infinitesimalrechnung auf die Rhetorik als »unendliche Rhetorik« (H. Schanze) wird die Aporetik im Rahmen der Poesiedefinition F. Schlegels (»Literary Notebooks 1797–1801«, ed. H. Eichner, 1957) theoretisch zwar bewegt, bleibt aber als solche unangetastet. – »Hier in den unergründlichen

Tiefen der Seele erschloß sich dem autonomen Ich abermals eine Unendlichkeit und mit ihr eine eigene Theodizee« (G. Müller). Nur unter diesem Doppelaspekt scheint das, was wir Aufklärung nennen, einigermaßen verständlich; nur unter diesem Doppelaspekt ist der deutsche Aufklärungsroman von J. M. v. Loen bis L. Tieck umfassend zu definieren:

»In der Herausbildung des Autonomieglaubens also läßt sich das Einheitgebende des Aufklärungszeitalters sehen. Um so mehr, als in ihr auch die andere große Triebkraft der Zeit, der Spiritualismus sich auswirkt [...] Namentlich wenn man den entscheidenden Neubeginn des Aufklärungszeitalters in der Durchsetzung eines neuen Wirklichkeitsglaubens sieht, wird der rationalistisch-irrationalistische Grundzug sinnvoll [...] Der eine sieht die Wirklichkeit vor dem Richterstuhl des gesunden Menschenverstandes, der andere vor dem Richterstuhl des Gefühls. Aber in Wahrheit ist es doch immer der Richterstuhl des Ich« (G. Müller, »Aufklärungszeitalter«, S. 89).

Wir gehen wohl nicht zu weit, wenn wir die Dimension der Innerlichkeit, ausgehend von dem für den Aufklärungsroman grundlegenden Phänomen der Empfindsamkeit über Blanckenburg und Wieland, die Frühromantik und Hegel, A. Schopenhauer und Th. Mann als konstitutiv für die Gegenstandsbestimmung des bürgerlichen Romans überhaupt ansehen; (für die Weimarer Klassik gilt die von F. Sengle so genannte »alte humanistische Verachtung des Romans«, was für Schiller in seinem Wort vom Romancier als dem »Halbbruder des Dichters« und seiner ablehnenden Haltung gegenüber Wieland, für Goethe in der behaupteten Vorrangstellung von Versdichtung zum Ausdruck kommt). *Blanckenburg* schreibt unter dem Eindruck von Wielands »Agathon« (vgl. Vorbericht zur ersten Ausgabe 1766) in seinem »Versuch über den Roman« (1774): »So wie aber vorzüglich in der Epopee die *Thaten* des Bürgers in Betracht kommen: so scheint in dem Roman das *Seyn* des Menschen, sein *innrer Zustand* das Hauptwerk zu seyn« (S. 17f.). Und *Hegel* formuliert das in Empfindsamkeit und Frühromantik empirisch oder spekulativ nur provisorisch aufgelöste psycho-physische Problem der Aufklärung vollkommen illusionslos, den geschichtsphilosophischen Ansatz von G. Lukács vorwegnehmend: »Eine der gewöhnlichsten und für den Roman ([...] die moderne bürgerliche Epopoe [...]) passendsten Kollisionen ist deshalb der Konflikt zwischen der Poesie des Herzens und der entgegenstehenden Prosa der Verhältnisse« (Hegel »Sämtl. Werke«, hg. v. H. Glockner, Bd 14, S. 395f.). Der Schriftsteller wird den Zwiespalt artifiziell, d. h. entweder tragisch oder humoristisch überbrücken, meint Hegel, in letzter Konsequenz aber wird er die wesenhafte Entfremdung von Ich und Welt in die Innerlichkeit zurücknehmen. Hier nur, wenn überhaupt irgendwo, ist das Vermittlungsproblem an seinem Platz, allerdings auch in der latenten Gefahr, als borniertes oder sentimentales Bewußtsein den Forderungen des Tages sich zu entziehen. Zweifellos war die große deutsche Romanepik des 19. Jhs. dem ausgesetzt. Das Selbstverständnis dieser bürgerlichen Romantradition und ihre Aufhebung reflektiert sich im Werk *Th. Manns,* der in seinem berühmten Vortrag über »Die Kunst des Romans« (1939) vor Studenten der Princeton-University bezeichnend genug Schopenhauer als Gewährsmann zitiert: »Die Kunst besteht darin, daß man mit dem möglichst geringsten Aufwand von äußerem Leben das innere in die stärkste Bewegung bringe; denn das innere ist eigentlich der Gegenstand unseres Interesses. – Die Aufgabe des Romanschreibers ist nicht, große Vorfälle zu erzählen, sondern kleine interessant zu machen«. Zugleich stellt der Vortrag die Entfernung deutlich heraus, die zwischen den »Betrachtungen eines Unpolitischen« von 1918 und dem »Zwang zur Politik« von 1939 sich erstreckt und die durch das Schicksal der Exilierung erst erkannt und ausgeschritten worden ist: »Ich erfuhr [...], daß es ein Irrtum deutscher Bürgerlichkeit gewesen war, zu glauben, man könne ein unpolitischer Kulturmensch sein [...] kurzum das demokratische Bekenntnis drängte sich auf die Lippen und wollte trotz allen Hemmungen antipolitischer Tradition abgelegt sein.« Die veränderte Einstellung des Schriftstellers zur Frage des Engagements verwandelt auch den Begriff seiner Kunst. Spricht der politisch unbesorgte bürgerliche Romancier in frühen Aufsätzen (»Bilse und Ich«, 1906; »Lübeck als geistige Lebensform«, 1926) von der wenig widerstandsfähigen Anfälligkeit seiner Kunst und ihrer rein ästhetischen Wirkung, die auf »rhythmischen Undefinierbarkeiten, auf Geheimnissen persönlichen Tonfalls« beruhe, auf einer »musikalischen Transzendenz«, so redet der Emigrant in dem obigen Vortrag eben nicht mehr von der Innerlichkeit an und für sich, nurmehr von dem »kritischen Bewußtsein«, das sie im modernen Roman repräsentiere, im Dienste eines »eingeborenen Demokratismus des Romans als Kunstform«.

G. Lukács schreibt in seiner soziologischen Studie »Auf der Suche nach dem Bürger« (1949): »Thomas Manns Schicksal war, in das Zeitalter der Dekadenz hineingeboren zu sein, mit dem ihm eigentümlichen Pathos, dieses durch ein gestalterisches Auf-die-Spitze-Treiben ihrer letzten moralischen Konsequenzen zu überwinden [...] Es hängt mit seinen besten schöpferischen Gaben eng zusammen, daß er auch jetzt den Bürger suchte, d. h. bestrebt war, die innere Problematik des deutschen Bürgers aufs tiefste zu erfassen, um aus der Selbstbewegung der Widersprüche in dessen Sein und Bewußtsein die Richtung der Weiterentwicklung zu erlauschen.« Und den Verfasser des »Zauberbergs« und des »Doktor Faustus« stimmte dieser »positive

Appell« zu »ernster Dankbarkeit« (vgl. Th. M., »Die Entstehung des Doktor Faustus, Roman eines Romans«, 1949). Darin vollendet sich spät eine Entwicklung, die mit dem bürgerlich empfindsamen Aufklärungsroman deutlich 1740 begonnen hatte.

Literatur:
1. Literaturgeschichte des 17. und 18. Jhs.
G. G. Gervinus, Geschichte der poetischen Nationalliteratur der Deutschen, 5 Bde, Leipzig: Engelmann 1835/42; 5. Aufl. hrsg. von *K. Bartsch,* 5 Bde, ebda 1871/74.
H. Hettner, Literaturgeschichte des 18. Jhs., 3 Bde, Braunschweig: Vieweg & Sohn 1856/83; 7. Aufl. hrsg. von *G. Witkowski,* Leipzig: List 1928; Textrevision *G. Erler,* Berlin: Aufbau Verlag 1961.
C. Lemcke, Von Opitz bis Klopstock, Leipzig: Seemann 1871.
J. Schmidt, Geschichte der deutschen Literatur von Leibniz bis auf unsere Zeit, 5 Bde, Berlin: Hertz 1880/96.
H. Cysarz, Deutsche Barockdichtung. Renaissance, Barock, Rokoko, Leipzig: Haessel 1924.
F. J. Schneider, Die deutsche Dichtung vom Ausgang des Barock bis zum Beginn des Klassizismus 1700–1785, Stuttgart: Metzler 1924; 2. Aufl. unter anderem Titel: Die deutsche Dichtung der Aufklärungszeit 1700–1775, ebda 1948. – Ders., Die deutsche Dichtung der Geniezeit 1750–1800, ebda 1952.
A. Köster, Die deutsche Dichtung der Aufklärungszeit, Heidelberg: Winter 1925.
W. Stammler, Von der Mystik zum Barock, Stuttgart: Metzler 1927, ^{2}1950.
O. Walzel, Deutsche Dichtung von Gottsched bis zur Gegenwart, 2 Bde, Potsdam: Akad. Verlagsgesellsch. Athenaion 1927/30.
G. Müller, Deutsche Dichtung von der Renaissance bis zum Ausgang des Barock, ebda 1927; Reprogr. Nachdruck 1957.
Ders., Höfische Kultur der Barockzeit, in: *H. Naumann* u. *G. Müller,* Höfische Kultur, Halle: Niemeyer 1929 (DVjs Buchreihe Bd 17).
E. Vogt, Die gegenhöfische Strömung in der deutschen Barockliteratur, Leipzig: J. J. Weber 1932 (Diss. Gießen 1931).
P. Hankamer, Deutsche Gegenreformation und deutsches Barock, Stuttgart: Metzler 1935, ^{2}1948, ^{3}1964, ^{4}1976.
W. Flemming, Deutsche Kultur im Zeitalter des Barock, Potsdam: Akad. Verlagsgesellsch. Athenaion 1937.
R. Benz, Kultur des 18. Jhs. Teil I: Deutsches Barock, Stuttgart: Reclam 1949.
E. Ermatinger, Deutsche Kultur im Zeitalter der Aufklärung, Potsdam: Akad. Verlagsgesellsch. Athenaion 1935, ^{2}1969.
H. K. Kettler, Baroque tradition in the literary of the German enlightment 1700–1750, Cambridge: Heffer 1943.
E. Ermatinger, Deutsche Dichter 1700–1900. Eine Geistesgeschichte in Lebensbildern, 2 Bde, Bonn: Athenäum 1948/49, ^{2}1961.
R. Newald, Die deutsche Literatur vom Späthumanismus zur Empfindsamkeit 1570–1750, München: Beck 1951, ^{6}1967.

Ders., Die deutsche Literatur von Klopstock bis zu Goethes Tod. I. Teil: Ende der Aufklärung und Vorbereitung der Klassik, ebda 1957, ^{6}1973.
H. O. Burger (Hrsg.), Annalen der deutschen Literatur, Stuttgart: Metzler 1952, ^{2}1972.
W. Kohlschmidt, Geschichte der deutschen Literatur vom Barock bis zur Klassik, Stuttgart: Reclam 1965.
G. Mattenklott/K. Scherpe (Hrsg.), Literatur der bürgerlichen Emanzipation im 18. Jh. Ansätze materialistischer Literaturwissenschaft, Kronberg/Ts: Scriptor 1973 (Literatur im historischen Prozeß 1).
Dies., Westberliner Projekt: Grundkurs 18. Jh., 2 Bde, Kronberg/Ts: Scriptor 1974 (Literatur im historischen Prozeß 4/1 und 4/2); mit reichhaltigen Literaturangaben zur politischen Geschichte sowie zur Wirtschafts- und Sozialgeschichte.
G. Kaiser, Aufklärung, Empfindsamkeit, Sturm und Drang, München: Franke ^{2}1976 (UTB 484); 1. Aufl. Gütersloh: Mohn 1966.

2. Philosophie und Geistesgeschichte der Aufklärung

N. Hinske (Hrsg.), Was ist Aufklärung? Beiträge aus der Berlinischen Monatsschrift, Darmstadt: Wiss. Buchgesellsch. 1973.
E. Cassirer, Die Philosophie der Aufklärung, Tübingen: Mohr 1932.
M. Wundt, Die deutsche Schulmetaphysik des 17. Jhs., Tübingen: Mohr 1939.
Ders., Die deutsche Schulphilosophie im Zeitalter der Aufklärung, Tübingen: Mohr 1945. Reprogr. Nachdruck Hildesheim: Olms 1964.
P. Hazard, La crise de la conscience européenne 1680–1715, Paris: Boivin 1935; dt.: Die Krise des europäischen Geistes, Hamburg: Hoffmann & Campe 1939, ^{5}1966.
Ders., La pensée européenne au 18e siècle de Montesquieu à Lessing, Paris: Boivin 1946; dt.: Die Herrschaft der Vernunft. Das europäische Denken im 18. Jh., Hamburg: Hoffmann & Campe 1949.
H. M. Wolff, Die Weltanschauung der deutschen Aufklärung in geschichtlicher Entwicklung, Bern/München: Francke 1949; 2. Aufl. hrsg. von *K. S. Guthke,* ebda 1963.
F. Valjavec, Geschichte der abendländischen Aufklärung, Wien: Herold 1961.
G. Müller, Aufklärungszeitalter, in: Litwiss. Jb. d. Görres-Ges. 6, 1931, S. 82–94.
Ders., Die Wende vom Barock zur Aufklärung, in: ebda 8, 1933, S. 58–73.
H. Stuke, Aufklärung, in: Geschichtliche Grundbegriffe. Historisches Lexikon zur politisch-sozialen Sprache in Deutschland, hrsg. von *O. Brunner, W. Conze, R. Koselleck,* Bd I: A–D, Stuttgart: Klett 1972, S. 243–342.
W. Philipp, Das Werden der Aufklärung in theologiegeschichtlicher Sicht, Göttingen: Vandenhoeck & Ruprecht 1957.
H. R. G. Günther, Psychologie des deutschen Pietismus, in: DVjs 4, 1926, S. 144–176.
F. Stemme, Die Säkularisation des Pietismus zur Erfahrungsseelenkunde, in: ZfdPh. 72, 1953, S. 144–158.

H. Bössenecker, Pietismus und Aufklärung, Diss. Würzburg 1958 (masch.).
G. Kaiser, »Denken« und »Empfinden«: ein Beitrag zur Sprache und Poetik Klopstocks, in: DVjs 35, 1961, S. 321–343.
Ders., Klopstock. Religion und Dichtung, Gütersloh: Mohn 1963; 2. Aufl. Kronberg/Ts: Scriptor 1975.
M. Schmidt/W. Jannasch (Hrsg.), Das Zeitalter des Pietismus, Bremen: Schünemann 1965 (Slg Dieterich 271).
W. Rasch, Freundschaftskult und Freundschaftsdichtung im deutschen Schrifttum des 18. Jhs. Vom Ausgang des Barock bis zu Klopstock, Halle: Niemeyer 1936 (DVjs Buchreihe Bd 21).
K. R. H. Frick, Die Erleuchteten. Gnostisch-theosophische und alchemistisch-rosenkreuzerische Geheimgesellschaften bis zum Ende des 18. Jhs., Graz: Akad. Druck- u. Verlagsgesellschaft 1973.

Zum Begriff der Säkularisation

H. Schöffler, Protestantismus und Literatur. Neue Wege zur englischen Literatur des 18. Jhs., Göttingen: Vandenhoeck & Ruprecht 1922, ²1958.
Ders., Deutsches Geistesleben zwischen Reformation und Aufklärung. Von Opitz zu Wolff, Ffm: Klostermann 1935, ²1956.
A. Schöne, Säkularisation als sprachbildende Kraft, Göttingen: Vandenhoeck & Ruprecht 1958, ²1968.
G. Kaiser, Pietismus und Patriotismus im literarischen Deutschland. Ein Beitrag zum Problem der Säkularisation, Wiesbaden: Steiner 1961; 2. Aufl. Ffm: Athenäum 1973.
A. Langen, Zum Problem der sprachlichen Säkularisation in der deutschen Dichtung des 18. und 19. Jhs., in: ZfdPh. 83, 1964, Sonderheft S. 24–42.
H. Lübbe, Säkularisierung. Geschichte eines ideenpolitischen Begriffs, Freiburg i. Br.: Alber 1965.
H. Blumenberg, Säkularisierung – Kritik einer Kategorie des geschichtlichen Unrechts, in: *H. B.*, Die Legitimität der Neuzeit, Ffm: Suhrkamp 1966, S. 9–74.

Zur Entstehung der philosophischen Aesthetik

H. Lotze, Geschichte der Ästhetik in Deutschland, München: Cotta 1868.
K. H. v. Stein, Die Entstehung der neueren Aesthetik, Stuttgart 1886. Reprogr. Nachdruck Hildesheim: Olms 1964.
R. Sommer, Grundzüge einer Geschichte der deutschen Psychologie und Ästhetik von Wolff/Baumgarten bis Kant/ Schiller, Würzburg 1892.
A. Baeumler, Kants »Kritik der Urteilskraft«. Teil 1: Das Irrationalitätsproblem in der Aesthetik und Logik des 18. Jhs. bis zur »Kritik der Urteilskraft«, Halle: Niemeyer 1923. Reprogr. Nachdruck Darmstadt: Wiss. Buchgesellsch. 1967, 1974.
A. Nivelle, Kunst- und Dichtungstheorien zwischen Aufklärung und Klassik, Berlin: de Gruyter 1960, ²1971.
H. G. Gadamer, Wahrheit und Methode. Grundzüge einer philosophischen Hermeneutik, Tübingen: Mohr 1960, ³1972.
P. Heintel, Die Bedeutung der Kritik der Urteilskraft für die transzendentale Systematik, Bonn: Bouvier 1970 (Kantstudien).

P. Piur, Studien zur sprachlichen Würdigung Ch. Wolffs, Halle: E. Karras 1903.
H. Lüthje, Ch. Wolffs Philosophiebegriff, in: Kantstudien 30, 1925, S. 39–66.
C. Joesten, Ch. Wolffs Grundlegung der praktischen Philosophie, Naumburg: Lippert & Co 1931 (Diss. Köln 1929).
J. Birke, Ch. Wolffs Metaphysik und die zeitgenössische Literatur- und Musiktheorie: Gottsched, Scheibe, Mizler, Berlin: de Gruyter 1966.
B. Poppe, A. G. Baumgarten. Seine Bedeutung und Stellung in der Leibniz-Wolffischen Philosophie und seine Beziehungen zu Kant. Nebst einer bisher unbekannten Handschrift der Ästhetik Baumgartens, Borna-Leipzig 1907.
E. Bergmann, Die Begründung der deutschen Ästhetik durch A. G. Baumgarten und G. F. Meier, Leipzig: Röder & Schunke 1911.
A. Riemann, Die Ästhetik A. G. Baumgartens unter besonderer Berücksichtigung der »Meditationes«, nebst einer Übersetzung dieser Schrift, Halle: Niemeyer 1928.
P. Menzer, Zur Entstehung von A. G. Baumgartens Ästhetik, in: Zs.f.dt.Kulturphil. Logos N.F. 4, 1938, S. 288-296.
J. Schaffrath, Die Philosophie des G. F. Meier, Eschweiler: Herzog 1940.
N. Menzel, Der anthropologische Charakter des Schönen bei Baumgarten, Wanne-Eickel 1969 (Diss. Pontificia Universitas Gregoriana Facultas Philosophica).
U. Franke, Kunst als Erkenntnis. Die Rolle der Sinnlichkeit in der Ästhetik des A. G. Baumgarten, Wiesbaden: Steiner 1972.
H. R. Schweizer, Ästhetik als Philosophie der sinnlichen Erkenntnis. Eine Interpretation der »Aesthetica« A. G. Baumgartens mit teilweiser Wiedergabe des lateinischen Textes und deutscher Übersetzung, Basel/Stuttgart: Schwabe & Co 1973.
M. J. Böhler, Soziale Rolle und ästhetische Vermittlung. Studien zur Literatursoziologie von A. G. Baumgarten bis F. Schiller, Bern/Ffm: Lang 1975.

Zum Geschmacksbegriff

F. Schümmer, Die Entwicklung des Geschmacksbegriffs in der Philosophie des 17. und 18. Jhs., in: Archiv f. Begriffsgeschichte I, 1956, S. 120–141.
H. Klein, There is no disputing about taste. Untersuchungen zum englischen Geschmacksbegriff im 18. Jh., Münster: Aschendorff 1967.
P.-E. Knabe, Schlüsselbegriffe des kunsttheoretischen Denkens in Frankreich von der Spätklassik bis zum Ende der Aufklärung, Düsseldorf: Schwann 1972.
A. v. Bormann (Hrsg.), Vom Laienurteil zum Kunstgefühl. Texte zur deutschen Geschmacksdebatte im 18. Jh., Tübingen: Niemeyer 1974.
I. Schaarschmidt, Der Bedeutungswandel der Worte »bilden« und »Bildung« in der Literatursprache von Gottsched bis Herder, Berlin: Elbing 1931 (Diss. Königsberg 1931).
R. Vierhaus, Bildung, in: Geschichtliche Grundbegriffe. Historisches Lexikon der politisch-sozialen Sprache in Deutschland, hrsg. von *O. Brun-*

ner, W. Conze, R. Koselleck, Bd I: A–D, Stuttgart: Klett 1972, S. 508–551.

Zum Empfindsamkeitsbegriff

R. Alewyn, Die Empfindsamkeit und die Entstehung der modernen Dichtung (Bericht über einen Vortrag, gehalten am 20. 6. 1932), in: Zs. f. Aesthetik u. allgem. Kunstwiss. 26, 1932, S. 394–395.

L. Pikulik, »Bürgerliches Trauerspiel« und Empfindsamkeit, Köln/Graz: Böhlau 1966.

K. S. Guthke, Das bürgerliche Trauerspiel, Stuttgart: Metzler 1972, ^{2}1976 (Slg Metzler 116).

P. Szondi, Die Theorie des bürgerlichen Trauerspiels im 18. Jh. Studienausgabe der Vorlesungen Bd I, hrsg. von *G. Mattenklott,* Ffm: Suhrkamp 1973 (stw 15).

G. Jäger, Empfindsamkeit und Roman. Wortgeschichte, Theorie und Kritik im 18. und frühen 19. Jh., Stuttgart: Kohlhammer 1969.

P. U. Hohendahl, Empfindsamkeit und gesellschaftliches Bewußtsein Zur Soziologie des empfindsamen Romans am Beispiel von »La Vie de Marianne«, »Clarissa«, »Fräulein von Sternheim« und »Werther«, in: Schiller Jb. XVI, 1972, S. 176–207.

G. Sauder, Empfindsamkeit, Bd I: Voraussetzungen und Elemente, Stuttgart: Metzler 1974.

W. Doktor, Die Kritik der Empfindsamkeit, Bern/Ffm: Lang 1975.

W. Doktor/G. Sander, Empfindsamkeit. Kritische u. theoretische Texte, Stuttgart: Reclam 1976.

Zum Naturbegriff

A. Biese, Das Naturgefühl im Wandel der Zeiten, Leipzig: Quelle & Meyer 1926.

W. Flemming, Der Wandel des deutschen Naturgefühls vom 15. zum 18. Jh., Halle: Niemeyer 1936.

A. Müller, Landschaftserlebnis und Landschaftsbild. Studien zur deutschen Dichtung des 18. Jhs. und zur Romantik, Stuttgart: Kohlhammer 1955.

H. Eizereif, Kunst: eine andere Natur. Historische Untersuchungen zu einem dichtungstheoretischen Grundbegriff, Diss. Bonn 1952 (masch.).

H. Blumenberg, Nachahmung der Natur, in: Studium Generale 10, 1957, S. 266–283.

K. Flasch, Ars imitatur naturam. Platonischer Naturbegriff und mittelalterliche Philosophie der Kunst, in: Parusia. Festgabe f. Johannes Hirschberger, Ffm 1965, S. 265–306.

H. P. Herrmann, Naturnachahmung und Einbildungskraft, Ffm: Athenäum 1970.

R. Spaemann, Genetisches zum Naturbegriff des 18. Jhs., in: Archiv f. Begriffsgeschichte 11, 1967, S. 59–74.

Ders., Von der Polis zur Natur. Die Kontroverse um Rousseau, in: DVjs 47, 1973, S. 581–597.

T. Schabert, Natur und Revolution, München: List 1969.

H. Medick, Naturzustand und Naturgeschichte der bürgerlichen Gesellschaft, Göttingen: Vandenhoeck & Ruprecht 1973.

U. K. Ketelsen, Die Naturpoesie der norddeutschen Frühaufklärung. Poesie als Sprache der Versöhnung: alter Universalismus und neues Weltbild, Stuttgart: Metzler 1974.

Zum Geniebegriff

H. Wolf, Versuch einer Geschichte des Geniebegriffs in der deutschen Ästhetik des 18. Jhs., Bd I: Von Gottsched bis Lessing, Heidelberg: Winter 1923.

K. Bauerhorst, Der Geniebegriff, seine Entwicklung und seine Formen unter besonderer Berücksichtigung des Goetheschen Standpunkts. Ein Beitrag zur neueren Geistesgeschichte, Ohlau/Schlesien: H. Eschenhagen 1930.

A. Koselleck, Persönlichkeitsidee und Staatsanschauung in der deutschen Geniezeit, in: Historische Vierteljahrsschrift 24, 1929, S. 33-58.

J. Schmidt, Die Geschichte des Geniegedankens in der deutschen Literatur, erscheint Darmstadt: Wiss. Buchgesellsch. 1977.

Zum Geschichtsbegriff

J. Streisand, Geschichtliches Denken von der deutschen Frühaufklärung bis zur Klassik, Berlin: Akademie Verlag 1964, ²1967.

R. Koselleck, Historia magistra Vitae. Über die Auflösung des Topos im Horizont neuzeitlich bewegter Geschichte, in: Natur und Geschichte. Festschrift für K. Löwith, Stuttgart: Kohlhammer 1967, S. 196–219.

H. Rothfels, Ungeschichtliches und geschichtliches Jahrhundert, in: Festschrift für K. Ziegler z. 60. Geburtstag, hrsg. von *E. Catholy* u. *W. Hellmann*, Tübingen: Niemeyer 1968, S. 77–91.

3. Sprach- und Formgeschichte des 18. Jhs

P. Hankamer, Die Sprache. Ihr Begriff und ihre Deutung im 16. und 17. Jh., Bonn: Cohen 1927. Reprogr. Nachdruck Hildesheim: Olms 1965.

A. Langen, Deutsche Sprachgeschichte vom Barock bis zur Gegenwart, in: Dt. Phil. i. Aufr. Bd I, 1952, Sp. 1077–1522; ²1957, Sp. 931–1396.

Ders., Der Wortschaftz des 18. Jhs., in: Deutsche Wortgeschichte, hrsg. von *F. Maurer* und *F. Stroh*, Berlin: de Gruyter ²1959, S. 23–222.

Ders., Der Wortschatz des deutschen Pietismus, Tübingen: Niemeyer 1954, ²1968.

E. A. Blackall, The Emergence of German as a literary language 1700–1775, Cambridge: Univ. Press 1959; dt.: Die Entwicklung des Deutschen zur Literatursprache 1700–1775. Mit einem Bericht über neue Forschungsergebnisse von *D. Kimpel*, Stuttgart: Metzler 1966.

D. Nerius, Untersuchungen zur Herausbildung einer nationalen Norm der deutschen Literatursprache im 18. Jh., Halle: Niemeyer 1967.

F. H. Huberti, Leibnizens Sprachverständnis, in: WW 16, 1966, S. 361–375.

W. Feldmann, Modewörter des 18. Jhs., in: ZfdWF 6, 1904/05, S. 101–119 und S. 299–353.

H. Sperber, Beiträge zur Geschichte der deutschen Sprache im 18. Jh., in: ZfdPh. 52, 1927, S. 331–345 und 54, 1929, S. 80–97.

Ders., Die Sprache der deutschen Aufklärung, in: ZfDk. 43, 1929, S. 777–794.

Ders., Der Einfluß des deutschen Pietismus auf die deutsche Sprache, in: DVjs 8, 1930, S. 497–515.

R. *Haferkorn*, Zum Begriff des Sentimentalen, in: Englische Kultur in sprachwissenschaftlicher Deutung. M. Deutschbein zum 60. Geburtstag, Leipzig: Quelle & Meyer 1936, S. 109–120.

E. *Erämetsä*, A study of the word »sentimental« and other linguistic characteristics of 18th century sentimentalism in England, in: Annales Academiae Scientiarum Fennicae, Serie B, Bd 74, 1951 (Diss.).

Ders., Sentimental – sentimentalisch – empfindsam, in: ebda Bd 84, 1954 (Festschrift für E. Öhmann), S. 659–666.

Ders., Englische Lehnprägungen in der deutschen Empfindsamkeit des 18. Jhs., in: ebda Bd 98, 1955.

P. *Ganz*, Der Einfluß des Englischen auf den deutschen Wortschatz, Berlin: E. Schmidt 1957.

W. *Stammler*, Politische Schlagworte in der Zeit der Aufklärung, in: *W. St.*, Kleine Schriften zur Sprachgeschichte, Berlin: E. Schmidt 1954, S. 48–100.

U. *Ricken*, Rationalismus und Sensualismus in der Diskussion über die Wortstellung, in: Literaturgeschichte als geschichtlicher Auftrag. W. Krauss zum 60. Geburtstag, Berlin: Rütten & Loening 1961, S. 97–122.

R. *Rieve*, Sentiment, Sentimental, in: Europäische Schlüsselwörter. Wortvergleichende und wortgeschichtliche Studien, hrsg. vom Sprachwissenschaftlichen Colloquium Bonn, Bd II, München: Hueber 1964, S. 167–189.

C. *Lappe*, Studien zum Wortschatz empfindsamer Prosa, Diss. Saarbrücken 1970 (Rotaprint).

O. *Antoni*, Der Wortschatz der deutschen Freimaurerlyrik des 18. Jhs. in seiner geistesgeschichtlichen Bedeutung, München 1968 (Diss. Saarbrükken 1968).

A. *Langen*, Anschauungsformen in der deutschen Dichtung des 18. Jhs., Jena: Diederichs 1934. Reprogr. Nachdruck Darmstadt: Wiss. Buchgesellsch. 1965.

P. *Böckmann*, Formgeschichte der deutschen Dichtung, Hamburg: Hoffmann & Campe 1949, ^{2}1965.

I. *Weithase*, Zur Geschichte der gesprochenen deutschen Sprache, 2 Bde, Tübingen: Niemeyer 1961.

U. *Stötzer*, Deutsche Redekunst im 17. und 18. Jh., Halle: Niemeyer 1962 (Diss. Jena 1960).

H. O. *Burger*, »Dasein heißt eine Rolle spielen.« Studien zur deutschen Literaturgeschichte, München: Hanser 1963.

F. *Sengle*, Die literarische Formenlehre, Stuttgart: Metzler 1967 2. Aufl. unter dem Titel: Vorschläge zur Reform der literarischen Formenlehre, ebda 1969.

K. R. *Scherpe*, Gattungspoetik im 18. Jh. Historische Entwicklung von Gottsched bis Herder, Stuttgart: Metzler 1968.

H. *Schlaffer*, Der Bürger als Held. Sozialgeschichtliche Auflösungen literarischer Widersprüche, Ffm: Suhrkamp 1973.

H. Blumenberg, Paradigmen zu einer Metaphorologie, in: Archiv f. Begriffsgeschichte 6, 1960, S. 7–142.
Ders., Die kopernikanische Wende, Ffm: Suhrkamp 1965 (e. s. 139).
D. W. Jöns, Das »Sinnen-Bild«, Stuttgart: Metzler 1966.
M. Windfuhr, Die barocke Bildlichkeit und ihre Kritiker, Stuttgart: Metzler 1966.
B. A. Sørensen, Symbol und Symbolismus in den ästhetischen Theorien des 18. Jhs. und der deutschen Romantik, Kopenhagen: Munksgaard 1963.
Ders. (Hrsg.), Allegorie und Symbol. Texte zur Theorie des dichterischen Bildes im 18. und frühen 19. Jh., Ffm: Athenäum 1972.

4. Schriftstellerische Intelligenz – Buchmarkt – Leser

K. Biedermann, Deutschland im 18. Jh., 2 Teile in 4 Bden, Leipzig: J. J. Weber [2]1880. Reprogr. Nachdruck Aalen: Scientia Verlag 1969.
G. Witkowski, Geschichte des literarischen Lebens in Leipzig, Leipzig: Teubner 1909.
H. Schöffler, Das literarische Zürich 1700–1750, Leipzig: Haessel 1925.
F. Brüggemann, Der Kampf um die bürgerliche Welt- und Lebensanschauung in der deutschen Literatur des 18. Jhs., in: DVjs 3, 1925, S. 94–127.
L.Balet/E. Gerhard, Die Verbürgerlichung der deutschen Kunst, Literatur und Musik im 18. Jh., Straßburg/Leipzig/Zürich: Heitz & Co 1936. Neu hrsg. und eingel. von *G. Mattenklott*, Ffm/Bln/Wien: Ullstein 1973.
W. H. Bruford, German in the 18th century: the social background of the literary revival, Cambridge: Univ. Press. 1935; dt.: Die gesellschaftlichen Grundlagen der Goethezeit, Weimar: Böhlau 1936; auch Ullstein 1975.
R. Koselleck, Kritik und Krise. Zur Pathogenese der bürgerlichen Welt, Freiburg i. Br.: Alber 1959, [2]1969; auch Ffm: Suhrkamp 1973 (stw 36).
J. Habermas, Strukturwandel der Öffentlichkeit, Neuwied: Luchterhand 1962, [3]1968; auch Slg Luchterhand 25.
R. Vierhaus, Deutschland im 18. Jh., in: Lessing und die Zeit der Aufklärung, Göttingen: Vandenhoeck & Ruprecht 1968, S. 12–29.

H. Gerth, Die sozialgeschichtliche Lage der bürgerlichen Intelligenz um die Wende des 18. Jhs., Göttingen: Vandenhoeck & Ruprecht 1976 (Diss. Ffm 1935)
H. J. Haferkorn, Der freie Schriftsteller. Eine literatursoziologische Studie über seine Entstehung und Lage in Deutschland zwischen 1750 und 1800, in: Archiv f. Geschichte des Buchwesens 5, 1964 (Diss. Göttingen 1960). – Überarbeitete Fassung in: *B. Lutz* (s. u.).
B. Lutz (Hrsg.), Deutsches Bürgertum und literarische Intelligenz 1750–1800, Stuttgart: Metzler 1974 (Literaturwissenschaft und Sozialwissenschaften Bd 3).
F. Kapp und *J. Goldfriedrich*, Geschichte des deutschen Buchhandels, 4 Bde, Leipzig: Verlag des Börsenvereins des Deutschen Buchhandels 1886/1913 (Bd II: 1648–1740; Bd III: 1740–1804).
R. Jentzsch, Der deutsch-lateinische Büchermarkt nach den Leipziger Ostermeßkatalogen von 1740, 1770 und 1800 in seiner Gliederung und Wandlung, Leipzig: Voigtländer 1912.

W. Krauss, Über den Anteil der Buchgeschichte an der literarischen Entfaltung der Aufklärung, in: SuF 12, 1960, S. 32–88 und S. 270–315.
M. Fontius, Zur literarischen Bedeutung der Messekataloge im 18. Jh., in: ZfdLG 7, 1961, S. 607–616.
H. J. Koppitz, Zur Bibliographie der deutschen Buchproduktion des 18. Jhs., in: ZfBuB 9, 1962, S. 18ff.

L. L. Schücking, Die Soziologie der literarischen Geschmacksbildung, Berlin: Gebr. Paetel 1923; [3]Bern: Francke 1961.
W. Rumpf, Das literarische Publikum und sein Geschmack in den Jahren 1760–1770, Ffm: Hellerdruck 1924 (Diss. Ffm 1924).
H. Riefstahl, Dichter und Publikum in der ersten Hälfte des 18. Jhs., Limburg/L.: Vereinsdruckerei 1934 (Diss. Ffm 1934).
W. Wittmann, Beruf und Buch im 18. Jh. Über Erfassung und Gliederung der Leserschaft im 18. Jh., unter Zugrundelegung der Nachlaßinventare des Frankfurter Stadtarchivs für die Jahre 1695–1705, 1746–1755, 1795–1805, Diss. rer. pol. Ffm 1934.
L. Löwenthal, Literatur und Gesellschaft. Das Buch in der Massenkultur, Neuwied: Luchterhand 1964.
M. Spiegel, Der Roman und sein Publikum im früheren 18. Jh., 1700–1767, Bonn: Bouvier 1967.
D. Harth, Romane und ihre Leser, in: GRM N.F. 20, 1970, S. 159–179.
R. Engelsing, Analphabetentum und Lektüre. Zur Sozialgeschichte des Lesens in Deutschland zwischen feudaler und industrieller Gesellschaft, Stuttgart: Metzler 1973.
Ders., Der Bürger als Leser. Lesergeschichte in Deutschland 1500–1800, Stuttgart: Metzler 1974.

K. Gerteis, Bildung und Revolution. Die deutschen Lesegesellschaften am Ende des 18. Jhs., in: Archiv f. Kulturgesch. 53, 1971, S. 127–139.
H. G. Göpfert, Lesegesellschaften im 18. Jh., in: Dichtung, Sprache, Gesellschaft. Akten des IV. Intern. Germ. Kongresses in Princeton. Hrsg. von V. Lange und H. G. Roloff, Ffm: Athenäum 1971, S. 323–330.
M. Prüsener, Lesegesellschaften im 18. Jh. Ein Beitrag zur Lesergeschichte, in: Archiv f. Geschichte des Buchwesens XII, 1972, Sp. 368–594.
B. M. Milstein, Eight Eighteenth Century Reading Societies. A Sociological Contribution to the History of German Literature, Bern/Ffm: Lang 1972.

IV. Romankritik und Prosatheorie bei J. Ch. Gottsched und J. J. Breitinger

Wiederholt ist festgestellt worden, daß die Einschätzung des Romans in *Gottscheds* »Critischer Dichtkunst« merkwürdig absticht von der sprachtheoretischen Einstellung der aufklärerischen Schulphilosophie, wie sie von dem Leipziger Praeceptor Germaniae der 30er Jahre in enger Anlehnung an die Systemgedanken seines Lehrers *Ch. Wolff* auch auf die Poetik angewandt worden ist. Mit anderen Worten: wie ist es zu erklären, daß der Roman als epische Gattung kaum der Erwähnung wert erscheint, während doch die in bewußter Kampfstellung gegen das hyperbolische Stilideal der Barockpoetik streng definitorisch, auf exakte Begriffsbildung und eindeutige Metaphorik ausgerichtete aufklärerische Sprachtheorie (vgl. Gottscheds »Beobachtungen über den Gebrauch und Mißbrauch vieler deutscher Wörter und Redensarten«, 1758, neu hg. v. J. A. Slangen, 1955) der sachlichen und natürlichen Prosa hätte gewogen sein müssen (M. Sommerfeld, S. 474; E. D. Becker, S. 5). Die bisher nicht konsequent weitergedachte Frage ist m. E. nur aus dem Gesamtzusammenhang der Wolffschen Philosophie heraus zu beantworten. Geht es doch Gottsched unter Verwendung des Wolffschen Ansatzes im Gegensatz zu den barocken und frühaufklärerischen Poetiken, deren Zahl von J. Birke einschließlich der Reimlexika mit rund 70 angegeben wird, um die grundsätzliche Fundierung und Systematisierung der bis dahin zwar vielfältig aber meist zufällig nebeneinander ausgebreiteten Anweisungen und Regeln.

In seiner Metaphysik »Vernünftige Gedanken von Gott, der Welt und der Seele des Menschen, auch allen Dingen überhaupt« (1720), handelt *Wolff* von den Kräften der Seele, von deren Anwendung auf die Kunst in den »Anmerkungen über die vernünftigen Gedanken [...]« (1724): »Witz oder Ingenium erfordert eine gute Einbildungskraft und Gedächtnis, wie jedermann aus der Erfahrung zugestehet und man auch findet, daß Leute von einem großen Ingenio alles für die Imagination sehr lebhaft vorzustellen wissen und daher die Leute mit ihrem Vortrage sehr einnehmen können. Allein wo keine Scharfsinnigkeit dabei ist, da ist nur ein gemeines Ingenium und observiret man nur Ähnlichkeit zwischen gemeinen Sachen wie wir insgemein bei Rednern und Poeten auch Pickelheringen antreffen, welche letztere durch ihr Ingenium geschickt sind, alles lächerlich zu machen. Hingegen wo sich Scharfsinnigkeit dazu gesellet, da siehet man verborgene Ähnlichkeiten ein und nimmet der Witz mit der Scharfsinnigkeit und Tiefsinnigkeit zu. Was ich von dem Witze gelehret habe, dienet nicht allein die Redner und Poeten, auch Comödien- und Tragödienschreiber, sondern auch selbst die Autores, welche die Disziplinen und dahin gehörige Sachen beschreiben [...]« (§ 320).

Wenn *Wolff* hier eine Grundeinsicht der antiken Rhetorik für die Dichtung wieder aufgreift, so geht es ihm bei der Verbindung von ingenium und iudicium unmißverständlich um die Vermittlung von natura und ars. Die Erfindungen des Witzes und der Einbildungskraft (ingenium) werden in der Bearbeitung durch Gedächtnis und Scharfsinn (iudicium) als möglich und wahrscheinlich, d. h. der Natur ähnlich, imaginiert.

Ebendies ist das Prinzip, der »zureichende« Grund, auf dem *Gottscheds* Poetik, sein »Versuch einer Critischen Dichtkunst durchgehends mit den Exempeln unserer besten Dichter erläutert« (Leipzig 1730; hier zit. nach der 4. Aufl. 1751) errichtet ist; das Werk ist in zwei Hauptteile gegliedert, einen allgemein-theoretischen und einen historisch-praktischen.

»Die Schönheit eines künstlichen Werkes beruht nicht auf einem leeren Dünkel; sondern sie hat ihren festen und nothwendigen Grund in der Natur der Dinge. Gott hat alles nach Zahl, Maaß und Gewicht geschaffen. Die natürlichen Dinge sind an sich selber schön: und wenn also die Kunst auch was schönes hervorbringen will, so muß sie dem Muster der Natur nachahmen. Das genaue Verhältnis, die Ordnung und das richtige Ebenmaaß aller Theile, daraus ein Ding besteht, ist die Quelle aller Schönheit. Die Nachahmung der vollkommenen Natur, kann also einem künstlichen Werke die Vollkommenheit geben, dadurch es dem Verstande gefällig und angenehm wird: und die Abweichung von ihrem Muster wird allemal etwas ungestaltes und abgeschmacktes zuwege bringen« (S. 132).

Der historische Zusammenhang des Übergangs vom scholastischen Naturrecht als einer göttlichen Norm zum aufklärerischen Vernunftrecht als einem moralischen Postulat muß stets gegenwärtig sein, wenn man verstehen will, was in Gottscheds »Critischer Dichtkunst« Nachahmung der Natur heißt. *Gottsched* unterscheidet nach Inhalt und Form drei Arten der poetischen Nachahmung:

»Die erste ist eine bloße Beschreibung, oder sehr lebhafte Schilderey von einer natürlichen Sache, die man nach allen ihren Eigenschaften, Schönheiten oder Fehlern, Vollkommenheiten oder Unvollkommenheiten seinen Lesern klar und deutlich vor die Augen malet.« (S. 142, Nachahmung von Gegenständen, Zusatz von mir, D. K.) »Die andre Art der Nachahmung geschieht, wenn der Poet selbst die Person eines andern spielet, oder einem, der sie spielen soll, solche Worte, Gebärden und Handlungen vorschreibt und an die Hand giebt, die sich in gewissen Umständen für ihn schicken.« (S. 144 f., Nachahmung von handelnden Menschen, Zusatz von mir, D. K.) »Doch auch diese so schwere Gattung der Nachahmung [handelnde Menschen, D. K.], machet nicht das Hauptwerk in der Poesie aus. Die Fabel ist hauptsächlich dasjenige, was der Ursprung und die Seele der ganzen Dichtkunst ist [...] die Erzählung einer unter gewissen Umständen möglichen, aber nicht wirklich vorgefallenen Begebenheit, darunter eine nützliche moralische Wahrheit verborgen liegt.« (S. 148, 150, Nachahmung der finalen Zweckmäßigkeit von natürlicher Ordnung und menschlicher Vernunft in der »nützlichen moralischen Wahrheit«, Zusatz von mir, D. K.).

Offenbar war Gottsched daran interessiert, die Hauptformen der Poesie, indem er sie auf die drei Arten der Naturnachahmung verpflichtete, weder der Barockmetaphysik (»verborgene Theologie und unterricht von Göttlichen sachen«, M. Opitz) noch der galanten Beliebigkeit (»Nebenstunden-Zeitvertreib«) zu überlassen. Er möchte die Dichtkunst als eine bestimmte Art der ästhetischen Erfahrung möglicher oder wahrscheinlicher Realität »zwischen moralischem Lehrbuche und wahrhaftiger Geschichte« (S. 167) einem aufklärerischen Bildungsprogramm eingliedern, von dem aus noch am ehesten die Kriterien bürgerlichen Standesbewußtseins im absolutistischen Staat in der ersten Hälfte des 18. Jhs. zu bestimmen sind. Dieses bürgerlich aufklärerische Bildungsprogramm, das sich aus Gottscheds »Dichtkunst« (1730), »Sprachkunst« ([3]1752), »Ausführlicher Redekunst« (1736) entwickeln läßt, konkretisiert sich mit stark sprachdidaktischem Einschlag als Morallehre, Geschmacksbegriff, Stilideal.

Schönheit (Geschmack) ist sowohl eine objektive Kategorie und betrifft die regelmäßige Dichtung, die der natürlichen Ordnung der Dinge nachgeahmt ist, als auch eine subjektive Kategorie, Reflex der klaren und deshalb lustvollen Empfindung, die durch regelmäßige Nachahmung der vollkommenen Natur ausgelöst wird. Denn das Gesetz der Natur entspricht dem des gesunden Menschenverstandes. Das spezifische Wesen der Poesie ist für Gottsched im Begriff der Fabel beschlossen; er beruft sich dabei auf Aristoteles:

»Die Fabel ist hauptsächlich dasjenige, was der Ursprung und die Seele der ganzen Dichtkunst ist« (S. 148). – Wie ist sie zu verfertigen? – »[...] wie man alle Arten der Fabeln erfinden und regelmäßig einrichten könne? Zu allererst wähle man sich einen lehrreichen moralischen Satz, der in dem ganzen Gedichte zum Grunde liegen soll, nach Beschaffenheit der Absichten, die man sich zu erlangen, vorgenommen. Hierzu ersinne man sich eine ganz allgemeine Begebenheit, worinn eine Handlung vorkömmt, daran dieser erwählte Lehrsatz sehr augenscheinlich in die Sinne fällt« (ebda, S. 161). – »Dieses ist der erste Entwurf einer poetisch-moralischen Fabel. Die Handlung, die darinn stecket, hat die folgenden vier Eigenschaften: 1) Ist sie allgemein, 2) nachgeahmt, 3) erdichtet, 4) allegorisch, weil eine moralische Wahrheit darinn verborgen liegt [...] Nunmehr kommt es auf mich an, wozu ich diese Erfindung brauchen will; ob ich Lust habe, eine äsopische, komische, tragische, oder epische Fabel daraus zu machen« (ebda, S. 162). Die epische Fabel aber, »die sich für alle Heldengedichte und Staatsromane schicket [...] ist das vortrefflichste, was die ganze Poesie zu Stande bringen kann, wenn sie nur auf gehörige Art eingerichtet wird« (ebda, S. 165).

Es mag deutlich geworden sein, daß Gottsched keineswegs Affront gegen die Prosaepik macht. Sogar die Romandefinition Leibnizens, von Wolff übernommen, tritt hier bezeichnenderweise auf:

»[...] eine Fabel [ist] die Erzählung einer unter gewissen Umständen möglichen, aber nicht wirklich vorgefallenen Begebenheit, darunter eine nützliche moralische Wahrheit verborgen liegt. Philosophisch könnte man sagen, sie sey eine Geschichte aus einer andern Welt [...] Herr von Wolff hat selbst, wo mir recht ist, an einem gewissen Orte seiner philosophischen Schriften gesagt: daß ein wohlgeschriebener Roman, das ist ein solcher, der nichts widersprechendes enthält, für eine Historie aus einer andern Welt anzusehn sey. Was er nun von Romanen sagt, das kann mit gleichem Rechte von allen Fabeln gesagt werden« (ebda, S. 150f.).

In der Vorrede zur vierten Auflage seiner »Critischen Dichtkunst« (1751) rechtfertigt *Gottsched* die Zusätze im zweiten Teil unter ausdrücklicher Betonung der systematischen Geschlossenheit der Gesamtkonzeption des Werkes: »Man glaube nicht, daß dieses irgend die Regeln und Lehrsätze betreffe, denen ich vorhin gefolget war. Keineswegs! diese waren ja nur Folgerungen aus den Grundsätzen des ersten Theiles [...] Hatte ich also keine Fehler zu verbessern, so fand ich destomehr Lücken auszufüllen« (S. IX). Zu diesen »Lücken« gehört der Abschnitt »Von milesischen Fabeln, Ritterbüchern und Romanen«, über deren Existenz innerhalb der Dichtkunst Gottsched 1733 in einer Abhandlung über Ziglers »Asiatische Banise« folgendermaßen geurteilt hatte: »Ein Roman ist zwar, insofern er als ein Gedicht angesehen wird, mit unter die Gattungen der Poesie zu rechnen, er erlangt aber bei derselben nur eine von den untersten Stellen« (›Beitr. z. Krit. Historie d. Dt. Sprache, Poesie und Beredsamkeit‹, hg. v. Mitgl. d. Dt. Ges. in Leipzig 1733, VI, S. 274). Achtzehn Jahre danach hat sich an diesem Urteil nichts geändert. Der herrschenden Meinung gemäß spricht Gottsched von »einer verliebten Geschichte«, die überall solchen Prosabüchern zugrunde lägen, »die durch allerley geschickte Nebenfabeln wahrscheinlich gemacht und erweitert wird« (C. D., S. 505). Der Roman als eine »erdichtete Liebesgeschichte« ist eine heruntergekommene verwilderte Abart des regelmäßigen Heldenepos, und darin erschöpfen sich für Gottsched seine Möglichkeiten; von den zu seiner Zeit berühmten Beispielen nimmt er keine Notiz. Der »regelmäßige« oder »fabel«-hafte Roman ist noch nicht geschrieben.

Darüber hinaus ist Gottscheds Vorbehalt gegenüber dem Roman eine Konsequenz seiner Prosatheorie. Rhetorik (Prosa) und Poetik (Poesie) sind auch für Gottsched trotz gegenläufiger Bemerkungen noch klar unterschieden. In seiner »Ausführlichen Redekunst« (1736) handelt er in aufschlußreicher Weise über die ciceronianische Trias, die drei »Schreibarten« (Stillagen):

»Die gute Schreibart, so wie man dieselbe in der Beredsamkeit nutzen kan, ist dreyerley, nemlich die natürliche, die sinnreiche, und die bewegende. Ich weis wohl, daß sie von andern anders eingetheilet zu werden pflegt [...] in die niedrige, mittlere, und erhabene [...] Aber auch diese Eintheilung kan uns nicht viel helfen. Es ist sehr schwer, die Grenzen dieser drey Arten zu bestimmen, und die erste von der niederträchtigen, die letzte aber von der hochtrabenden recht zu unterscheiden« (S. 338).

Im vorausgehenden Hauptstück des Werkes hatte sich Gottsched ausdrücklich gegen »die hochtrabende oder schwülstige Schreibart, die man auch die allzu hohe zu nennen pflegt« (Lohenstein), wie gegen »die gar zu niedrige oder niederträchtige Schreibart [...] die pöbelhafte Art des Ausdrucks« (Ch. Weise) gewandt (ebda, S. 314 und S. 316). Die »gute Schreibart« soll »eine Vermischung der obigen drei Gattungen in einer Rede vornehmen« (S. 343). Natürliche oder sachliche Umgangssprache, sinnreiche oder nachdenkliche Begriffssprache, bewegliche oder leidenschaftliche Affektsprache sollen sich in der aufklärerischen Prosa zu edler Regelmäßigkeit und Angemessenheit verbinden (S. 338/343). In der zeitgenössischen Romanliteratur fand Gottsched weder die Beschaffenheit seiner poetischen Grundbegriffe (Mimesis, Fabel) noch seine Prosatheorie auch nur annähernd verwirklicht, weshalb er die »epische Fabel« bzw. »prosaische Schreibart« in Form der Romangattung nicht anerkannt, in den drei ersten Auflagen der »Critischen Dichtkunst« nicht eigens der Erwähnung für wert gehalten hat.

Während Gottsched den Gedanken Leibnizens von den »möglichen Welten« durch seinen Lehrer Ch. Wolff kannte, sie auch zitierte, damit aber im Grunde nichts anzufangen wußte, wird diese Einsicht zum fruchtbarsten spekulativen Moment von *J. J. Breitingers* »Critischer Dichtkunst / Worinnen die / Poetische Mahlerey / in Absicht auf die Erfindung / Im Grunde untersuchet und mit Beyspielen aus / den berühmtesten Alten und Neuern erläutert wird« (1740). Nach den Hauptgewährsmännern, Aristoteles und Horaz, ist für Breitinger wie für Gottsched erster Grundsatz, »daß die Kunst des Poeten [...] in einer geschickten Nachahmung der Natur bestehet, und daß ihre vornehmste und erste Absicht ist, die Wahrheit den Gemüthern auf eine angenehm-ergetzende Weise beyzubringen« (S. 78). Was die »Gegenstände« betrifft, »welche uns die

Natur und die Nachahmung der Kunst vorstellet«, so sind dieselben »entweder lehrreich oder bewegend«; da der Mensch »die Lust in Bewegung gesetzet zu werden, der Lust Unterricht zu empfangen« vorzieht, so ist es am Dichter, solche Bilder zu schaffen, die Herz und Phantasie rühren und bewegen (S. 85f). Was aber die Wahrheit der Darstellung angeht, so müsse man »das Wahre des Verstandes und das Wahre der Einbildung wohl unterscheiden« (S. 138). Überhaupt ist für den Zürcher »Nachahmung der Natur in dem [ihr] Möglichen [...] Haupt-Werck der Poesie« (S. 57), wobei an ihrem fiktionalen Charakter kein Zweifel ist:

»Die Historie suchet, als eine Zeugin, von der Wahrheit zu unterrichten; die Poesie aber als eine Kunst-volle Zauberin auf eine sinnliche, und eine unschuldig-ergetzende Weise zu täuschen« (S. 33). – »Was ist Dichten anders, als sich in der Phantasie neue Begriffe und Vorstellungen formieren, deren Originale nicht in der gegenwärtigen Welt der würcklichen Dinge, sondern in irgend einem andern möglichen Welt-Gebäude zu suchen sind. Ein jedes wohlerfundenes Gedicht ist darum nicht anderst anzusehen, als eine Historie aus einer andern möglichen Welt: Und in dieser Absicht kömmt auch dem Dichter alleine der Nahme ποιητοῦ, eines Schöpfers, zu, weil er nicht alleine durch seine Kunst unsichtbaren Dingen sichtbare Leiber mittheilet, sondern auch die Dinge, die nicht für die Sinnen sind, gleichsam erschaffet, das ist, aus dem Stande der Möglichkeit in den Stand der Würcklichkeit hinüberbringet, und ihnen also den Schein und den Nahmen des Würcklichen mittheilet« (S. 60). – »Die eigenthümliche Kunst des Poeten bestehet demnach darinnen, daß er die Sachen, die er durch seine Vorstellung angenehm machen will, von dem Ansehen der Wahrheit bis auf einen gewissen Grad künstlich entferne« (S. 139).

Es ist hier offensichtlich der dichtungstheoretische Sinn Breitingers für die Substanz des poetischen Bildes, der die Spannung von Unmittelbarkeit und Empirie einerseits sowie Nachahmung des Möglichen bzw. Wahrscheinlichen und verfremdender Imagination (»vermummte Wahrscheinlichkeit«, »das Wunderbare«) andererseits weitaus differenzierter zum Ausdruck bringt, als es seinem Leipziger Antipoden von dem einfältigeren Ähnlichkeitsbegriff her artikulierbar war. Schöpferische Nachahmung, meint Breitinger, ist erst in der Entfernung vom empirisch Wahren und in der Verfremdung des pragmatisch Vertrauten gewährleistet:

»Nach dem Grade dieser Entfernung wächßt und verstärcket sich die Verwunderung, die durch das Gefühl dieser Neuheit in uns entstehet; wenn denn die Entfernung so weit fortgehet, biß eine Vorstellung unsern gewöhnlichen Begriffen, die wir von dem ordentlichen Laufe der Dinge haben, entgegen zu stehen scheinet, so verliehret sie den Nahmen des Neuen, und erhält an dessen statt den Nahmen des Wunderbaren [...] Demnach ist das Wunderbare in der Poesie die äusserste Staffel des Neuen, da die Entfernung von dem Wahren und Möglichen sich in einen Widerspruch zu verwandeln scheinet« (S. 129f.).

Doch bleibt die »Täuschung«, »Vermummung«, die Verfremdung der Wahrheit als solche immer gegenwärtig und ist in dieser Eigenschaft stets auf das bezogen, was sie verändernd verbirgt. Der »reizende Schein der Falschheit« verwandelt sich im ergötzenden Vorgang des Erkennens in ein »geschicktes Bild der Wahrheit« (S. 129 f.). Hier ist bei Breitinger der Anschluß an P. D. Huet und den wesentlichen Teil seiner Romanlehre (»fausseté significative« als figura veritatis) vollzogen und zugleich ein Weg gewiesen, den Wieland weitergehen konnte.

Literatur:

J. Ch. Gottsched, Versuch einer Critischen Dichtkunst, Leipzig: Breitkopf 1730, [4]1751. Reprographischer Nachdruck Darmstadt: Wissensch. Buchgesellsch. 1962.

J. J. Bodmer, Briefwechsel von der Natur des poetischen Geschmacks, Zürich: C. Orell 1736. Reprographischer Nachdruck mit einem Nachwort von *W. Bender,* Stuttgart: Metzler 1966.

Ders., Critische Abhandlung von dem Wunderbaren in der Poesie und dessen Verbindung mit dem Wahrscheinlichen, Zürich: C. Orell 1740. Reprographischer Nachdruck mit einem Nachwort von *W. Bender,* Stuttgart: Metzler 1967.

J. J. Breitinger, Critische Dichtkunst, 2 Bde, Zürich: C. Orell 1740. Reprographischer Nachdruck mit einem Nachwort von *W. Bender,* Stuttgart: Metzler 1966.

Ders., Critische Abhandlung von der Natur, den Absichten und dem Gebrauche der Gleichnisse, Zürich: C. Orell 1740. Reprographischer Nachdruck, mit einem Nachwort von *M. Windfuhr,* Stuttgart: Metzler 1967.

F. Braitmaier, Geschichte der poetischen Theorie und Kritik von den Diskursen der Malern bis auf Lessing, 2 Bde, Frauenfeld: Huber 1888/89.

A. Baeumler, Kants »Kritik der Urteilskraft«. Teil 1: Das Irrationalitätsproblem in der Aesthetik und Logik des 18. Jhs. bis zur »Kritik der Urteilskraft«, Halle: Niemeyer 1923. Reprographischer Nachdruck Darmstadt: Wissensch. Buchgesellsch. 1967, 1974.

A. Tumarkin, Die Überwindung der Mimesislehre in der Kunsttheorie des 18. Jhs. Zur Vorgeschichte der Romantik, in: Festschrift für S. Singer, Tübingen: Mohr 1930, S. 40–55.

P. Böckmann, Formgeschichte der deutschen Dichtung, Hamburg: Hoffmann & Campe 1949, [2]1965.

K. R. Scherpe, Gattungspoetik im 18. Jh. Historische Entwicklung von Gottsched bis Herder, Stuttgart: Metzler 1968.

H.-P. Herrmann, Naturnachahmung und Einbildungskraft. Zur Entwicklung der deutschen Poetik von 1670 bis 1740, Bad Homburg v. d. Höhe: Gehlen 1970.

W. Preisendanz, Mimesis und Poiesis in der deutschen Dichtungstheorie des 18. Jhs., in: Rezeption und Produktion zwischen 1570 und 1730. Festschrift für G. Weydt zum 65. Geburtstag, hrsg. v. *W. Rasch* u. a. Bern/München: Francke 1972, S. 537–552.

H. Jäger[-Mertin], Naivität. Eine kritisch-utopische Kategorie in der bürgerlichen Literatur und Ästhetik des 18. Jhs., Kronberg/Ts: Scriptor 1975.

K.-H. Stahl, Das Wunderbare als Problem und Gegenstand der deutschen Poetik des 17. und 18. Jhs, Ffm: Athenaion 1975.

F. Servaes, Die Poetik Gottscheds und der Schweizer, Straßburg: Trübner 1887.

G. Waniek, Gottsched und die deutsche Literatur seiner Zeit, Leipzig: Breitkopf & Härtel 1897.

F. Mansfeld, Das literarische Barock im kunsttheoretischen Urteil Gottscheds und der Schweizer, Diss. Halle 1928.

B. Grosser, Gottscheds Redeschule. Studien zur Geschichte der deutschen Beredsamkeit in der Zeit der Aufklärung, Greifswald: E. Panzig 1933 (Diss. Greifswald 1932).

G. Wechsler, J. Ch. Gottscheds Rhetorik, Leipzig: R. Berger 1933 (Diss. Heidelberg 1933).

S. Bing, Die Naturnachahmungstheorie bei Gottsched und den Schweizern und ihre Beziehungen zu der Dichtungstheorie der Zeit, Würzburg: Triltsch 1934 (Diss. Köln 1934).

M. Wehrli, J. J. Bodmer und die Geschichte der Literatur, Frauenfeld: Huber 1936.

J. Birke, Gottscheds Neuorientierung der deutschen Poetik an der Philosophie Ch. Wolffs, in: ZfdPh. 85, 1966, S. 560–575.

Ders., Ch. Wolffs Metaphysik und die zeitgenössische Literatur- und Musiktheorie: Gottsched, Scheibe, Mizler, Berlin: de Gruyter 1966.

W. Rieck, J. Ch. Gottsched. Eine kritische Würdigung seines Werkes, Berlin: Akademie Verlag 1972 (Habil. Schr. PH Potsdam 1968).

H. Freier, Kritische Poetik. Legitimation und Kritik der Poesie in Gottscheds Dichtkunst, Stuttgart: Metzler 1973.

W. Bender, J. J. Bodmer/J. J. Breitinger, Stuttgart: Metzler 1973 (Slg Metzler 113).

E. R. Curtius, Die Lehre von den drei Stilen im Altertum und Mittelalter, in: RF 64, 1952, S. 57–70.

E. A. Blackall, The Emergence of German as a literary Language, Cambridge: Univ. Press 1959; dt.: Die Entwicklung des Deutschen zur Literatursprache 1700–1775. Mit einem Bericht über neue Forschungsergebnisse 1955–1964 von *D. Kimpel*, Stuttgart: Metzler 1966.

E. Neustädter, Versuch einer Entwicklungsgeschichte der epischen Theorie in Deutschland von den Anfängen bis zum Klassizismus, Diss. Freiburg i. Br. 1927.

W. *Brauer*, Geschichte des Prosabegriffs von Gottsched bis zum Jungen Deutschland, Ffm: Diesterweg 1938 (Diss. Ffm 1938). Reprographischer Nachdruck Hildesheim: Gerstenberg 1974.

W. *Lockemann*, Die Entstehung des Erzählproblems. Zur deutschen Dichtungstheorie im 17. und 18. Jh., Meisenheim: A. Hain 1963 (Diss. Mainz 1962).

J. *Jacobs*, Prosa der Aufklärung, München: Artemis u. Winkler 1976.

K. *Minners*, Die Theorie des Romans in der deutschen Aufklärung, Diss. Hamburg 1922 (masch.).

M. *Sommerfeld*, Romantheorie und Romantypus der deutschen Aufklärung, in: DVjs 4, 1926, S. 459–490. Reprographischer Nachdruck Darmstadt: Wissensch. Buchgesellsch. 1967.

L. E. *Kurth*, Formen der Romankritik im 18. Jh., in: MLN 83, 1968, S. 655–693.

W. *Voßkamp*, Romantheorie in Deutschland. Von Martin Opitz bis Friedrich v. Blanckenburg, Stuttgart: Metzler 1973.

E. *Weber*, Die poetologische Selbstreflexion im deutschen Roman des 18. Jhs. Zu Theorie und Praxis von »Roman«, »Histoire« und pragmatischem Roman, Stuttgart/Bln/Köln: Kohlhammer 1974.

H. *Hiebel*, Individualität und Totalität. Zur Geschichte und Kritik des bürgerlichen Poesiebegriffs von Gottsched bis Hegel anhand der Theorien über Epos und Roman, Bonn: Bouvier 1974.

F. *Wahrenburg*, Funktionswandel des Romans und ästhetische Norm. Die Entwicklung seiner Theorie in Deutschland bis zur Mitte des 18. Jhs. Stuttgart: Metzler 1976.

V. Der bürgerliche exemplarisch-pragmatische Aufklärungsroman

Die epochale verfassungs- und sozialgeschichtliche Problematik der Entstehung einer bürgerlichen Gesellschaft im absolutistischen Staat kennzeichnet weitgehend auch die formale Struktur und inhaltliche Gewichtung des Aufklärungsromans. Der schreibenden bürgerlichen Intelligenz (Pfarrer, Lehrer, Professoren, Juristen und Verwaltungsbeamte, Ärzte, Offiziere) ging es im Grunde um nichts Geringeres als theoretisch-poetologisch *(Ch. Weise, A. G. Baumgarten, J. Ch. Gottsched)* und praktisch-schriftstellerisch eine literarisch geprägte erkenntnis- und moralkritische Publizität der vom politischen Handeln ausgeschlossenen Privatleute gegen die repräsentativ obrigkeitlich auftretende Öffentlichkeit wertfrei sich gebärdender höfischer Staatsgewalt aufzurichten. Bestand für den absolutistischen Staat, wie R. Koselleck erwägenswert ausgeführt hat, ein zeitgeschichtlich verständliches Interesse, aufgrund der Erfahrung religiöser Bürgerkriege und des in ihnen entfesselten Gewissensfanatismus der moralischen Gesinnung und dem politischen Handeln je selbstzufriedene oder bornierte Eigenbereiche zuzuweisen und diese beziehungslos nebeneinander herlaufen zu lassen, so lag für die in Schulen und Universitäten sowie im höheren Verwaltungsdienst tätigen Bürgerlichen der Gedanke nahe, positiv definiertem Wissen und Gewissen über einen bildungspolitischen Anspruch auch öffentliche Geltung zu verschaffen, d. h. die im Geschmacksbegriff des bürgerlichen sensus communis implizierte Erkenntnis- und Moralkritik zu legitimieren (vgl. S. 58 f.).

Der dualistisch formulierten, auf Trennung und Resonanzlosigkeit des privaten und etatistischen Bereichs hinauslaufenden Staats- und Gesellschaftsidee mußte das bei zunehmender ökonomischer Erstarkung und verwaltungspolitischer Einflußnahme des dritten Standes nur um so nachdrücklicher vertretene Beziehungsdenken des bürgerlichen Bildungsanspruchs allerdings schwer zu schaffen machen und längerfristig überlegen sein. Darin jedenfalls gehen A. G. Baumgartens »Aesthetica«, J. Ch. Gottscheds »Kritische Dichtkunst« und Ch. F. Gellerts »Empfindsamkeit«, indem sie dem subsumierenden distinkten Begriff die sinnliche Unmittelbarkeit, der normativen Regel bzw. der geschichtlichen Autorität die dreifache

Form der Naturnachahmung, dem kodifizierten Glaubenssatz oder Gesetzestext die individuell lebhafte, seelenanalytisch kultivierte Moralempfindung korrespondieren lassen, formal einig, daß jener bürgerliche Bildungsgedanke die Frage der Beziehung, Verhältnismäßigkeit und Synthesis von individuell Besonderem und allgemein Verbindlichem, d. h. die Frage nach dem möglichen Gesamtzusammenhang von Mensch, Bürger, Gesellschaft und Staat zum Gegenstand hat.

Als zugleich anthropologisch, ökonomisch, sozial- staatspolitisch relevante Formation, die sowohl gesamtgesellschaftliche Problemstellungen auf sich zieht und in sich vereinigt, als auch dieselben aus dem Zentrum des Eigenverständnisses auf das Staatsganze zurückprojeziert, gilt dem bürgerlichen sensus communis des 18. Jhs. die Familie. Der Begriff der »Familie«, erst im 18 Jh. in Deutschland umgangssprachlich geläufig, umfaßt im wesentlichen zwei Hauptelemente:

1) die in der Überlieferung der antiken Ökonomik und Agrarlehre stehende »Ökonomie des ganzen Hauses«, die in der Hausväterliteratur des 16., 17. und 18. Jhs. sowie in den »Predigten über den christlichen Hausstand« (Haustafeln in den Briefen des Neuen Testaments) fixiert ist und allgemeine Regeln der Haus- und Landwirtschaft, d. h. der soziologischen, ethischen, pädagogischen Organisation der Haushaltung in den bäuerlich adeligen Kulturen Alt-Europas enthält (vgl. O. Brunner, J. Hoffmann);

2) jenen spezifisch bürgerlichen empfindsam bzw. moralkritisch fundierten Bildungsgedanken, der gegen höfische Raffinesse, Intrige, Libertinage gerichtet ist und schließlich politische Stoßkraft entfaltet. Als Resultat darf festgehalten werden, daß der Begriffsumfang »Familie« im 18. Jh. bäuerlich hauswirtschaftliche Lehrstücke und bürgerlich aufklärerische Bildungsvorstellungen einbezieht und miteinander verbindet. Die »Familie« als fester Kern der bürgerlichen Gesellschaft im absolutistischen Staat schien damit besonders geeignet, die Synthese von empfindender Gemeinschaft (die in der Ehe sich vollziehende Liebe und Sympathie der Partner untereinander sowie deren Sorge für die Erziehung der Kinder; Konfliktlösung durch sympathetisch orientierte Selbstanalyse) und rationalem hauswirtschaftlichem Betrieb (Organisation gesellschaftlicher Arbeit für alle Familienangehörigen und Dienstboten durch den Hausvater zur Erwirtschaftung von Gut und Besitz sowie deren Sicherung; Konfliktlösung durch vernünftige Herrschaft und kluge Verwaltung) modellhaft vorzustellen. Mit der wissenschaftlichen und literarischen Handhabung der sozialen Primärform »Familie« bot sich für die schreibende bürgerliche Intelligenz die ergiebige

Möglichkeit, das ihr vom absolutistischen Staat zugewiesene Reich räsonierender Innerlichkeit unmerklich in eine publikumsbezogene und damit öffentlichkeitswirksame Form der umfassenden Selbstdarstellung zu überführen, die nicht dabei stehenblieb, in sich kreisendes Bewußtsein zu artikulieren (Ökonomie des ganzen Hauses, empfindsame Psychologie), sondern darüber hinaus das praktizierte Selbstverständnis als Legitimationsfrage an die obrigkeitlich verfügte politische Rollenzuweisung heranzutragen versuchte.

In der Auseinandersetzung mit dieser zeitgeschichtlich bedeutsamen Konstellation erwarb der bürgerliche exemplarisch-pragmatische Aufklärungsroman seine inhaltliche Substanz, formale Struktur und quantitative Disposition. An dem Punkt, der die notwendige Vermittlung der Familie als empfindender, privater Gemeinschaft mit dem Vorgang der materiellen Lebensfristung unabweisbar in das Blickfeld rückt, an dem Familienerziehung und Bildungspolitik, Hauswirtschaft und politische Ökonomie, sympathetische Psychologie und soziales Verhalten sich gegenseitig in die Verantwortung nehmen, überall da also, wo die unmittelbare Substantialität der bürgerlichen Familie des 18. Jhs. als in Gesellschaft und Staat aufgehoben reflektiert wird (bis hin zu Hegels »Rechtsphilosophie«), findet auf der literarischen Szene die Erweiterung bzw. Ergänzung des empfindsamen bzw. moralkritisch-didaktischen Familienromans zum verfassungskritisch-reformistischen Staats- und Gesellschaftsroman statt. Beide Formen sind für sich genommen, ohne die jeweils andere, als Erscheinung des 18. Jhs. schlechterdings nicht denkbar und entsprechend schwer zu definieren.

Die Durchsicht des überlieferten Quellenmaterials ergibt, daß – angeregt durch S. Richardsons Briefromane – jener moralkritisch fundierte Bildungsgedanke der bürgerlichen Empfindsamkeit in Form des geglückten oder gescheiterten sympathetischen Dialogs, Gesprächs, Briefwechsels als Familienroman im 18. Jh. zahlenmäßig eindeutig den Ton angibt. Freilich spielt im Familienroman der deutschen Aufklärungsliteratur der der bürgerlichen Selbstdefinition offenbar zugänglichere bildungspolitische Aspekt gegenüber dem ökonomischen die entschieden größere Rolle.

Die deutschen Verhältnisse der 40er Jahre des 18. Jhs. gewinnen literarhistorisch eben dadurch einheitliches Profil, daß die moralempfindliche Psychologie der Empfindsamkeit in bürgerlicher Literatur und Lebenswirklichkeit vorübergehend die einflußreiche Gestalt annimmt, in der eine Reihe von wichtigen Streitfragen der europäischen Aufklärung kompromißhaft beisammen sind:

1. geistesgeschichtlich: das psycho-physische Problem als ein solches der Vermittlung von Innerlichkeit, Gottnatur und Geschichte;

aufgelöst in die Form rationaler Psychologie (Dialog, Gespräch, Korrespondenz), d. h. sympathetische Seelenansprache zum Zwecke der Selbstfindung und Selbstrechtfertigung gegenüber Gesellschaft und Staat.

2. sprachgeschichtlich: die Auflösung der logistischen Universalcharakteristik Leibnizens bzw. des konsequenten sprachdefinitorischen Purismus Wolffs und Gottscheds zugunsten einer »Lebhaftigkeit«, die dem erkenntnis- und moralkritischen Anspruch der sympathetischen Seelenanalyse genügen konnte.

3. sozialgeschichtlich: der Übergang von höfisch wertfreier Staatsklugheit und scholastischer Metaphysik zur argumentierenden Weltklugheit des bürgerlichen Gemeinsinns; die Kritik der absolutistischen Staats- und Gesellschaftsidee durch Institutionen und Äußerungsformen der bürgerlichen Intelligenz.

Literatur:

1. Zum Problem der bürgerlichen Gesellschaft im absolutistischen Staat

F. Meinecke, Die Idee der Staatsräson in der neueren Geschichte, München/Berlin: R. Oldenbourg 1924.

F. Brüggemann, Der Kampf um die bürgerliche Welt- und Lebensanschauung in der deutschen Literatur des 18 Jhs., in: DVjs 3, 1925, S. 94–127.

I. Schaarschmidt, Der Bedeutungswandel der Worte »bilden« und »Bildung« in der Literatursprache von Gottsched bis Herder, Berlin: Elbing 1931.

F. Borkenau, Der Übergang vom feudalen zum bürgerlichen Weltbild, Paris: F. Alcan 1934. – Reprogr. Nachdruck Darmstadt: Wissensch. Buchgesellsch. 1971.

L. Strauss, The Political Philosophy of Hobbes, 1936; dt.: Hobbes' politische Wissenschaft, Neuwied: Luchterhand 1965.

A. Hauser, Sozialgeschichte der Kunst und Literatur, 2 Bde, München: Beck 1953; ungekürzte Sonderausg. in 1 Band, ebda 1967.

R. Vierhaus, Montesquieu in Deutschland. Zur Geschichte seiner Wirkung als politischer Schriftsteller im 18. Jh., in: Collegium philosophicum. G. Ritter zum 60. Geb., Basel/Stuttgart: Schwabe & Co 1965, S. 403–437.

O. Brunner, Neue Wege der Verfassungs- und Sozialgeschichte, Göttingen: Vandenhoeck & Ruprecht 1956, ²1968.

J. Hoffmann, Die »Hausväterliteratur« und die »Predigten über den christlichen Hausstand«, Weinheim: Beltz 1959.

R. Koselleck, Kritik und Krise. Zur Pathogenese der bürgerlichen Welt, Freiburg i. Br.: Alber 1959, ²1969; auch Ffm: Suhrkamp 1973 (stw 36).

J. Habermas, Strukturwandel der Öffentlichkeit, Neuwied: Luchterhand 1962, ³1968; auch Slg Luchterhand 25.

H. H. Hofmann (Hrsg.), Die Entstehung des modernen souveränen Staates, Köln/Berlin: Kiepenheuer & Witsch 1967.

F. Wagner, Europa im Zeitalter des Absolutismus und der Aufklärung. Sonderdruck aus: Handbuch der Europäischen Geschichte, hrsg. v. *Th. Schieder*, Bd 4 hrsg. v. *F. Wagner*, Stuttgart: Union Verlag 1968.

I. Fetscher, Rousseaus politische Philosophie, Neuwied: Luchterhand 1968; auch Ffm: Suhrkamp 1975 (stw 143).

G. Oestreich, Geist und Gestalt des frühmodernen Staates, Berlin: de Gruyter 1969.

H. Möller, Die kleinbürgerliche Familie im 18. Jh. Verhalten und Gruppenkultur, Berlin: de Gruyter 1969.

W. Euchner, Naturrecht und Politik bei J. Locke, Ffm: Europäische Verlagsanstalt 1969.

Ders., Egoismus und Gemeinwohl. Studien zur Geschichte der bürgerlichen Philosophie, Ffm: Suhrkamp 1973 (e. s. 614).

R. Vierhaus, Bildung, in: Geschichtliche Grundbegriffe. Historisches Wörterbuch der politisch-sozialen Sprache in Deutschland, hrsg. v. *O. Brunner, W. Conze, R. Koselleck*, Bd I: A–D, Stuttgart: Klett 1972, S. 508–551.

H. Denzer (Hrsg.), Jean Bodin. Verhandlungen der internationalen Bodin-Tagung in München, München: Beck 1973 (Auswahlbibliographie).

H. Medick, Naturzustand und Naturgeschichte der bürgerlichen Gesellschaft, Göttingen: Vandenhoeck & Ruprecht 1973.

2. *Zum moralkritisch-didaktischen Familienroman*

G. F. Singer, The Epistolary Novel. Its Origin, Development, Decline and Residuary Influences, Philadelphia: Univ. of Pennsylvania Press 1933.

Ch. E. Kany, The Epistolary Novel. Its Beginnings in France, Italy and Spain, Berkeley/Cal.: Univ. of California Press 1937.

F. G. Black, The Epistolary Novel in the late 18th century. A descriptive and bibliographic study, Eugene/Oregon: Univ. of Oregon Press 1940.

I. Weymar, Der deutsche Briefroman, Diss. Hamburg 1942 (hs.).

H. R. Picard, Die Stellung des Autors im Briefroman des 18. Jhs., Diss. Heidelberg 1959 (masch.). Unter dem Titel: Die Illusion der Wirklichkeit im Briefroman des 18. Jhs., Heidelberg: Winter 1971.

E. Th. Voss, Erzählprobleme des Briefromans, dargestellt an vier Beispielen des 18. Jhs., Diss. Bonn 1960 (Rotaprint).

K. R. Mandelkow, Der deutsche Briefroman, in: Neophil. 44, 1960, S. 200–208.

D. Kimpel, Entstehung und Formen des Briefromans in Deutschland, Diss. Wien 1961 (masch.).

R. Brockmeyer, Geschichte des deutschen Briefes von Gottsched bis zum Sturm und Drang, Diss. Münster 1959 (Rotaprint).

D. Brüggemann (Hrsg.), Vom Herzen direkt in die Feder. Die Deutschen in ihren Briefstellern, München: dtv 1968.

R. M. G. Nickisch, Die Stilprinzipien in den deutschen Briefstellern des 17. und 18. Jhs., Göttingen: Vandenhoeck & Ruprecht 1969.

C. Heine, Der Roman in Deutschland von 1774 bis 1778, Halle: Niemeyer 1892.
W. Gebhardt, Religionssoziologische Probleme im Roman der deutschen Aufklärung, Coburg: Roßteutscher 1931 (Diss. Gießen 1930).
A. Reiche, Der Pietismus und die deutsche Romanliteratur des 18. Jhs., Diss. Marburg/Lahn 1947 (masch.).
M. Wesly, Das junge Mädchen im deutschen Roman des 18. Jhs bis zum Beginn des Sturm und Dranges, Diss. Leipzig 1933.
I. Arndt, Die seelische Welt im Roman des 18. Jhs., Tübingen: K. Bölzle 1940 (Diss. Gießen 1938).
H. Beyer, Die moralische Erzählung in Deutschland bis zu H. v. Kleist, Ffm: Diesterweg 1941.
I. Eder, Untersuchungen zur Geschichte des empfindsamen Romans in Deutschland, Diss. Wien 1953 (masch.).
V. Lange, Erzählformen im Roman des 18. Jhs., in: Anglia 76, 1958, S. 129–144; wiederabgedruckt in: *V. Klotz* (Hrsg.), Zur Poetik des Romans, Darmstadt: Wissensch. Buchgesellsch. 1965, S. 32–47.
E. D. Becker, Der deutsche Roman um 1780, Stuttgart: Metzler 1964.
N. Miller, Die Rollen des Erzählers, in: Romananfänge. Versuch zu einer Poetik des Romans, Berlin: Literarisches Colloquium 1965, S. 37–91.
Ders., Der empfindsame Erzähler. Untersuchungen an Romananfängen des 18. Jhs., München: Hanser 1968.
M. Spiegel, Der Roman und sein Publikum im früheren 18. Jh. 1700/67, Bonn: Bouvier 1967.
L. E. Kurth, Die zweite Wirklichkeit. Studien zum Roman des 18. Jhs., Chapel Hill: Univ. of North Carolina Press 1969.
Dies., Rahmenerzählung und Rahmenroman im 18. Jh., in: Jb. d. dt. Schillergesellsch. 13, 1969, S. 137–154.
M. Tronskaja, Die deutsche Prosasatire der Aufklärung, Berlin: Rütten & Loening 1969.
J. Schönert, Roman und Satire im 18. Jh., Stuttgart: Metzler 1969.
G. Jäger, Empfindsamkeit und Roman. Wortgeschichte, Theorie und Kritik im 18. und frühen 19. Jh., Stuttgart: Kohlhammer 1969.
J. Mezei, Die Modelle des sentimentalen Romans. Die Philosophen der Vernunft und der Empfindsamkeit, in: Acta Litteraria Academiae Scientiarum Hungaricae 13, 1971, S. 387–424.
V. Neuhaus, Typen multiperspektivischen Erzählens, Köln/Wien: Böhlau 1971.
K. Schäfer, Zum Entwicklungsproblem im Roman der deutschen Aufklärung, Diss. Potsdam 1971 (masch., Autorreferat in: ZfdLG 18, 1972, S. 172–177).
P. U. Hohendahl, Empfindsamkeit und gesellschaftliches Bewußtsein. Zur Soziologie des empfindsamen Romans am Beispiel von La Vie de Marianne, Clarissa, Fräulein v. Sternheim, und Werther, in: Jb. d. dt. Schillergesellsch. 16, 1972, S. 176–207.
E. Weber, Die poetologische Selbstreflexion im deutschen Roman des 18. Jhs. Zu Theorie und Praxis von »Roman«, »Historie« und pragmatischem Roman, Stuttgart: Kohlhammer 1974.

J. Jacobs, Prosa der Aufklärung, München: Winkler 1976.

3. Zum verfassungskritisch-reformistischen Staats- und Gesellschaftsroman

E. Cohn, Gesellschaftsideale und Gesellschaftsroman des 17. Jhs., Berlin: Ebering 1921 (Reprogr. Nachdruck Nendeln/Liechtenstein: Kraus 1967).

O. Woodtli, Die Staatsräson im Roman des deutschen Barocks, Frauenfeld: Huber 1943.

K.-H. Mulagk, Phänomene des politischen Menschen im 17. Jh., Berlin: E. Schmidt 1973.

K. Reichert, Utopie und Staatsroman. Ein Forschungsbericht, in: DVjs 39, 1965, S. 259–287.

G. Frühsorge, Der politische Körper. Zum Begriff des Politischen im 17. Jh. und in den Romanen Ch. Weises, Stuttgart: Metzler 1974.

F. Wahrenburg, Funktionswandel des Romans und ästhetische Norm, Stuttgart: Metzler 1976.

D. Naumann, Politik und Moral. Studien zur Utopie der deutschen Aufklärung, Heidelberg: Winter 1977 (Diss. Ffm 1972).

D. Breuer, Adam Contzens Staatsroman. Zur Funktion der Poesie im absolutistischen Staat, in: *C. Wiedemann* (Hrsg.), Literatur und Gesellschaft im deutschen Barock, Heidelberg: Winter 1977.

1. Der bürgerliche empfindsame bzw. moralkritisch-didaktische Familienroman: Briefroman und »roman sentimental« in Deutschland

a) Das englische Vorbild: S. Richardsons Briefromane

In England wirkte seit der Stuart-Zeit im ganzen 17. Jh. ein neuer Geist nach staatlich sozialer Neuordnung, nach Unabhängigkeit und Freimut des Volkes, das seine Rechte gegenüber dem absolutistisch herrschenden Königshaus abgegrenzt und gesichert wissen wollte. Die »Glorious Revolution« (1688) begründete die neue Staatsform des Konstitutionalismus auf der parlamentarischen Volkssouveränität. Die Gesetze und Einrichtungen, die dem Bürger ein gewisses Maß an Toleranz, freier Religions- und Gedankenausübung sowie die Freiheit der Presse garantierten, veränderten die gesellschaftliche Struktur des Landes von grundauf und waren auch nach dem Tode Wilhelms von Oranien (Regierungszeit 1689–1702) von der reaktionär regierenden Königin Anna (bis 1714) nicht rückgängig zu machen. Vernunftgläubigkeit, empiristische Popularphilosophie und die uneingeschränkt arbeitende Presse mit einem mächtig anschwellenden Zeitungs- und Zeitschriftenwesen bestimmten das Bewußtsein der neuen bürgerlich puritanischen Gesellschaft entscheidend. Das Selbstverständnis des aufgeklärten Bürgers artikulierte sich schließlich charakteristisch in den »moral weeklies« Addisons und Steeles, die den erkenntnistheoretischen Psychologismus J. Lockes als emsig betriebene Seelen- und Menschenkunde darboten, deren Ausübung im Falle eines reibungslosen Funktionierens Glückseligkeit dem Einzelnen und Wohlfahrt der Gesellschaft verhieß. Der Journalismus, die augenblickliche Aufzeichnung und Reportage, die Registrierung unmittelbaren Geschehens und die Bewegung der Motive im Bewußtsein (J. Lockes »sensation« und »reflection«: Perzeption und Apperzeption der »impressions«) haben den angelsächischen Roman und seine Theorie von S. Richardson bis V. Woolfe und J. Joyce entscheidend geprägt: der Erzähler als Organ der über die Sinne affizierten menschlichen Seele (Bewußtsein) notiert das Psychogramm der Anregung, Bewegung und Reaktion; er verkörpert das Affektionsmodell J. Lockes.

In diese Lebenseinstellung und Weltsicht ist *S. Richardson* (1689–1761) hineingewachsen, seit 1719 selbständiger Buchdrukkermeister in der Fleet-Street in London, – ein Mensch von »beinahe vibrierendem Zartsinn. Nichts Plebejisches haftete diesem Plebejer an« (Keller/Fehr, S. 246). Aus der Auftragsarbeit, einen Briefsteller zu verfassen, entstehen die drei Briefromane, die der 50jährige im Selbstverlag herausgibt: »Pamela, Or Virtue Rewarded«, 4 Teile, 1740/41; »The History of Clarissa Harlowe«, 8 Teile, 1747/48; »Sir Charles Grandison«, 6 Teile, 1753/54. Sie haben ihren Autor zu einer europäischen Berühmtheit gemacht. Richardson gilt als der Begründer eines neuen Romantypus, in dem die Grundsätze bürgerlicher Aufklärung auch formal zu sich selbst gefunden haben. Er ist »soziologisch gesehen der größte [englische] Romanschriftsteller des 18. Jhs., weil er den Empfindungston der Puritanerfamilie so wunderbar trifft« (Keller/Fehr, S. 248). Abgesehen von der kasuistisch exemplarischen Besprechung von minutiös verzeichneten Erlebnissen und Erfahrungen unter dem Aspekt des empfindsamen delicacy, die die altprotestantische moralisierend didaktische Erbauungsliteratur angeregt haben mag (H. Schöffler, S. 163 ff.), worauf auch die 1755 von Richardson veröffentlichte »Collection of the Moral and Instructive Sentiments, Maxims, Cautions and Reflexions, Contained in the Histories of Pamela, Clarissa, and Sir Ch. Grandison. Digested under Proper Heads, with References to the Volume and Page [...]« nochmals aufmerksam macht, – viel wichtiger als die Morallehre dieser Romane (Vehicle of Instruction) erscheinen uns die Formintentionen. Pamela ist in einem adligen Hause als Dienstmädchen angestellt und heiratet den Sohn der Familie, einen jungen Libertin, der ihr nachstellt, sie zu verführen versucht, aber von dem entschlossenen Widerstand des Mädchens gerührt und zur Vernunft gebracht wird. Die Ich-Erzählerin teilt aus der Unmittelbarkeit des Vorgangs ihre Erfahrungen (die sensations, sentiments und reflections) den Eltern in Briefen mit, die mit Akribie Rechenschaft ablegen über die abenteuerlichen Situationen von Anfechtung und Widerstand, bis sich das Geschehen erfahrungsmäßig soweit abgeklärt hat, daß es in einem moralischen Satz formulierbar ist, daß nämlich Standhaftigkeit und Tugend letztlich mit einer guten Ehe belohnt werden. Die epische Fiktion der Briefform ist noch nicht voll entwickelt, einsträngige Korrespondenz nähert sich der Tagebuchform, die Heldin schreibt die Briefe im Grunde für sich als eine Art seelische Buchführung, um sich über problematische Situationen Klarheit zu verschaffen. Es stellt sich aber immer wieder heraus, daß die Ich-Perspektive allein die Handlungsführung nicht psychologisch glaubhaft zu bewältigen vermag, so daß der Autor einspringen muß, um den drohenden Zusammenbruch der Handlungsebenen zu verhindern; das geschieht ohne nähere Begründung: »Here it is necessary the reader should know that [...] it is also to be observed that [...] a few words more will be necessary to make the letter better understood«.

In »Clarissa Harlowe« ist die Erzählperspektive mehreren subjektiven Erlebnis- und Erkenntnishorizonten übertragen, deren Fluchtpunkt der Herausgeber der Briefe und der Leser ist. Nur sie überblicken und durchschauen das »Einsichtsgefälle« (Picard), das sich im kompositorischen Bezug der verschiedenen Korrespondenzen (Clarissa an Miss Howe; Lovelace an Belford) ergibt. Der fiktionale Effekt der »instantaneous description« (»Clarissa«, Preface), hervorgerufen durch die Aufhebung der zeitlichen Distanz von Erzähl-Ich und Erzähltem-Ich bzw. von Erlebnis- oder Erfahrungssituation und Erzählsituation, imaginiert in den Briefromanen Richardsons eine Vergegenwärtigung, wie sie bis dahin nur der Bühne zugestanden war. Oft sind die einzelnen Briefe in Form einer dramatischen Szene abgefaßt, was die Illusion der Unmittelbarkeit, wie sie evidenter in den Bewußtseinsromanen von V. Woolfe und J. Joyce zum Ausdruck kommt, eben durch das Forcierte der Imagination im Grunde wieder bricht. Die Möglichkeit der Polyperspektive und der Vergegenwärtigung im Briefroman hat in der Forschung immer wieder auf das dramatische Stilelement dieser Romangattung aufmerksam gemacht. L. L. Schücking hat dem Einfluß des Dramas und der sentimentalen Komödie auf Richardson große Bedeutung beigemessen: »Vielleicht stand Richardson dem Drama näher, als man vielfach angenommen hat« (S. 30). In der Vorrede zu »Clarissa«

bemerkt er, daß viele der Briefe »in the dialogue or dramatic way« geschrieben seien; hier fehlen dann auch die Regieanweisungen nicht: »angry, and drawing back her face« oder »lifting up her head and smiling«.

Interessant ist in diesem Zusammenhang, daß Richardson mit den Dramatikern Aaron Hill (1685–1750) und Colley Cibber (1671–1757) befreundet war und ihnen seine Romane vom Schreibtisch weg vorgetragen hat. Bei den Umweltschilderungen waren wohl Addison und Steele die Vorbilder, besonders auch Defoe mit seinen in Dialogform abgefaßten Büchern »Family Instructor« (1718, bis 1734 elf Auflagen) und »Religious Courtship« (1722, bis 1789 einundzwanzig Auflagen); diese unterweisen im Verhalten der Familienmitglieder untereinander, geben bewegte Familiengespräche der Eheleute, der Eltern mit den Kindern und den Dienstboten, sie sind »ein Jahrhundert lang Hausbücher der englischen Familien gewesen« (L. L. Schücking, S. 35f.). Richardson hat sie gewiß gekannt, doch schließen seine Romane nicht ohne weiteres hier an; er selbst spricht von ihnen als »a new species of writing«. Seine feine psychologische Beobachtungs- und Individualisierungsgabe »to dive into the recesses of the human heart« ist ebenso selbständig und neuartig wie sein sozialkritischer Standpunkt, der ein Gesellschaftsideal postuliert, das zwischen dem puritanischen Bürger und der »chivalric old school« der heroisch galanten Zeit vermitteln soll.

Literatur:

W. Keller/B. Fehr, Die englische Literatur von der Renaissance bis zur Aufklärung, Potsdam: Akadem. Verlagsges. Athenaion 1933.

W. Erzgräber (Hrsg.), Englische Literatur von Th. Morus bis L. Sterne (Interpretationen), Ffm: Fischer 1970.

W. L. Cross, The Development of the English Novel, New York: M. Millan 1911.

W. Dibelius, Englische Romankunst, 2 Bde, Leipzig: Mayer & Müller 1924.

W. Allen, The English Novel, London: Phoenix House 1954, ²1963.

H. S. Hughes, English Epistolary Fiction before »Pamela«, Chicago: Univ. of Chicago Press 1923.

J. Birnbaum, Die »Memoirs« um 1700. Eine Studie zur Entwicklung der realistischen Romankunst vor Richardson, Halle: Niemeyer 1934.

W. F. Wright, Sensibility in English Prose Fiction 1760–1814, Urbana/Ill.: Univ. of Illinois Press 1937.

H. Petriconi, Die verführte Unschuld. Bemerkungen über ein literarisches Thema, Hamburg: Cram, de Gruyter 1953.

J. Watt, The Rise of the Novel. Studies in Defoe, Richardson and Fielding, 1957; dt.: Der bürgerliche Roman, übers. v. *K. Wölfel,* Ffm: Suhrkamp 1974 (stw 78).

E. Wolff, Der englische Roman im 18. Jh., Göttingen: Vandenhoeck & Ruprecht 1964.

W. Greiner, Studien zur Entstehung der englischen Romantheorie an der Wende zum 18. Jh, Tübingen: Niemeyer 1968.
F. K. Stanzel (Hrsg.), Der englische Roman. Vom Mittelalter zur Moderne, 2 Bde, Düsseldorf: A. Bagel 1969.
M. Gassenmeier, Der Typus des »man of feeling«. Studien zum sentimentalen Roman des 18. Jhs. in England, Tübingen: Niemeyer 1972.
H. R. Picard, Die Illusion der Wirklichkeit im Briefroman des 18. Jhs., Heidelberg: Winter 1971 (Diss. Heidelberg 1959).

H. Schöffler, Protestantismus und Literatur. Neue Wege zur englischen Literatur des 18. Jhs., Göttingen: Vandenhoeck & Ruprecht 1922, ²1958.
L. L. Schücking, Die Grundlagen der Richardsonschen Romane, in : GRM 12, 1924, S. 21–42 u. S. 88–110.
Ders., Die Familie als Geschmacksträger in England im 18. Jh., in: DVjs 4, 1926, S. 439–458.
Ders., Die puritanische Familie in literatursoziologischer Sicht, Bern: Francke 1929, ²1964.
K. Waentig, Die »self«-Komposita der Puritanersprache, Diss. Leipzig 1932.
G. Birkner, Heilsgewißheit und Literatur. Metapher, Allegorie und Autobiographie im Puritanismus, München: Fink 1971.

E. Schmidt, Richardson, Rousseau und Goethe. Zur Geschichte des Romans im 18. Jh., Jena: Frommann 1875.
E. Danielowski, Richardsons erster Roman, Diss. Tübingen 1917.
A. D. McKillop, Samuel Richardson, Chapel Hill 1936.
H. Ronte, Richardson und Fielding. Geschichten ihres Ruhms. Ein literatursoziologischer Versuch, Leipzig: Tauschnitz 1935 (Diss. Köln 1935).
G. Engel, Individuum, Familie und Gesellschaft in den Romanen Richardsons. Eine literatursoziologische Studie, Ffm: Akadem. Verlagsgesellsch. 1974 (Diss. Ffm 1972).
K. S. Guthke, Die deutsche Felicia und die Anfänge der Romantheorie, in: *K. S. G.*, Literarisches Leben im 18. Jh., Bern/München: Francke 1975, S. 354–360.
M. B. Price, The Publications of English Literature in Germany in the 18th century, Berkeley/Cal.: Univ. of California Press 1934.
L. M. Price, On the Reception of Richardson in Germany, in: JEGPh. 25, 1926, S. 7 ff.
Ders., The Reception of English Literature in Germany, Berkeley/Cal.: Univ. of California Press 1932; dt.: Die Aufnahme englischer Literatur in Deutschland 1500–1960, Bern: Francke 1961.
P. F. Ganz, Der Einfluß des Englischen auf den deutschen Wortschatz 1640–1815, Berlin: E. Schmidt 1957.

Th. Vetter, Der »Spectator« als Quelle der »Discurse der Maler«, Frauenfeld: Huber 1887.
W. Pappenheim, Die Charakterschilderungen im »Tatler«, »Spectator« und »Guardian«. Ihr Verhältnis zu Theophrast, La Bruyère und den englischen Character-Writers des 17. Jhs., Leipzig 1930.

F. Rau, Zur Gestalt des »Tatler« und »Spectator«. Kritischer Bericht, in: GRM N.F. 10, 1960, S. 401–419.
R. P. Bond, The Making of a Literary Journal, Cambridge: Harvard Univ. Press 1971.

b) Ch. F. Gellerts Prosatheorie und sein Roman »Das Leben der Schwedischen Gräfin von G.« (1747/48). – Die Romane und ihre Verfasser (eine Auswahl)

Steht Richardson im eigenen Lande in der Tradition der Wochenschriften und der domestic tragedy (N. Rowe, G. Lillo, A. Hill) bzw. der sentimental comedy (R. Steele, B. J. Sheridan, O. Goldsmith und seine Schrift »Essays on the Theatre, or Comparison between Laughing and Sentimental Comedy«, 1722), die die Welt- und Gesellschaftsstruktur im puritanischen Bewußtsein als eine verinnerlichte und familiäre repräsentieren, reich an Gemütsbewegung, arm an augenscheinlichem Vordergrundsgeschehen, einer Kultur und Gestimmtheit, der der Brief als sprachliche Ausdrucksform wesentlich entsprach, so wurde er in Deutschland zum Inaugurator einer neuen Form künstlerischer Prosa, aus der der bürgerlich realistische psychologische Roman hervorgegangen ist. Mit der prompten Übersetzung seiner Romane ins Deutsche – »Pamela« (Hamburg: Hertel 1742; bis 1772 sieben Neuaufl. u.Nachdr.) und »Clarissa« (Göttingen: Vandenhöck 1748 ff.; bis 1793 fünf Neuaufl. u. Nachdr.) durch J. Mattheson (1681–1764), 1754 folgt »Grandison« (Leipzig: Weidmann, bis 1789/90 sechs Neuaufl. u. Nachdr.) – beherrscht dieser Autor mit einer großen Nachfolge die vorklassische deutsche Romanproduktion; fast ein Drittel der zwischen 1774 und 1781 erschienenen Romane in Deutschland gehören dazu (C. Heine, S. 4/18; E. D. Becker, S. 43 ff.; M. Spiegel, S. 137/216: Verzeichnis der deutschsprachigen Romane 1700/70 im Anhang). Die hervorragendsten Vertreter der deutschen Literaturkritik haben Richardson hochgelobt, ja enthusiastisch gefeiert.

Gellert, der zwar volkstümliche aber zarte und feingebildete Leipziger Professor für Poesie und praktische Moral, dem Engländer wesensmäßig wahlverwandt, verherrlicht ihn in einem Gedicht »Über Richardsons Bildnis« (vgl. auch die Briefe vom 6. Nov. und 4. Dez. 1754 an Borchward sowie vom 3. April 1755 an M. v. Brühl; ferner die Abhandlungen »Von dem Einfluß der schönen Wissenschaften auf das Herz und die Sitten« und »Allgemeine Mittel zur Tugend zu gelangen und sie zu mehren«):

»Die Werke die er schuf, wird keine Zeit verwüsten,
Sie sind Natur, Geschmack, Religion.
Unsterblich ist Homer, unsterblicher bei Christen
Der Brite Richardson.«

Wieland plante eine Dramatisierung der »Clarissa«; *Lessing* rühmte in seiner Rezension des »Grandison« (1754) den »schönen Geist« des Engländers, »daß man die schärfste Moral in seinen Schriften mit so viel reizenden Blumen ausgeschmückt findet [...] Das Meisterstück des Richardson sollte billig allen anderen Büchern dieser Art die Leser entziehen, und wir hoffen auch, daß es geschehen werde, wenn anders die in allen ihren Reizungen geschilderte Tugend noch fähig ist, die Menschen für sich einzunehmen«. – *Herder* und Caroline Flachsland lasen gemeinsam den »unsterblichen Richardson«, dessen Romane nach einer Anmerkung Herders bis weit in die 70er Jahre ihre goldene Zeit erlebten (Ausgabe Suphan Bd 18, S. 208; »Briefe zur Beförderung der Humanität«).

Lediglich *K. A. Musäus* (1735–1787) verfaßte ein Parodie »Grandison der Zweite oder Geschichte des Herrn von N.« (Eisenach: Griesbach 1760/62, 3 Bde), »der lachende Satyr hinter dem steifen Pedanten« (A. Ohlmer), in der er zusammen mit Richardsons schwächstem Roman vornehmlich die gedankenlosen Nachtreter der neuen Mode verurteilte; an Rabeners »Satiren« geschult gilt sein Angriff der ermüdenden Weitschweifigkeit und preziösen Motivation der überlangen Brieftraktate. In Nicolais ›Allgemeiner Deutscher Bibliothek‹ schrieb Musäus für die Rubriken »Romane« und »Schöne Wissenschaften« über 400 Rezensionen, in denen er theoretisch den »philosophischen« Roman, der die »innere Geschichte eines Charakters« entwikkelt, über den »historischen« stellt, der »äußere Begebenheiten« beschreibt.

Es ist das Verdienst von *L. E. Kurth*, durch die Wiederentdeckung des vermutlich von *W. E. Neugebauer* verfaßten »Teutschen Don Quichotte«, den *E. Weber* daraufhin mit einem Nachwort im Faksimiledruck der Ausgabe von 1753 neu herausgegeben hat, eine Traditionslinie des komisch satirischen Romans in Deutschland ausgemacht zu haben. »Als literarisches Kunstwerk darf der ›Teutsche Don Quichotte‹ seinen Platz neben den vergleichbaren Romanen von Musäus und Wieland beanspruchen. Er ist, wie ›Grandison der Zweite‹ von J. K. A. Musäus, ein komisch-satirischer Roman, dessen Verfasser sich bewußt in die Tradition Cervantes' und Fieldings stellt. Wie schließlich auch Wielands ›Abentheuer des Don Sylvio von Rosalva‹ ist das Hauptthema beider Romane, in ironischer Verdrehung eines literar-theoretischen Prinzips, die Nachahmung der Literatur in der Wirklichkeit. Verbunden damit ist die Verehrung vermeintlich vorbildlicher Gestalten aus der Welt der Literatur, die als Geschöpfe der gegenwärtigen oder historischen Wirklichkeit betrachtet und imitiert werden« (Jb. d. dt. Schiller-Gesellsch. 9, 1965, S. 129; vgl. auch L. E. Kurth, Die zweite Wirklichkeit, 1969, S. 117 ff.).

Gegenüber der leicht belegbaren Wirkung Richardsons verblassen die vereinzelten Versuche der Forschung, die auf einer Beeinflussung des deutschen empfindsam didaktischen (Brief-)Romans durch den französischen »roman sentimental« bestehen oder die Abhängigkeit Loens und Gellerts von *Prévost* behaupten. (Der »roman sentimental« wird in dem Abschnitt über die La Roche und den deutschen Frauenroman im 18. Jh. erwähnt werden müssen.) Was »Prévost in Deutschland« anlangt, so sind die von Hugo Friedrich für Gellert aufgrund einer oberflächlichen Ähnlichkeit des Hauptthemas und der Motive hergestellten Beziehungen schwer einzusehen. Wenn Gellert

Motive und Schemata des alten Abenteuerromans als gleichgültigen Leitfaden für die Herbeiführung exemplarischer Situationen benützt, auf deren moralische Ausdeutung seine Erzählabsicht einzig ausgerichtet ist, dann ist das grundverschieden von dem psychologischen Interesse, das Prévost auf die leidenschaftliche Willkür seiner Figuren wendet. Überdies wird der Franzose von Gellert nirgends erwähnt, während für Richardson bekenntnishaftes Engagement besteht.

Trotz der geistesgeschichtlich sachgerechten Darstellungen von F. Brüggemann und K. May, nach denen *Gellerts* »Leben der schwedischen Gräfin« den Roman des vorsubjektivistischen quietistischen Lebensideals vorstellt, ist das Werk bis heute Lückenbüßer geblieben für ein Interim, während dem der höfische Barockroman zur Unterhaltungslektüre (galante Roman) denaturiert, Robinsonaden und »Avanturiers« den Markt beherrschen und Wielands Neueinsatz noch nicht stattgefunden hat (W. Kayser, »Entstehung und Krise des modernen Romans«). Kritische Einwände richten sich gegen die künstlerisch angeblich unbewältigten Male einer Übergangszeit. F. J. Schneider (»Die dt. Dichtung d. Aufklärungszeit«, ²1948, S. 308), spricht von einem »seltsamen literarischen Wechselbalge«, in dem stofflich der alte Abenteuerroman mit seiner räumlich weitverzweigten Handlung sowie den krassen Motiven und der puritanische Familienroman Richardsons nicht zusammenstimmen, formal Ich-Erzählung und eingeschobene Briefe unverbunden nebeneinanderstehen. Und N. Miller, der »das Auftreten des fiktiven Erzählers in den Romananfängen des 18. Jhs. und sein Verhältnis zur Zeithaltung der Empfindsamkeit im Publikum« untersuchen will (»Die Rollen des Erzählers«, 1965), verwendet auf die »Schwedische Gräfin« einen unbeholfenen Nebensatz, obgleich ihm gerade hier die Rolle der Ich-Erzählerin den wesentlichen Zugang zum Zeitstil der Empfindsamkeit hätte anbahnen können: »[...] ein mißglückter Versuch, einen Gefühlsroman nach französischem Vorbild und unter Richardsons Einfluß zugleich zu schreiben, [...] eine noch wenig belangvolle Spiegelung europäischer Vorgänge in dem trüben Medium der deutschen Sprache und Literatur dieser Zeit« (S. 44, Anm. 14). Bei derartiger Geringschätzung verwundert es nicht, wenn das aufkommende Interesse an der Trivialliteratur sich *Gellert* und seinem Roman zugewandt hat, um in ihm, wenn schon nicht einen Trivialen, so doch einen würdigen Ahnherrn der modernen Unterhaltungsliteratur zu gewinnen (M. Greiner). Ein merkwürdiger Vorgang, wenn man bedenkt, daß Goethe die Wirksamkeit seines Leipziger Lehrers aus der heiteren Distanz von »Dichtung und Wahrheit« (6. u. 7. Buch) mit der eines »praeceptor germaniae« vergleicht: »Gellerts Schriften waren so lange schon das Fundament der deutschen sittlichen Kultur.« J. v. Eichendorff kommt in seiner Schrift »Der deutsche Roman des 18. Jhs. in seinem Verhältnis zum Christentum« (1851) sogar zu der Behauptung, daß Gellerts Roman »auf eine merkwürdige Weise schon die ganze geistige Signatur der späteren Romanliteratur im Keime enthält und den schlagendsten Beweis von der Gewalt des Zeitgeistes gibt«. Zudem hat Gellert in seiner »Praktischen Abhandlung vom guten Geschmack in Briefen« (1751) eine bislang kaum beachtete Prosatheorie entwickelt, die alle Aufmerksamkeit verdient. Bezeichnenderweise ist sie aus einer Betrachtung über die Briefform hervorgegangen.

Gegen meine Qualifizierung von Gellerts Brieftheorie als einer ihrem historischen Stellenwert nach allgemeinen Stillehre und deren enge Beziehung zur Romanpoetik der Zeit ist von *J. Jacobs* (Gellerts Dichtungstheorie, 1969) Einspruch erhoben worden. Ich möchte annehmen, daß dem Autor des genannten Aufsatzes, der inzwischen selbst die »Prosa der Aufklärung« (1976) im Überblick behandelt hat, bekannt ist, wieweit Rhetoriklehrbücher und vor allem Briefsteller (vgl. R. M. G. Nickisch, Die Stilprinzipien in den deutschen Briefstellern des 17. und 18. Jhs., 1969) vom Literaturbarock über den »Galanten Stil« (C. Wiedemann) bis zur Frühaufklärung die allgemeinen Regeln des Prosastils bestimmen und in welchem Ausmaß die zeittypische auf empfindsamer Selbstanalyse beruhende frühbürgerliche Anthropologie Gellert und seine Nachfolger auch poetologisch aufschlußreich genug dazu veranlaßt hat, der Form des Briefromans den Vorrang einzuräumen. Da es mir nicht möglich ist, diese Zusammenhänge anders als vormals dargestellt zu beurteilen, muß ich J. Jacobs Zweifel, der ihm merkwürdigerweise so evident erscheint, daß er sich die Begründung erspart, hier auf sich beruhen lassen.

Der Brief ist für Gellert »eine freie Nachahmung des guten Gesprächs [...] er vertritt die Stelle einer mündlichen Rede, und deswegen muß er sich der Art zu denken und zu reden, die in Gesprächen herrscht, mehr nähern [...] Man wird es uns daher vergeben, wenn wir zuweilen eine Stelle aus dem Cicero, Quintilian, oder aus einem neueren Skribenten im Vorbeigehen anführen werden«. Wie Gottsched, dessen Schriften er 1742 in »Gedanken von einem guten deutschen Briefe«, »vortrefflich« nennt, lehnt Gellert die »unnatürliche« Schreibart mit ihren »gesuchten Gedanken und spitzfindigen Einfällen« (Neukirchs galante Briefe) und die »gar zu natürliche« als »leer und ohne Geschmack« (Ch. Weise) ab. Die Schreibart in Briefen sei natürlich (»dieses entsteht aus der Richtigkeit und Klarheit der Gedanken und aus der Deutlichkeit des Ausdrucks«) und lebhaft (»die Art den Gedanken sinnlich vorzustellen«), da der »Brief der scharfsinnigen und großen Gedanken nicht fähig ist«. In unwesentlicher Abwandlung tritt Gottscheds Trias (natürlich – sinnreich – lebendig) bei Gellert (natürlich – scharfsinnig – lebhaft) wieder auf. Unter den drei Stilarten oder Schreibarten ist ihm die Lebhaftigkeit von besonderem Wert: »Hier bekommt unsere Einbildung etwas zu tun.« Der Frau ist sie selbstverständlich.

»Die Frauenzimmer sorgen weniger für die Ordnung eines Briefes, und weil sie nicht durch die Regeln der Kunst ihrem Verstande eine ungewöhnliche Richtung gegeben haben: so wird ihr Brief desto freier und weniger ängstlich [...] Sie ist außer der Stunde ihres Affekts in den Augenblicken, wenn sie erzählt oder scherzt, eben so lebhaft in ihren Vorstellungen, eben so fruchtbar an Bildern, eben so naiv bei Kleinigkeiten.

Ob gleich alle Briefe natürlich sein sollen: so müssen es doch die am meisten sein, in welchen ein gewisser Affekt herrscht [...] Wer recht gerührt, recht betrübt, recht froh, recht zärtlich ist, dem verstattet seine Empfindung nicht, an das Sinnreiche, oder an eine methodische Ordnung, zu denken [...] Ein verwegener Ausdruck, der sonst nicht gebräuchlich ist, kann im Affekte schön werden, weil ihn die Heftigkeit meiner Empfindung rechtfertigt.«

Diese Forderungen werden im folgenden auf die »Kunst im Erzählen« allgemein angewandt: »Wir wollen noch etwas weniges sagen von den Briefen, deren Inhalt aus bloßen Erzählungen besteht [...] Wir wollen nicht bloß wissen, was vorgegangen ist, sondern oft auch, wie es erfolgt ist [...] So erzählen, daß man die Sache nicht allein versteht, sondern daß man glaubt, sie selbst zu sehen, und ein Zeuge davon zu sein, das heißt, lebhaft erzählen. Dieses geschieht durch die kleinen Gemälde, die man im Erzählen von den Umständen oder Personen entwirft, insonderheit wenn man die Personen zuweilen selbst reden läßt, und uns dadurch mit ihrem Charakter bekannt macht [...] dieses ist das Verdienst der Erzählung. Selbst wenn sie prosaisch ist, bleibt sie doch allezeit auf gewisse Weise eine Art Poesie« (Zitate aus: »Briefe, nebst einer praktischen Abhandlung vom guten Geschmacke in Briefen«, 1751.).

Mit diesen Einsichten ist *Gellert* über Gottsched hinaus auf dem Wege zu *J. J. Engel* und *Ch. F. Blanckenburg*. Der »Lebhaftigkeit«, die er meint, wird zwar wegen des empfindsamen Horrors vor der Unkontrolliertheit willkürlichen Gebarens noch nicht als affektiver Unmittelbarkeit zu sprachlich freiem Ausdruck verholfen, vielmehr in der Metapher Einhalt geboten; sie wird zunächst vorsichtig imaginiert, d. h. als Gesprächssituation in »kleinen Gemälden« vorgestellt oder in der Briefform korrespondierend in Szene gesetzt. Daran an schließt sich die Forderung, die für den Roman konstitutiv geworden ist: nicht die Fassade der Handlung sondern den ganzen Motivationszusammenhang will der Leser miterleben.

Engel sagt nichts anderes, wenn er über zwanzig Jahre später ausführt, »daß die Erzehlung [hier: Beschreibung] von dem jedesmaligen Zustande einer handelnden Seele, und von dem ganzen genauen

Zusammenhange aller in ihr vorgehender Veränderungen, keine so specielle und vollständige Idee geben kann, als das Gespräche, [...], daß die dialogische Form zur Schilderung von Charakteren unendlich fähiger, als die erzehlende [beschreibende] sey« (J. J. Engel »Über Handlung, Erzählung und Gespräch«, 1774, S. 245f.). Und bei *Blanckenburg* ist der Motivationszusammenhang (Motiv und Handlung), die Verzahnung von Ursache und Wirkung, Grundbedingung des Prosaromans. Er stellt fest, »daß es auf die *Begebenheit selbst* nie ankommen könne; und daß es der *innre Zustand* der Personen sey, der uns beschäftige [...] wenn uns das *Wie* der Sache, wodurch sie wirklich geworden ist, entzogen werden muß, so bald man sie uns nur erzehlt: so – weg mit aller Erzehlung [...] Der Dichter hat in seinem Werke Charaktere und Begebenheiten untereinander zu ordnen und zu verknüpfen [...] so daß sie gegenseitig Ursach und Wirkung sind, woraus ein Ganzes entsteht« (Ch. F. Blanckenburg »Versuch über den Roman«, 1774, S. 305, 98, 313 f.).

Man sieht, daß für Gellerts Prosa der Aufweis exemplifizierter Moral oder weltanschaulicher Gehalte allein wesentliches unterschlägt. Der Dichter selbst hat mit einer fingierten humoristischen Kritik an seinem Roman darauf hingewiesen, daß ihm neben der Belehrung der künstlerische Rang seiner Werke nicht minder wichtig gewesen ist: »Wollen Sie mir etwa sagen [...], daß mein Roman selber ein Catechismus wäre? Ei Ei, Jungfer Muhme, das war zu boshaft gelacht! So beißend hat mich noch kein Mensch kritisiert« (»Praktische Abhandlung«, Anhang 69. Brief).

Auch mit seinem erklärten Mißtrauen gegenüber dem Primatsanspruch der Regel löst sich *Gellert* von Gottsched. Wahrscheinlich haben die praktischen Erfahrungen, die er bei der Arbeit an seinem Roman machen konnte, die Theorie so beeindruckt, daß dieselbe bei ihm immer mehr an Glaubwürdigkeit verliert. In der Rede »Wie weit sich der Nutzen der Regeln in der Beredsamkeit und Poesie erstrecke« (gedr. 1756) heißt es: »Männer von tiefer Einsicht und einem großen Geiste redten und schreiben, ohne die Regeln der Beredsamkeit zu erkennen. Sie folgten den Eingebungen ihres Verstandes und der Empfindung [...] Männer von glücklichem Genie dichteten, um zu vergnügen und zu nützen. Sie folgten den Eingebungen ihres Genies, ihres Geschmackes. Sie erreichten ihre Absicht, und ihre Exempel wurden zu Regeln.« Damit hat sich Gellert von der aufklärerischen Regelpoetik Gottscheds gelöst. Es ist eine andere Frage, inwieweit seine Theorien, die von der Arbeit am Roman herrühren, in diesem selbst schon wirklich geworden sind.

Der Romananfang zeigt sehr schön, wie Gellerts Stilprinzipien auch auf die Kompositionsform Einfluß nehmen, d. h. strukturbildend werden. Die Gräfin, Ich-Erzählerin, beginnt mit der Vorfabel, die als quasi Vorrede in Form eines unpersönlichen Traktats einen

Moral- und Erziehungsbegriff errichtet, den die »Geschichte« exemplifizieren soll. Nach der grundsätzlichen Einstimmung tritt die Ich-Erzählerin aus der abgeklärten Optik reifer Jahre und wird zur Vermittlerin ihrer »Geschichte«, die durch Dokumente, Briefe und wörtlich wiedergegebene Erlebnisberichte, wahrscheinlich und unmittelbar zur Sprache kommen soll. Bei ständiger Betonung der Authentizität bleibt die Vermittlung der Geschichte durch die Ich-Erzählerin indirekt (Auswahl und Gliederung des Geschehens bzw. Anordnung und Verknüpfung der Briefe und Erlebnisberichte) und direkt (sentenziöser Kommentar und Reflexionen über Sprache und Romanform, in denen der Leser namentlich angesprochen wird) immer gegenwärtig. »Es wird am besten sein, wenn ich mich weder lobe noch tadle, und es auf die Gerechtigkeit der Leser ankommen lasse, was sie aus meiner Geschichte für einen Begriff von meiner Gemütsart machen wollen.« – Anstelle der Moralpredigt, des bloßen Geredes über Tugend, tritt jetzt die »Geschichte«, die tugendhaftes Geschehen sichtbar werden läßt, damit um so besser lehrt, »je weniger sie die Miene des Lehrers verrät« (»Von dem Einflusse der schönen Wissenschaften auf das Herz und die Sitten«). Wie die Fabel, demjenigen der nicht viel Verstand besitzt, die Wahrheit durch ein Bild sagen will (»Die Biene und die Henne«), d. h. ein Allgemeines in konkreter Veranschaulichung über die Empfindung für den Verstand stichhaltig macht, so bedarf es hier einer glaubwürdigen Geschichte, die rührt und beeindruckt, damit der Einbildungskraft des Lesers suggeriert, woran sein Verstand glauben soll. Hinsichtlich des Handlungsschemas ist Gellert nicht viel Neues eingefallen. Intrige, Irrtum, Gefangenschaft reißt die Tugendhelden auseinander; am Ende steht die Wiedervereinigung. Doch gerät abenteuerliche Erlebniswelt nirgends zur Darstellung, außer in seelischer Regung, deren quietistisches Ethos in Grenzsituationen (Liebe, Tod, Opfer, Entsagung) geprüft wird. Die Erzählerin distanziert sich ausdrücklich vom Abenteuerroman:

»Unsere Reise ging glücklich vonstatten. Und es ist mir auf einem Wege von ethlichen vierzig Meilen nicht das geringste begegnet. Meine Leser, die viel Romane und Heldenbücher gelesen haben, werden mit dieser Nachricht garnicht zufrieden sein. Hätte mich nicht einer von den jungen Herren, die mich begleiteten, entführten und eine kleine Verwirrung in meiner Geschichte anrichten können? Ich war ja schön [...] und bin auf einem so weiten Wege nicht ein einzig Mal entführet worden? It dieses wohl glaublich?« (DLE, Reihe Aufklärung, hgb. v. F. Brüggemann, Bd 5, S. 168).

Was im höfischen Barockroman als repräsentative und ausgedehnte Lebensbahn innerhalb einer scheinbar von Fortuna verwirrten, in Wahrheit providentiellen Welt vorgeht, ist in der bürgerlichen »realistischen Geschichte« reduziert auf exemplarische Handlungsmomente, Situationen, kleine Szenen, in denen der Mensch äußere Umstände, das Daseinsgeschick nurmehr zum Anlaß nimmt, seine Innerlichkeit im Sinne der kodifizierten Moral erfahrungsseelenkundlich zu erproben, sich zu bewähren oder in eingeschalteten Kontrastgeschichten zu scheitern (Marianenepisode). Gegenständlichkeit wird nur als Gelegenheit inneren Vorgangs relevant: die auszubildende Ordnung der Gemütskräfte steht im Zentrum der Darstellung, der Selbstdarstellung. Die Fiktion erlebnishafter Nähe steht vornan; ihre Mittel sind die direkte Rede und das mimische Gespräch, darin die erfahrungsseelenkundlich geschulte Person das Selbstgespräch immer miteinbezieht. Es wird verständlich, warum für Gellert der Brief, der die »freie Nachahmung des guten Gesprächs« sein soll, zum Aufhänger für seine Prosatheorie werden konnte.

»Vielleicht wird man das, was ich sagen will, am besten aus seinem Briefe selber erkennen« (ebda S. 166).

»Ich weiß, daß es eine von den Haupttugenden einer guten Art zu erzählen ist, wenn man so erzählt, daß die Leser nicht die Sache zu lesen, sondern selbst zu sehen glauben« (S. 208).

»Ich habe noch zween von denen Briefen erhalten [...] Ich will sie unverändert hier einrücken. Es ist immer, als wenn man mehr Anteil an einer Begebenheit nähme, wenn sie der selbst erzählt, dem sie zugestoßem ist« (S. 213).

»Ich will das übrige so erzählen, wie er mirs mündlich erzählet hat« (S. 233).

Stärker noch als in der Anordnung und Verknüpfung der Dokumente erscheint die Ich-Erzählerin in sentenziösen Kommentaren (Sentenz und Traktat) und sprachkritischen Anmerkungen. Besonders letztere, die ausschließlich unter den »Unsagbarkeitstopos« (E. R. Curtius) fallen, sind aufschlußreich:

»Ich wollte wünschen, daß ich sagen könnte, was von der Zeit an in meinem Herzen vorging [...] sein Herz war mir unbeschreiblich angenehm [...] Meinen Schmerz über diese Nachricht kann ich nicht beschreiben. Die Sprachen sind nie ärmer, als wenn man die gewaltsamen Leidenschaften der Liebe und des Schmerzes ausdrücken will [...] Ich suche die Worte vergebens, mit denen ich ihre Zärtlichkeit gegen ihren Mann beschreiben will [...] Ich kann nicht sagen, wie mir ward. So viel weiß ich, daß ich kein Wort aufbringen konnte« (ebda S. 166, 168, 180, 191, 208).

Hier werden die Grenzen Gellerts deutlich. Die Spannung, eine »Geschichte« entweder als eine sich zugetragene oder als eine sich zutragende zu erzählen, stellt sich ihm vom sprachlich Stilistischen her als das Problem von exemplarischer Welt- und Lebensanschauung, in der »Richtigkeit, Klarheit und Deutlichkeit« walten, und subjektiver Erlebnisunmittelbarkeit, in der »Sinnlichkeit, Lebhaftigkeit und Lebendigkeit« wirklich sind. Die Lösung, die dem »empfindsamen« Gellert einzig zu Gebote stand, hat in der beschriebenen Imagination von Lebhaftigkeit – das im Brief inszenierte (Selbst-)Gespräch und wiedergegebene direkte Rede – ihr Äußerstes. Tatsächlich scheint Gebundenheit in bürgerlich empfindsamer Moral die Sprache des willkürlichen Affekts zu meiden, die in ihren suggestiv verführerischen Möglichkeiten auch noch nicht verfügbar war. Bei ihm überwiegt die vielfach gebrochene, vermittelte, d. h. verstandesmäßig bewältigte Sprache.

Die Erzählperspektive der Ichform, die Identität von Erzähler und Romanfigur, wie sie Gellert in seiner »Schwedischen Gräfin« handhabt, die den Anspruch erhebt, von einer wahren Geschichte zu handeln und durch die eingefügten Dokumente den Eindruck der Authentizität noch steigert, verweist in ersten Annäherungen auf die Erzählhaltung in Wielands »Geschichte des Agathon« (Vorbericht zur ersten Ausgabe 1767) und wendet sich ab von dem äußerst zählebigen alten Romanbegriff, der noch 1777 in Adelungs »Wörterbuch der hochdeutschen Mundart« auftaucht: »[...] im weitesten Verstande eine jede erdichtete wunderbare Geschichte [...] Im engsten Verstande ist der Roman eine wunderbare, oder mit Verwirrungen durchwebte Liebesgeschichte«. Zum anderen hat diese Erzählperspektive bei Gellert die Eigentümlichkeit, durch ständige Selbstreflexion die geistige Bewältigung der Geschichte hervorzukehren, was darauf hinweist, daß die Erzählerin an einem Bewußtsein teilhat, das allgemeine Gültigkeit beansprucht; diesem federführenden »Geist der Erzählung« (Th. Mann) bleibt die Sprache untertan.

Für die Entwicklung dieses Romantyps, den Richardson, Gellert, Hermes und die La Roche paradigmatisch vorstellen, ergibt das Studium der großen Bibliographien und der Meßkataloge folgendes Bild. Abgesehen von den Neuauflagen und Nachdrucken der Richardson-Übersetzungen, von Gellert (1747/48), Pfeil (1755), Hermes (1766) und der anonym erschienenen »Geschichte eines Frauenzimmers [...] aus den Originalbriefen der Mlle Ch. F.« (1766) sind es in den Jahren 1750/70 vor allem weitere Übertragungen aus dem Englischen, die den empfindsam lehrhaften Aufklärungsroman in Deutschland repräsentieren (vgl. M. Spiegel, Anhang); daneben ist der Abenteuer- (Pseudo-Robinsonaden) und galante Roman, zahlenmäßig immer schwächer werdend, bis in die 60er Jahre untergründig weiter vorhanden. 1770/90 ist die große Zeit der exemplarischen (Brief-)»Geschichte«, die ihre ursprünglich didaktischen Absichten mit der deutschen Rousseau-Rezeption (1761) und seit Goethes »Werther« (1774) zunehmend zugunsten einer wertfreieren »sensibilité du coeur« aufgibt; zuweilen amalgamieren empfindsame Didaktik und expansive seelische Sensibilität (z. B. J. M. Miller).

Für diese Romane, die meist in mehreren Teilen erscheinen, ist die Wirklichkeitsfiktion, die »wahre Geschichte« gegenüber dem »erdichteten wunderbaren Roman« im Hinblick auf die Glaubwürdigkeit ihrer lehrhaften Tendenz von größtem Wert (Briefherausgabe, hinterlassene Papiere, Tagebuchnotizen). Darin ist sich die Mehrzahl der in Nicolais ›Allgemeiner Deutscher Bibliothek‹ (die seit 1766 die deutsche Romanproduktion ziemlich lückenlos rezensiert) und in Wielands ›Teutschem Merkur‹ schreibenden Kritiker einig. Episodische Dehnung und didaktische Aufdringlichkeit sind die meistgerügten Mängel. – Sozialethische Konfiguration – redlicher Bürger und Tugendheld, adliger Libertin und Bösewicht – erscheint in diesen Romanen reduziert auf den allgemeinen moralischen Gegensatz und seine Auflösung im Sinne der sittlichen Ordnung; der frühaufklärerische sozialkritische Einwand tritt etwas zurück. – Die Gegenständlichkeit der Umwelt (Landschaft, Stadt, Wohnraum etc.) gelangt nur in anthropologischer Schätzung zur Darstellung. Die Figuren der exemplarischen (Brief-)»Geschichte« sind zunächst in ihrem sittlich geistigen Habitus fixierte Positionen, die äußerlich kaum und psychologisch nur formelhaft rhetorisch individualisiert erscheinen. Die Handlung als sukzessiv verlaufender Vorgang ist unwesentlich, von ihr bleibt das Schema; Handlung zerfällt in einzelne Situationen und Szenen, in denen aufgrund innerer oder äußerer Betroffenheit im Bewähren oder Scheitern vorgegebener sittlich religiöser Ordnung (Standhaftigkeit, Redlichkeit, Aufrichtigkeit, Gelassenheit) Innerlichkeit des Menschen erfahrbar wird. Die individuelle Person tritt hinter der Figur bzw. dem moralischen Typus zurück. Oft ist der Versuch unternommen, sie durch verzeihliche Fehler, kleine Eigensinnigkeiten dem Leser näherzurücken. Erst die Subjektivität der Werthernachfolge hat den so oder so eindeutigen empfindsamen Prototyp zum ebenso weltoffenen und leicht affizierbaren wie hochgemuten, darin aber auch ungleich labileren Charakter werden lassen, der rationalistische Selbstkontrolle verschmäht, um seine äußersten Grenzen zu erfahren, oder überhaupt wahnhaft ist. Unter dem Eindruck der Subjektivierung der Romanpersonen wird auch die Umwelt (Landschaft) zum Zwecke der Evokation seelischer Gestimmtheit für die Darstellung entdeckt.

Was die Briefform anlangt, so ist ihr einerseits durch die Aufhebung der Zeitdistanz (Erlebnissituation und Niederschrift bzw. Erzählsituation fallen zusammen) die Nähe der Betroffenheit eigen, andererseits auch die Möglichkeit ausgedehnter Reflexion und Selbstbespiegelung gegeben. Im bürgerlich didaktischen Familienroman des 18. Jhs. war es analog der empfindsamen Sympathetik jedoch vor allem die Fiktion der Intimität und Vertraulichkeit, in die der Leser eingestimmt und aufgenommen wurde, die dann über den Erfolg der Gattung entschieden hat. Außerdem wird beim polyperspektivischen »standortlosen« Erzählen (Mandelkow) im mehrsträngigen Briefroman der Leser ständig zur Herstellung des epischen Vorgangs im Handlungsablauf genötigt, weil er es ist, der, zusammen mit dem Herausgeber der Briefe oder auch allein, den Fluchtpunkt der sich gegenseitig relativierenden Korrespondenzen darstellt; d. h. der Leser ist als ordnendes Bewußtsein unmerklich am Handlungsverlauf mitbeteiligt (»Clarissa«, »Fräulein von

Sternheim«). Die »ordnende Macht« des »urtümlichen ›und dann‹« fehlt also durchaus nicht, wie E. Lämmert annimmt (»Bauformen des Erzählens«, S. 31), sie wird vom Leser ständig hergestellt. – Innerhalb der Briefe dominieren nach der Empfehlung Gellerts »dramatische« Darbietungsformen, die Szene und der mimische Dialog.

Die Romane und ihre Verfasser (eine Auswahl):

Ch. F. Gellert (1715–1769), Das Leben der Schwedischen Gräfin von G. Leipzig: Wendler 1747/48 (1750, 1769, 1770, 1783)

Karl Friedrich Tröltsch (1729–1804), Geschichte einiger Veränderungen des menschlichen Lebens, In dem Schiksale des Herren Ma*** Mit einer Vorrede Von dem Nuzen der Schauspiels-Regeln bei den Romanen, Leipzig: J. Ch. Posch 1753.

–, Geschichte eines Kandidaten oder die Sitten und Schiksale junger Gelehrten in Zween Theilen von T., Franckfurt und Leipzig: G. P. Monath 1753

Liebes- und Lebensgeschichte der schönen und tugendhaften Henrietta. Ffm u. Leipzig 1752

Schule der jungen Frauenzimmer oder Geschichte der Constantia. Breslau 1754

J. G. B. Pfeil (1732–1800), Die Geschichte des Grafen von P. Leipzig 1755 (1756, 1760, 1765)

Leben des Grafen von Yara und der Fräulein von Tendre oder die entlarvten Tugenden und Laster. Ffm u. Leipzig 1757

Folgen der Großmuth und Redlichkeit oder Leben des Herrn B. S. Breslau 1762

Der Wettstreit der Großmuth und Liebe oder Geschichte der beyden Fräulein von Marsange. Ffm u. Leipzig 1762

Begebenheiten der Amalia, eines tugendhaften Frauenzimmers. Leipzig 1764

Geschichte eines Frauenzimmers an der Nieder-Elbe, aus den Originalbriefen der Mlle Ch. F. Hamburg 1766

J. T. Hermes (1738–1821), Geschichte der Miß Fanny Wilkes, so gut als aus dem Englischen übersetzt. Leipzig: Junius 1766 (1770, 1781)

–, Sophiens Reise von Memel nach Sachsen. Leipzig: Junius 1769/73 (1776, 1778, holländisch 1777/78, dänisch 1782, franz. 1800)

Bedenkliche Schicksale des besten und redlichsten Freundes und seiner Freundin, bey ihrer oft geprüften, nie besiegten und doch schlecht belohnten Tugend. Ffm u. Leipzig 1767

Der neue Goldmacher, eine moralische lehrreiche Geschichte. Berlin 1769

Die verfolgte Tugend, oder Briefe des Obersten Talbert. Leipzig 1769

Sophie v. La Roche (1730–1807), Geschichte des Fräuleins von Sternheim. Von einer Freundin derselben aus Original-Papieren und anderen zuverlässigen Quellen gezogen. Hg. v. Ch. M. Wieland. Leipzig: Weidmanns 1771 (1772/73, 1776, 1777, 1783, 1787)

–, Rosaliens Briefe an ihre Freundin Marianne von St. Von der Verfasserin des Fräuleins von Sternheim. Altenburg: Richter 1780/81

Beyträge zur empfindsamen und moralischen Lectüre. Altenburg: Richter 1774

Geschichte des Herrn von Gelbin in Briefen. Dresden: Hilscher 1774
Edwin und Julia, eine Geschichte in Briefen von einem Frauenzimmer. Leipzig 1775
Geschichte des Grafen von R. Ffm u. Leipzig 1775
Geschichte des Herrn von Lerson aus unterirdischen Papieren gezogen. Berlin 1775
Der Kranke, oder Geschichte einer guten Familie. Nürnberg: Bauer u. Mann 1775
J. M. Miller (1750–1814) Geschichte Karls von Burgheim und Emiliens von Rosenau. In Briefen. Leipzig: Weygand 1778/79 (1779, 1779/81)
A. Beuvius, Der Eigensinn des Glücks in den außerordentlichen Begebenheiten des Baron von T. und seiner Familie. Berlin u. Leipzig 1775; ²Berlin: Rottmann 1785
–, Louise von H. oder der Triumph der Unschuld. Eine rührende Geschichte von dem Verfasser des Eigensinn des Glücks. Berlin u. Leipzig 1775; ²Berlin: Rottmann 1784
–, Henriette oder der Husarenraub. In Briefen bey Gelegenheit des gegenwärtigen Krieges. Berlin: Rottmann ⁴1789
–, Rheinhold und Sophie. Eine Geschichte in Originalbriefen vom Verfasser der Henriette oder des Husarenraubes. Berlin u. Leipzig: Decker 1783
J. W. A. Schöpfel (geb. 1752), Martin Flachs. Eine Geschichte des 18. Jhs. Leipzig: Hertel 1775/76
–, Thomas Imgarten, Eine wahre Geschichte. Leipzig: Crusius 1777
J. J. Dusch (1725–1787), Geschichte Karl Ferdiners, aus Originalbriefen. Breslau: Meyer 1777/80
–, Die Pupille. Eine Geschichte in Briefen. Aus dem Nachlaß hg. u. ergänzt vom Verfasser des Siegfried v. Lindenberg (J. G. Müller, gen. Itzehoe) Altona 1798
Wilhelm und Louise, eine Geschichte in Originalbriefen. Altenburg: Richter 1777 (1778)
J. F. von Abel (1751–1829), Beyträge zur Geschichte der Liebe aus einer Sammlung von Briefen. Leipzig: Weygand 1778
Geschichte der Franziska Hartensein, in Briefen. Ein Beytrag zu unsern deutschen Originalromanen. Berlin: Rottmann 1778
Fragmente zu einer Geschichte der Zärtlichkeit aus den Briefen eines Liebenden. Frankfurt: Reifenstein 1778
Fragmente zur Geschichte eines liebenden Jünglings. Für Empfindsame. Halle: Hendel 1778
L. F. von Hopffgarten (1745–1806), Heim, oder die Geschichte des bestraften Eigensinns. In Briefen. Leipzig: Feind 1778
A. G. Meissner (1753–1807), Geschichte der Familie Frink, Leipzig: Weygand 1779
Ch. F. Timme (1752–1788), Faramonds Familiengeschichte, in Briefen. Erfurt: Keyser 1779/81
–, Der Empfindsame, Maurus Pankrazius Ziprianus Kurt, auch Selmar genannt, Ein Moderoman. Erfurt: Keyser 1781/82
Ch. F. Sintenis (1750–1820), Das Buch für Familien. Ein Pendant zu den Menschenfreuden. Wittenberg 1779

–, Die Begebenheiten der Rheinfeldischen Familie. Ein Buch zur Beförderung der Tugend. Ffm u. Leipzig 1779/81

J. Ch. S. Sintenis (1756–1829), Waldro, oder der letzte Vater in der Reihe der Edlen. Halle: Hendel 1780/81

–, Gutmann mit Wilhelmine, oder: Geschichte zweyer sich liebender Seelen. Eine Geschichte nur fürs Herz. Halle: Hendel 1782

F. Th. Thilo (1749–1825), Emilie Sommer, eine Geschichte in Briefen. Leipzig: Lincke 1780/82

–, Joseph von Sonnenthal. Eine Geschichte des menschlichen Herzens. Vom Verfasser der Emilie Sommer. Leipzig: Kummer 1784

J. Friedel (1755–1789), Eleonore, kein Roman, eine wahre Geschichte in Briefen. Berlin u. Leipzig: Rottmann 1780/81

K. Hammerdörfer (1758–1794), Juliens und Karls gesammelte Briefe, eine wahrhafte Geschichte. Leipzig: Lincke 1780

–, Die Familie Wendelheim, eine Geschichte aus unsern Tagen. Leipzig: Dyck 1792

Ch. F. Schwan (geb. 1734), Friz von Elmenau, eine Geschichte aus unserm Jahrhundert. Mannheim: Schwan 1780/86

Karl und Henriette von Thalheim, eine Familiengeschichte. Altenburg: Richter 1781

J. G. Otto (geb. 1761), Fritz Preller, ein Liebesroman in Briefen. Eisenach: Krumbhaar 1781

–, Lilienfeld, eine wahre Geschichte. Eisenach: Krumbhaar 1782

F. W. J. Dillenius (1754–1815), Beytrag zur Geschichte der Zärtlichkeit. Aus den Briefen zweyer Liebenden. Ffm 1778

–, Neuer Beytrag zur Geschichte der Zärtlichkeit; eine wörtlich wahre Geschichte. Leipzig: Schwickert 1788

J. G. L. Hebenstreit (1761–1828), Geschichte Carls, in Briefen an seine Schwester. Leipzig 1782

F. K. A. von Trützschler (1751–1831), Karl von Hellberg. Eine Geschichte. Leipzig: Kummer 1781

–, Geschichte der Emilie Goldbach oder Pflicht und Liebe. Leipzig: Kummer 1782

D. Ch. Seybold (1747–1804), Barbara Pfisterin. Ein Roman aus dem bürgerlichen Leben. Basel: Serini 1782

G. Ch. E. Westphal (1752–1808), Wilhelm Edelwald, die Geschichte eines verlohrenen Sohnes. Leipzig: Weygand 1780

A. Freiherr v. Knigge (1752–1796), Der Roman meines Lebens in Briefen. Riga 1781 (1781, 1783, 1786, 1787, 1805)

–, Ueber den Umgang mit Menschen. Hannover: Ritscher 1788 (bis 1804 acht Neuauflagen)

–, Geschichte des armen Herrn von Mildenburg, in Briefen. Hannover: Ritscher 1789/90 (1792, 1797/98, 1804)

Reinbergs Liebesgeschichte in Originalbriefen. Kein Roman. Leipzig 1784

F. Kratter (1758–1830), Gespräch von Liebe und häuslicher Glückseligkeit. Wien 1784

–, Der junge Maler am Hofe. Eine deutsche Geschichte für Denker und Gefühlvolle. Wien u. Leipzig: Beer 1785

P. Ph. Wolf (1761–1808), Lilienberg, eine teutsche Originalgeschichte. Ffm u. Leipzig: Kletts 1784
–, Tugend und Laster in Erzählungen und moralischen Briefen geschildert. Wien 1785
J. J. N. Neumann (1750–1803), Julie von Rosenfeld. Eine Familiengeschichte [...] Berlin: Maurer 1784
Antiromane, oder Sammlung wahrer Geschichten und Szenen aus dem menschlichen Leben. Magdeburg: Creutz 1785/88
Leopold von Mansfeld. Eine Geschichte in Briefen. Hamburg: Hoffmann 1787 (Vf. angeblich D. H. Hegewich)
Geist der Romane im letzten Viertel des 18. Jhs. Breslau und Hirschberg: Korn sen. 1788
K. Ch. Schirlitz (1760–1813), Lankarts Familie. Erziehungsgeschichte [...] Dresden: Gerlach 1788
–, Karl Rosenheim und Sophie Wagenthal, oder Beyträge zur Erkenntniß des menschlichen Herzens, in Briefen. Meißen: Erbstein 1789
Ch. G. Sachse (seit 1793 Pfarrer zu Elsa bei Coburg), Lindenheim, wieder eine Familiengeschichte in Briefen. 1788/90
J. E. Stutz (1733–1795), Sommerfeldsche Familiengeschichte oder Erziehung mit ihren Früchten. Berlin u. Ff. a. d. O. 1788
–, Frohmanns und Oestlings Familiengeschichte für Eltern und Kinder. Breslau: Korn 1793
J. G. B. Büschel (1758–1813), Die Zöglinge der Natur. Ein Roman, worin Menschen handeln. Prag: Neureutter 1793/94
F. v. Oertel (1764–1807), Sie an Ihn. Eine Reihe von Originalbriefen. Leipzig: Weidmanns 1791
–, Bettina, Geschichte in Briefen. Leipzig: Leo 1794

Literatur:

1. Moralische Wochenschriften

L. Keller, Die deutschen Gesellschaften des 18. Jhs. und die moralischen Wochenschriften, Berlin: Weidmann 1900.
W. Oberkampf, Die zeitungskundliche Bedeutung der moralischen Wochenschriften, Diss. Leipzig 1937.
L. Mackensen, Zeitungen als Quelle zur Sprachgeschichte des 17. Jhs., in: Ostdt. Wissenschaft III/IV, 1956/57, S. 146 ff.
Ch. M. Schröder, Die ›Bremer Beiträge‹. Vorgeschichte und Geschichte einer deutschen Zeitschrift des 18. Jhs., Bremen: Schünemann 1956.
J. Kirchner, Das deutsche Zeitschriftenwesen, seine Geschichte und Probleme, 2 Bde, Wiesbaden: Harrassowitz ²1958/62.
W. Martens, Die Botschaft der Tugend. Die Aufklärung im Spiegel der deutschen Moralischen Wochenschriften, Stuttgart: Metzler 1968.
H. Lengauer, Zur Sprache moralischer Wochenschriften. Untersuchungen zur rhetorischen Vermittlung der Moral in der Literatur des 18. Jhs., Diss. Wien 1972 (masch.).
B. Zwickel, Der europäische Nationalcharakter in den moralischen Wochenschriften des frühen 18. Jhs., Diss. Graz 1973 (masch.).
J. Scheibe, Der »Patriot« und sein Publikum, Göppingen: Kümmerle 1973.

2. Ch. F. Gellert

E. Kretschmer, Gellert als Romanschriftsteller, Diss. Heidelberg 1902.

W. Eiermann, Gellerts Briefstil, Leipzig: Avenarius 1912 (Diss. Kiel 1911).

F. Brüggemann, Gellerts »Schwedische Gräfin«. Der Roman der Welt- und Lebensanschauung des vorsubjektivistischen Bürgertums, Aachen: Aachener Verlags- u. Druckereiges. 1925.

K. May, Das Weltbild in Gellerts Dichtung, Ffm: Diesterweg 1928.

L. Striegel, Der Leipziger Goethe und Gellert, Diss. Tübingen 1934.

K. Russel, »Das Leben der schwedischen Gräfin von G.«, in: MDU 40, 1948, S. 328–336.

U. Rausch, Ph. v. Zesens »Adriatische Rosemund« und Ch. F. Gellerts »Schwedische Gräfin«. Eine Untersuchung zur Individualitätsentwicklung im deutschen Roman, Diss. Freiburg i.Br. 1961 (masch.).

E. K. Grotegut, Gellert: Wit or Sentimentalist?, in: MDU 54, 1962, S. 117–122.

R. H. Spaethling, Gellerts »Leben der schwedischen Gräfin von G.«, in: PMLA 81, 1966, S. 224–235.

C. Schlingmann, Gellert. Eine literarhistorische Revision, Bad Homburg v. d. Höhe: Gehlen 1967 (Diss. Ffm 1965).

W. Martens, Lektüre bei Gellert, in: Festschrift für R. Alewyn, hrsg. v. *H. Singer* u. *B. v. Wiese,* Köln/Graz: Böhlau 1967, S. 123–150.

J. Jacobs, Gellerts Dichtungstheorie, in: Litwiss. Jb. d. Görres-Gesellsch. N. F. 10, 1969, S. 95–109.

D. Brüggemann, Gellert, der gute Geschmack und die üblen Briefsteller. Zur Geschichte der Rhetorik in der Moderne, in: DVjs 45, 1971, S. 117–149.

E. Meyer-Kreutler, Der andere Roman. Gellerts »Schwedische Gräfin«, Göppingen: Kümmerle 1974.

3. K. F. Tröltsch

L. E. Kurth, Karl Friedrich Tröltsch und der Roman der Aufklärung, in: MLN 85, 1970, S. 663–685.

4. J. T. Hermes

R. Prutz, Menschen und Bücher, Leipzig 1862.

F. Buchholz, Hermes' Beziehungen zur englischen Literatur, Diss. Marburg/Lahn 1911.

K. Muskalla, J. T. Hermes. Ein Beitrag zur Kultur- und Literaturgeschichte des 18. Jhs, Breslau: R. Nischkowsky 1910 (Diss. Breslau 1909).

A. v. Rinsum, geb. *Schmitz,* Der Roman »Sophiens Reise von Memel nach Sachsen« von J. T. Hermes als geistesgeschichtlicher und kulturhistorischer Ausdruck seiner Zeit, Diss. Mahrburg/Lahn 1949 (masch.).

G. Schulz, Hermes und die Liebe, in: Jb. d. Friedr. Wilh. Univ. Breslau 6, 1961, S. 369–386.

5. J. J. Dusch

G. Deicke, J. J. Dusch, Straßburg: C. Müh 1910 (Diss. Straßburg 1909).

6. J. Friedel

G. Gugitz, J. Friedel, ein literarisches Portrait der josephinischen Aufklärungszeit, in: Jb. d. Grillparzer-Gesellsch. 15, 1905, S. 186–250.

7. J. M. Miller

H. Kraeger, J. M. Miller. Ein Beitrag zur Geschichte der Empfindsamkeit, Bremen: Heinsius Nachf. 1893.

8. A. Freiherr v. Knigge

J. Popp, Weltanschauung und Hauptwerke des Freiherrn A. v. Knigge, Leipzig: B. Sporn 1931 (Diss. München 1930).

B. Zaehle, Knigges »Umgang mit Menschen« und seine Vorläufer, Heidelberg: Winter 1933.

9. Komisch-satirischer Roman

L. E. Kurth, W. E. N. – Der Teutsche Don Quichotte, Oder die Begebenheiten des Marggraf von Bellamonte. Ein Beitrag zur Geschichte des deutschen Romans im 18. Jh., in: Jb. d. dt. Schiller-Gesellsch. 9, 1965, S. 106–130.

Dies., Die zweite Wirklichkeit. Studien zum Roman des 18. Jhs., Chapel Hill: The Univ. of North Carolina Press 1969.

M. Tronskaja, Die deutsche Prosasatire der Aufklärung, Berlin: Rütten & Loening 1969.

J. Schönert, Roman und Satire im 18. Jh., Stuttgart: Metzler 1969.

E. Weber (Hrsg.), W. E. Neugebauer, Der teutsche Don Quichotte, Stuttgart: Metzler 1971.

Ders., Die poetologische Selbstreflexion im deutschen Roman des 18. Jhs., Stuttgart: Kohlhammer 1974.

E. Geschke, Untersuchungen über die beiden Fassungen von Musäus' Grandisonromanen, Diss. Königsberg 1910.

A. Ohlmer, Musäus als satirischer Romanschriftsteller, Hildesheim: J. Kornacker 1912 (Diss. München 1912).

E. Mayr, Musäus und die englische Literatur des 18. Jhs., Diss. Innsbruck 1958 (masch.).

c) Sophie von La Roche und der deutsche Frauenroman im 18. Jh.

Mit der puritanischen Familienkultur, Richardsons empfindsam didaktischen Briefromanen und den deutschen Nachahmern Gellert, Hermes, Dusch, Timme, Friedel, Hammerdörfer u. a., in diesem eingeengten Raum schulmäßiger Verstandesmoral und Weltfrömmigkeit mit seinen Regeltafeln für Liebes-, Ehe- und Erziehungsprobleme, für Familiengeschichten und rührselige Gefühlsklischees als Ausdruck einer gewissenhaft geübten Selbstbeobachtung, war von allem Anfang an die Frau als der Mittelpunkt des häuslichen Familienlebens, ganz besonders aber mit ihren sentiments und der im Zuge der Zeit erlangten durchschnittlichen Bildung unmittelbar angesprochen; ja, »die Angelegenheiten des Romans sind jetzt zugleich auch die Angelegenheiten der Frau« (Ch.

Touaillon, S. 64). Vermittelnd stehen hier wieder die moralischen Wochenschriften am Beginn einer soziologisch bemerkenswerten Entwicklung. Es galt als ein Zeichen guten Geschmacks und bedeutete zugleich eine Spekulation auf das Publikum, den Zeitschriften weibliche Titelüberschriften zu geben, wie ›Die Tadlerinnen‹ oder ›Das gelehrte Frauenzimmer‹. In den Romanen selbst steht oft eine Tugendheldin (Pamela, Clarissa, Gräfin von G., Fräulein von Sternheim, Emilie Sommer u. a.) im Mittelpunkt anfechtungsreichen Geschehens.

Gottsched hatte in den 30er Jahren seine Gattin Victoria A. Culmus als erste schriftstellernde Frau der modernen Literaturgeschichte vorgestellt, Richardson und Gellert billigten den Frauen hohe Fähigkeit im Schreiben anmutiger und natürlicher Briefe zu, und auf diesem Gebiet nahm die Frau des 18. Jhs. im Zeitalter der Epistolomanie tatsächlich eine beachtliche und angenehme Stellung ein. Jedenfalls ist der bürgerlich empfindsamen Familienkultur ein stark femininer Akzent eigentümlich, der in der Briefleidenschaft eine wesensadaequate literarische Ausdrucksform gefunden hat, die den Briefroman über die Spätromantik hinaus (Briefbücher der Bettina v. Arnim, »Goethes Briefwechsel mit einem Kinde«, 1835; »Die Günderode«, 1840; »Cl. Brentanos Frühlingskranz«, 1844) bis ins 20. Jh. vereinzelt weiterleben läßt; und zwar vorwiegend von Schriftstellerinnen gepflegt (E. v. Heyking, »Briefe die ihn nicht erreichten«, 1903; R. Huch, »Der letzte Sommer«, 1910; L. Rinser, »Mitte des Lebens«, 1950). Wer die Literaturgeschichte des 18. Jhs. daraufhin durchsehen wollte, »der könnte mit leichter Mühe eine ganze Menge von Celebritäten zusammenbringen, deren Lorbeeren hauptsächlich im Schatten der Schürze gewachsen sind« (R. Prutz, »Menschen und Bücher«, 1862, S. 106).

In den »Patriotischen Phantasien« (Bd I, Berlin 1775) von *J. Möser* gibt eine Textstelle, »Schreiben an meinen Herrn Schwiegervater«, die sich der »heutigen Erziehung der Töchter« satirisch annimmt, mit wünschenswerter Deutlichkeit Aufschluß darüber, wie irritiert selbst der Historiker dem zeitgeschichtlichen Phänomen der vom Ideal der Hausmutter abweichenden, gesellschaftsgewandten und bildungsbeflissenen Frau gegenübersteht. Der Mann wünsche sich eine »rechtschaffene christliche Frau, von guten Herzen, gesunder Vernunft, einem bequemen häuslichen Umgange, und lebhaften doch eingezogenen Wesen; eine fleißige und emsige Haushälterinn, eine reinliche verständige Köchin und eine aufmerksame Gärtnerin«. Die »jetzigen Schönheiten sind ohnehin so fein, so zart und so geistig [...] sie sind so changeant, daß man es fast nicht wagen kann, mit dem Pinsel oder der Feder daran zu kommen, ohne etwas davon zu zerstören. Was dem guten Mann am seltsamsten vorgekommen ist, ist dieses, daß er keine einzige gesund angetroffen hat. Alle haben sich über eine Schwäche der Nerven, und einige über

Migräne und Wallungen beklagt. Zwei haben ihre Sinnen dergestalt verfeinert gehabt, daß die eine von dem Schnurren eines Rades, und die andere von dem Geruch eines kurzen Kohls in Ohnmacht gefallen sind. Die mehrsten haben französisch und immer die Worte tant pis und tant mieux überaus zierlich gesprochen. Alles ist Empfindung an ihnen gewesen [...] Einmal ist ihm eingefallen, mit ihnen von Kartoffeln mit Senf zu reden, er hat sich aber dergestalt lächerlich gemacht, daß man mit ihm eine geschlagene Stunde von nichts als dem Belisaire des Marmontel gesprochen. Die Farbe der Nachtmütze, womit Voltaire zu Fernex bisweilen aufs Theater springt, ist keiner unbekannt gewesen.«

Als *Sophie v. La Roche, geb. Gutermann* (1731–1807), die Jugendfreundin Ch. M. Wielands, fast 40jährig zu schriftstellern begann, sollte diese Beschäftigung die Verfasserin vor drohender Einsamkeit schützen (vgl. »Briefe über Mannheim« und »Melusinens Sommerabende«). Geübt in französischer Konversation und Korrespondenz war die dem kurfürstlichen Hof zu Mainz und Trier verbundene Freifrau 1770 vorerst selbst unter der Obhut Wielands nicht in der Lage, den Anschluß an die hochdeutsche Literatursprache zu vollziehen. Unter den literarischen Vorbildern sind neben Richardson und dem französischen »roman sentimental« die »Lettres Portugaises«, Mme de Lafayette und der französische Frauenroman (wie ihn M. v. Waldberg, »Der empfindsame Roman in Frankreich«, 1906, beschrieben hat), vor allem auch die in ihrem Erscheinungsjahr ins Deutsche übertragene »Julie ou la Nouvelle Héloïse« (1761) von *J. J. Rousseau* (1712–1778) zu nennen.

Mit ihrem ersten Roman »Die Geschichte des Fräuleins von Sternheim. Von einer Freundin aus Originalpapieren und anderen zuverlässigen Quellen gezogen«, 1771/72, hg., mit einer Vorrede und philiströsen Anmerkungen versehen von Ch. M. Wieland, ist sie unter den literarisch Gebildeten in aller Munde. Das Buch erfuhr eine glänzende Aufnahme, in den nächsten 15 Jahren erschienen fünf Neuauflagen, dazu Übersetzungen ins Französische, Englische und Holländische. Ältere und jüngere Generation erwiesen gleichermaßen Hochachtung und begeisterte Zustimmung: wegen der lehrhaften Aufklärungsethik die einen (Sulzer, Nicolai), wegen der ausdrucksstarken sentiments die anderen (Lenz, Herder, Goethe). Im August 1771 schrieb Herder an Merck: »Alles was Sie mir von der Verfasserin der Sternheim sagen, sind für mich wahre Evangelien«; und Goethe rezensierte am 14. Februar 1772 in den ›Frankfurter Gelehrten Anzeigen‹: »Die Herren irren sich, wenn sie glauben, sie beurteilen ein Buch – es ist eine Menschenseele.«

Neu im Roman der La Roche ist die wohl von Rousseau angeregte Hingabe der schwer geprüften Sophie v. Sternheim an philanthropische und physiokratisch soziale Ideen, in deren Ausübung sie die Widrigkeit ihres Schicksals überwindet, bevor sie endlich doch noch glückliche Lady Seymour wird. Die selbstbewußte Behauptung praktischer Vernunft im idealistischen Sinne, der die Kultivierung empfundenen Schmerzes (joy of grief) nicht das letzte Wort sein kann, hebt sie über die empfindsamen Heldinnen des exemplarischen Aufklärungsromans hinaus: »Das Mädchen macht eine ganz neue Gattung von Charakter aus [...] Sie begnügt sich nicht, gut zu denken; alle ihre Gesinnungen müssen Handlungen werden«, heißt es im Roman. Aufklärerisch dagegen ist die rationalistisch sentimentale Analogie von physikalischer und moralischer Welt: »Ich lege mich an mein Fenster und sehe, wie getreu die Natur die Pflichten des ihr auferlegten ewigen Gesetzes der Nutzbarkeit in allen Zeiten und Witterungen des Jahres erfüllt [...] Warum ist die moralische Welt ihrer Bestimmung nicht ebenso getreu, als die physikalische?«. Eine Konsequenz solcher Naturbetrachtung und Analogie ist das Bild der Natur, das seelische Befindlichkeit evoziert; bei der La Roche klingt es an.

Innerhalb der verschiedenen Korrespondenzen bemüht sich die Schriftstellerin um sprachliche Individualisierung der einzelnen Schreiber. Auch was die Herausgeberfiktion und die kompositorische Fügung der Briefe anlangt, geht sie wesentlich über ihre Vorbilder hinaus. Die vertraute Kammerzofe der Sternheim, Rosina, Schwester der Emilia, an die Sophie ihre Briefe geschrieben hat, hat diese Schriftstücke und Aufzeichnungen gesammelt, mit den Abschriften anderer zusammengefügt, geordnet und sie zum Zwecke der Unterhaltung, jedoch vor allem der Belehrung und Unterweisung an eine Freundin gesandt. Die artifizielle Umschreibung des Didaktischen erreicht bei der La Roche einen Grad der Reife, die das Buch auch im Verstande der Zeitgenossen zu einem Höhepunkt des exemplarischen Aufklärungsromans in Deutschland hat werden lassen. (Das spätere Werk »Rosaliens Briefe an ihre Freundin Marianne von St.« (1779/81) konnte an die künstlerische und gesellschaftliche Wirkung des Erstlings nicht anknüpfen.)

In der Tradition der *La Roche*, mehr noch in derjenigen, die durch *J. J. Rousseaus* »Nouvelle Héloïse« (1761) und *E. Youngs* »Night Thoughts on Life, Death and Immortality« (1742/45, dt. 1754) sowie durch *Goethes* »Werther« (1774) begründet wird, stehen die folgenden Frauenromane, von denen die gerade Entwicklungslinie zum subjektivistischen Seelenroman der Frühromantik (S. Mereau, A. Fischer-Venturini) führt:

Eleonore Thon, geb. Röder (1756–1807): Julie von Hirtenthal. Eine Geschichte in Briefen. Eisenach 1780/83
–, Briefe von Karl Leuckford. Eisenach 1782
Dorothea Margarete Liebeskind, geb. Wedekind (1765–1800): Maria. Eine Geschichte in Briefen. Leipzig 1784

Friederike Lohmann, geb. Ritter (1749–1811): Clara von Wallburg. Leipzig 1796
–, Claudine Lahn oder Bescheidenheit und Schönheit behält den Preis. Leipzig 1802
Friederike Helene Unger (1751–1813): Julchen Grünthal. Bln 1784. (Der zweite Teil des Romans »Julchen Grünthal, eine Pensionsgeschichte«, Bln u. Fr. a. d. O. 1788, ist von J. E. Stutz.)
–, Melanie oder das Findelkind. Berlin 1804
–, Albert und Albertine. Berlin 1804
Christiane Benedicte Naubert (1756–1819): Der Amtmann von Hohenweiler. Eine wirkliche Geschichte aus Familienpapieren gezogen. Leipzig 1787
–, Pauline Frankini. Leipzig 1789
–, Marie Fürst. Leipzig 1792
(ferner eine Reihe von geschichtlichen Romanen, die nicht in diesen Zusammenhang gehören, vgl. *Ch. Touaillon* S. 341/447 und *K. Schreinert*, B. Naubert. Ein Beitr. z. Entstehungsgesch. d. historischen Romans in Dtschl. Berlin: Ebering 1941.)
Sophie Tresenreuter (geb. 1755): Lotte Wahlstein oder glückliche Anwendung der Zufälle und Fähigkeiten. Kopenhagen 1790/91
Christiane Sophie Ludwig (1764–1815): Die Familie Hohenstein oder Geschichte edler Menschen. Thorn 1793
Therese Huber (1764–1829): Die Familie Seldorf. Eine Geschichte. Tübingen 1795
Wilhelmine Karoline von Wobeser (1769–1807): Elisa oder das Weib wie es seyn sollte. Leipzig 1795 (bis 1811 sechs Neuaufl. übersetzt ins Englische 1799 und Französische 1803)
Sophie Mereau (1770–1806): Das Blütenalter der Empfindung. Gotha 1794
–, Amanda und Eduard. Roman in Briefen. Ffm 1803
Karoline Auguste Fischer-Venturini (1764 bis nach 1822): Die Honigmonathe. 1802
–, Der Günstling. 1809

Literatur:
A. v. Hanstein, Die Frauen in der Geschichte des deutschen Geisteslebens des 18. und 19. Jhs., 2 Bde, Leipzig: Freund & Wittig 1899.
U. Nolte, Die Entwicklung der weiblichen Bildung von der Aufklärung bis zur deutschen Romantik, Diss. Mainz 1952 (masch.).
M. Lachmanski, Die deutschen Frauenzeitschriften des 18. Jhs., Diss. Berlin 1900.
B. Dedner, Topos, Ideal und Realitätspostulat. Studien zur Darstellung des Landlebens im Roman des 18. Jhs., Tübingen: Niemeyer 1969.
Ch. Touaillon, Der deutsche Frauenroman des 18. Jhs. Wien: W. Braumüller 1919. (Reprographischer Nachdruck Bern/Ffm: Lang 1976)
N. Halperin, Die deutschen Schriftstellerinnen in der zweiten Hälfte des 18. Jhs. Versuch einer soziolog. Analyse. Quakenbrück: C. Trute 1935 (Diss. Ffm 1934).
L. Assing, Sophie v. La Roche, die Freundin Wielands. Berlin: Janke 1859.

W. Milch, Sophie v. La Roche. Die Großmutter der Brentanos. Ffm: Societäts-Verl. 1935.
K. Ridderhoff, Sophie v. La Roche, die Schülerin Richardsons u. Rousseaus. Einbeck: Schroedter 1895. (Diss. Göttingen 1895.)
W. Spickernagel, »Die Geschichte des Fräuleins von Sternheim« von Sophie v. La Roche u. Goethes »Werther«. Greifswald: Adler 1911. (Diss. Greifswald 1911.)
C. Riemann, Die Sprache in Sophie La Roches Roman »Geschichte des Fräuleins von Sternheim«. In: Wissenschaftl. Zs. d. F.-Schiller-Univ. Jena, Gesellsch. u. Sprachw. Reihe 8, 1958/59, S. 179–193.

2. *Der bürgerliche verfassungskritisch-reformistische Staats- und Gesellschaftsroman*

a) Romanische Vorbilder. – Die europäische Hofliteratur (B. Castiglione, B. Gracián) und J. Barclays »Argenis«

Die Staats- und Gesellschaftsromane des 17. und 18. Jhs. sowie die Sonderformen des Fürstenspiegels (Fénélon, Télémaque, 1658; J. F. Marmontel, Bélisaire, 1766) und der Bücher über den Hof- und Weltmann sind inhaltlich bezogen auf Grundprobleme der europäischen Verfassungsgeschichte, die sich für R. Kosellecks These nach den konfessionellen Bürgerkriegen als die Auseinandersetzung zwischen absolutistischer Staatsidee und bürgerlichem Gesellschaftsverständnis darstellt. Mit dem Souveränitätsbegriff, wie ihn N. Machiavelli (1469–1527) in »Il Principe« (1513 verf., 1532 erschienen) und Jean Bodin (1530–1596), Ratgeber König Heinrich III. Valois, in den »Les six Livres de la Republique« (1576, lat.: »De Republica Libri sex«, 1586) entworfen hatten, dessen Risiken Th. Hobbes (1588–1679), »Leviathan« (1651), in Deutschland S. Pufendorf (1632–1694), »De iure naturae et gentium« (1672) bedacht haben, rivalisiert die Lehre vom Gesellschaftsvertrag, wie sie von J. Locke (1632–1704), »Two Treatises of Government« (1690), Montesquieu (1689–1775), »L'esprit des lois« (1748) und J. J. Rousseau (1712–1778), »Contrat social« (1762) entwickelt und im 18. Jh. mit großer propagandistischer Wirkung diskutiert wurde.

Aufgrund formal vergleichbarer zeitgeschichtlicher Erfahrungen, dem jahrzehntelangen Kampf zwischen Frankreich und Spanien um die Hegemonie in Italien, der die Souveränität der italienischen Mittelstaaten beendete, Vertreibung der Medici aus Florenz, Umwandlung der oligarchischen Signorie in eine Republik mit wechselnden Parteigruppierungen und inferioren Verhältnissen bedeutete, bzw. dem außenpolitisch ohnmächtigen Frankreich der Religionskriege des 16. Jhs., hatten N. Machiavelli und sein ebenbürtiger Nachfolger J. Bodin den nahezu absoluten Führungsanspruch des Herrschers im Sinne des römischen princeps (Machiavelli) oder Fürsten im Sinne der »raison d'être« der »Monarchie Royale« (Bodin) dahingehend zu begründen versucht, daß dieser als Inkarnation zweckrationaler Machtausübung und -sicherung (Machiavelli) bzw. als »bon et iuste Roy«, der zwar allgemeinen Rechtsgrundsätzen (Jus) nicht aber positivem Gesetzestext (Lex) verpflichtet ist, wesentlich aber über alle physischen, institutionellen, sozialen und ökonomischen Bedingungen seiner Herrschaft wissentlich verfügt, am ehesten in der Lage sei, den stets drohenden Angriffen, Veränderungen, Umstürzen wirksam entgegenzutreten und dem »Volk«, dem »Tier mit den vielen Köpfen«, die Ruhe und Befriedung nach innen und außen zu sichern. Der Machtstaat sollte das Triebgeschehen der menschlichen Natur bannen und anarchische Freiheit in gesellschaftliche Ordnung überführen.

Im Rahmen der Hypothese des Gesellschaftsvertrags wurden die Legitimationsprobleme dieses Systems dann insoweit deutlich, als mit der Gegenüberstellung von Fürstensouveränität und Volkssouveränität, Herrscherrecht und Widerstandsrecht, von nun an die unabhängige Handlungsgewalt der summa legibusque solutas potestas in ein Vertragsverhältnis eingebunden worden war, das dem Risiko vorbeugen sollte, daß der Herrscher vom »Monarque Royal« zum »tyran d'exercice« wird, d. h. daß Herrschaft ihrerseits willkürlich verfährt und damit der Inferiorität zum Opfer fällt, zu deren Überwindung sie ursprünglich konzipiert und angetreten war. Auch wenn bei verwirrender Unterschiedlichkeit der englischen, französischen und besonders der deutschen Verhältnisse bis zum Ende des 18. Jhs. die fürstliche Autorität – trotz der immer stärker aufkommenden Kritik durch Bischöfe, Berater, Prinzenerzieher und die Opposition der Stände – weiterhin den souveränen Machtstaat verkörperte, oberster Richter und Herr über Besitz und Person seiner Untertanen blieb, so wurde doch gerade in der exponierten Proklamation des »höheren Rechts« über Adel und Stände und besonders des Notrechts in Situationen allgemeiner Gefährdung durch den Fürsten sowie dessen stilisiertes Bemühen, die eigene Bindung an Regierungsgrundsätze der höchsten Verantwortlichkeit gegenüber der salus publica hervorzukehren, überaus deutlich, wie sehr die einst sakrale Unantastbarkeit des »princeps legibus absolutus« inzwischen von Legitimationsproblemen bedroht war. Der legitime Monarch behauptete sich in Deutschland zwar als alleiniger Inhaber der Staatsgewalt und Inbegriff des Gemeinwesens, doch führte vornehmlich wegen der komplizierter werdenden Wirtschafts- und Verwaltungspolitik, nicht zuletzt aber die Nötigung zur Darstellung der eigenen Legitimation zur Abhängigkeit des Fürsten von Beratern, die nicht nur in technischen Zusammenhängen politischen Handelns, sondern auch in der prinzipiellen Frage nach dessen Rechtmäßigkeit eine immer wichtigere Rolle im Verfassungsverständnis der Zeit zu spielen begannen und die schließlich die Ratgeberfunktion mit dem Wächteramt verbanden. Die politischen Ideen *J. Lockes,* die im bourbonischen Frankreich durch *Montesquieu* ihre klassische Formulierung erhielten, bedeuteten für das liberale deutsche Bürgertum und seine moralkritischen Bildungsvorstellungen eine ständige gesellschaftspolitische Herausforderung, der staatlich absolutistische Praxis auf die Dauer nicht ausweichen konnte. In eben dieser Mission läßt *J. M. v. Loen* seinen »Redlichen Mann am Hofe«, den landadligen Grafen von Rivera an den aquitanischen Hof ziehen:

»Es ist wahr, sprach der Herr von Bellamont weiter, das Landleben hat etwas überaus süsses für einen Geist, welcher die Unschuld, die Freyheit und die Ruhe liebet; Allein, wenn alle tugendhafte und geschickte Leute nur bloß auf ihre eigene Vergnügung denken und auf dem Lande leben wolten, wer würde in der Welt durch seine Beyspiele andere erbauen? Wer würde den Ausbrüchen der wildesten Laster Einhalt thun? Wer würde den Hof, das Land und den Staat regieren helfen? Ich bin zwar nicht der Meynung, fügte der Herr von Bellamont hinzu, daß man sein eigenes Vergnügen dabey aus den Augen setzen müsse. Ich habe vielmehr gefunden, daß diese Art zu denken insgemein einen verborgenen Hochmut zum Grunde hat, und die sicherste Heuchler zu machen pfleget. Es ist nichts natürlicher und den Absichten des Schöpfers gemässer, als daß ein jeder Mensch seine Glückseeligkeit zu befördern sucht. Es gibt aber auch zugleich einige grosse Gemüter, die das mit für ihre Glückseligkeit halten, wenn sie andre können helfen glückselig machen. Man nennet solche Leute Helden, und es ist gewiß, daß ihr Eifer von dem Himmel selbst entzündet wird. Man siehet sie mit einem tapfern Muth wider die Bosheit und Tyranney sich waffnen, und für die Rechte der Menschheit streiten. Man siehet sie immer geschäftig, den einreissenden Unordnungen zu steuern und den allgemeinen Wohlstand des Staates zu befördern. Sie thun desgleichen, mein werthester Herr Graf, sie bewerben sich um die Gunst des Königs; Er hat sich von den Lastern einnehmen lassen, machen sie, daß er zurück kehre und die Tugend liebe« (J. M. v. Loen, Der Redliche Mann am Hofe, S. 8f.).

Der empfindsame *(Loen)*, humoristisch-satirische *(Wieland)* und pragmatisch-sachliche *(Haller)* Ton des deutschen verfassungskritisch reformistischen Staats- und Gesellschaftsromans steht den gedanklichen Gehalten nach unter dem Einfluß der europäischen Hofliteratur und *J. Barclays* »Argenis«. Die Tradition eröffnet 1528 »Il libro del Cortegiano« (Das Buch vom Hofmann) des Grafen *Baldessar Castiglione* (1478–1529). Der einem alten lombardischen Adelsgeschlecht entstammende, in Mantua und Mailand humanistisch erzogene und am Hof des Ludovico Sforza il Moro mit Renaissance, Politik, Kunst und Gesellschaft vertraute Zeitgenosse Machiavellis und Freund Raffaels, der ihn 1514/15 in Rom portraitierte (Louvre), wirkte als Hofmann und Diplomat in den Diensten des bildungsambitionierten Herzogs Guidobaldo da Montefeltro und dessen bewunderter Gemahlin Elisabetta Gonzaga am Hof von Urbino (1504/13); danach war er Gesandter Urbinos in Rom bei Leo III., Soldat im Heer der Gonzaga von Mantua gegen die Franzosen, zuletzt Gesandter von Papst Clemens VII. am Hof Karls V. in Spanien, der ihn zum Bischof von Avila ernannte. Castiglione galt in seiner Zeit als die Verkörperung einer neuen höfischen Lebensform, die politische Weltgewandtheit mit kultivierter Bildung und ethischer Gesinnung verband. »Solange die Höfe bestehen, solange die Fürsten dauern, Damen und Kavaliere zusammenkommen werden, solange Wert und Höflichkeit in unsern Herzen Herberge haben, wird der Name Castigliones gepriesen sein«, schrieb Torquato Tasso in seinem Dialog »Della Corte«.

»Il libro del Cortegiano« (Venedig 1528) erreichte allein im 16. Jh. die stattliche Zahl von über 60 Ausgaben. Es enthält abendliche Dialoge, Unterhaltungen, die am Hofe von Urbino unter Guidobaldos Herrschaft im Kreis der Herzogin Elisabetta der Charakterisierung des idealen Hofmanns gewidmet sind. Am Leitfaden der höfischen Lebensform überhaupt werden die verschiedenen Eigenschaften, Attribute, Wissensgebiete, Kunstbereiche, denen der Hofmann sich gewachsen zeigen soll, zum Gegenstand ebenso rationaler wie urbaner Gesprächskultur. Die an der Unterhaltung beteiligten Personen, die von ihrer landschaftlichen Herkunft und Zusammensetzung her die Einheit Italiens repräsentieren, bewähren untereinander und hinsichtlich der von ihnen bewegten Themen das gleiche »decoro« (Wohlangemessenheit), das letztlich die Harmonie heiter-geselliger Verständigung herbeiführt. In ihr verhalten sich die Gesprächsteilnehmer mit jener sprezzatura (Lässigkeit), die die innere Freiheit des höfischen Menschen gegen sich selbst und seine äußere Distanz gegenüber den Dingen zum Ausdruck bringt. »Una certa onesta mediocrità«, ein gewisses ehrenhaftes Mittelmaß, bei Aristoteles das ethische Maximum, definiert sowohl die persönliche Ausgewogenheit des höfischen Menschen als auch dessen Sich-einfügen in die Gesellschaft. Das vierte und letzte Gespräch diskutiert das Verhältnis des Hofmanns zum Fürsten und behandelt im Überblick verschiedene Staatsformen sowie Grundsätze der Innen- und Außenpolitik. In diesen Teilen neigt Castiglione dazu, einer gemischten Verfassung den Vorzug einzuräumen: der Hof bleibt zentrale Verfassungsinstitution, an der die Hofleute zwar nicht die Träger der Macht sind, aber aufgrund ihrer politischen Fähigkeiten und menschlichen Eignung zur wesentlichen Förderung des Gemeinwohls nicht unerheblichen Einfluß auf den Fürsten ausüben. Castiglione weiß sehr wohl, daß zwischen der humanitas der heiteren Hofgesellschaft und eigentlich politischer Handlungsgewalt ein Abgrund klafft, den zu überbrücken der Hofmann durch vernünftigen Rat und tatkräftigen Einsatz dem Fürst behilflich und von diesem in jener Eigenschaft anerkannt sein soll. Der Hofmann hat bei aller wünschenswerten Neigung zu Kunst, Kontemplation und Grazie die Pflicht zur Aktivität; die Flucht in die Beschaulichkeit, aus der Stadt aufs Land, ist für ihn keine ernsthaft erwägenswerte existenzielle Möglichkeit.

Noch zwei Jahrhunderte später ist es für *Loens* »Redlichen Mann«, den landadligen Grafen von Rivera, keine Frage, ob er dem Aufruf zur gemeinnützigen Bewährung im höfisch-politischen Kräftespiel Folge leisten soll oder sich verweigern darf. Wenngleich der Hof noch das Zentrum ist, aus dem heraus allein politisch verantwortlich gehandelt werden kann, so stehen die Rückzugsgeschichten in Loens Roman doch für das Argument ein, nach dem der bürgerliche oder adlige Hofmann an den Schein höfischer Repräsentation nicht unbedingt oder für immer gebunden sein muß; denn längst verdankt dieser jenem hinsichtlich notwendiger Reformen die besten Einsichten. Loens Titelfigur vereint die gesellschaftlichen Tugenden des alten Hofmanns mit dem nach aufklärerischer Vorstellung allen Menschen gemeinsamen naturgegebenen Moral, vor deren Richterstuhl der Fürst als Normalbürger erscheint und dementsprechend auch nur nach allgemein anthropologischen Maßstäben beurteilt werden kann. Der Ton ist seit Castiglione unerbittlich geworden, bei Loen durch die Härte der zeitgeschichtlichen Situation geprägt: es gibt für den bürgerlichen Schriftsteller bei dem Gedanken an das Gottesgnadentum des Herrschers keine Beruhigung mehr. Die rationale Psychologie aufklärerisch bürgerlicher Gewissensforschung ist auf dem Wege, ein Selbstbewußtsein zu erlangen, das sich anmaßt, die Kategorien Vorsicht, Zweifel, Rechtfertigung an alle staatlichen und gesellschaftlichen Institutionen heranzutragen und niemandem gestattet, sich dieser Prüfung zu entziehen.

B. Castiglione und J. M. v. Loen markieren Anfang und beginnendes Endstadium einer Tradition, der europäischen Hofliteratur, die mit den Büchern des spanischen Jesuiten *Baltasar Gracián* (1601–1658) einen gewissen Wendepunkt erreicht. Die Traktate »El Héroe« (1637), »El Político« (1640), der satirisch getönte allegorische Roman »El Criticón« (3 Teile, 1651/57) und die Aphorismensammlung »Oráculo manual y arte de prudencia« (Handorakel oder Kunst der Weltklugheit, 1647) weisen darauf hin, daß die Einheit der höfischen Lebensform und das Ideal des Hofmanns für den Autor offenbar schon nicht mehr darstellbar sind. Da Gracián dem Hof kultur- und menschenbildende Maßstäbe nicht zusprechen kann, besteht für ihn auch kein Interesse, die Frage nach der Rechtmäßigkeit von Staat und Machtentfaltung zu erörtern. In seinem Verständnis hat die zentrale Verfassungsinstitution ihren politischen Sonderstatus und die kulturell-ethische Vorbildlichkeit eingebüßt. Sie bietet, wie Dasein überhaupt, das Bild eines erbarmungslosen Kampfplatzes, auf dem gefährliches und risikoreiches Leben ausgetragen wird. Wo die Unterscheidung des wahren vom falschen Schein nicht möglich ist, kann die Befreiung des Einzelnen nurmehr durch Enttäuschung (desengaño) stattfinden. In eben dem Maße wie der Hof beispielhaft für die lebenswirkliche Szene einsteht, wird der Hofmann zum Weltmann, die Politik zur angewandten Lebenskunde. »Graciáns Lebenslehre« (W. Krauss), wiewohl aus Versatzstücken der höfischen Kultur abgeleitet, richtet sich nicht ausschließlich an den höfischen Menschen, sondern an Personen verschiedener Stände und die gesamtgesellschaftliche Lebenswirklichkeit, der mit tiefem Mißtrauen begegnet werden muß und durch die hindurch kein Weg und keine Beziehung zu Gott hin führen, weder zum Vater noch zum Sohne:

»Man wende die menschlichen Mittel an, als ob es keine göttlichen, und die göttlichen, als ob es keine menschlichen gäbe. Große Meisterregel, die keines Kommentars bedarf« (Handorakel Nr. 251).

Eine derart gottverlassene und unerlösbare Welt mit ihrer Not und Niedrigkeit, Verstellung und hemmungslosen Rabulistik, kann von demjenigen, der ihre Spielregeln begriffen hat, nurmehr durchschaut und entsprechend manipuliert werden. Der »Héroe« oder kluge Weltmann handelt nicht mehr aus unverrückbaren Grundsätzen, die den Wetterregeln und Wechselfällen des Daseins Einhalt gebieten könnten, sondern aus taktischen oder strategischen Erwägungen. Ihn charakterisiert der von Gracián empfohlene »konzeptistische Stil« (Sprachform des »Handorakel«), der die ebenso gespannte wie kasuistisch beziehungsreiche, lauernd-mißtrauische Opportunität situativer Interessenwahrnehmung meint: abstrakt, mehrdeutig, zuweilen dunkel.

Castigliones urbaner und verständnisvoller Gesprächszusammenhang ist bei Gracián in das sprunghafte Nebeneinander irrlichternder Sentenzen (kalkulierte Handlungsanweisungen) zerbrochen, – Zeichen für die beginnende realistische Einschätzung der vorgeblichen Einheit höfischer Lebensform, die später dann von der moralkritischen Motivation des empfindsamen Helden im bürgerlichen Roman der Aufklärung (Loen) nachhaltig und wirksam in Frage gestellt wird.

Prototypisch für den europäischen Staatsroman des 17. und 18. Jhs. wurde der 1621 in Paris erschienene, lateinisch verfaßte, Ludwig XIII. gewidmete Roman »Argenis« von *John Barclay* (1582–1621), den M. Opitz 1626 ins Deutsche übertrug. Der Autor, Sohn eines schottischen Rechtsgelehrten, in Frankreich von Jesuiten erzogen, 1603 nach England übersiedelt und Geheimsekretär Jakobs I., dessen Gesandter in Deutschland, Ungarn, Savoyen, seit 1618 bis zu seinem Tode am päpstlichen Hof in Rom, war während seiner Jugend durch die Ereignisse der konfessionellen Bürgerkriege zwischen katholischen Ligisten und Hugenotten in Frankreich unter Heinrich III. existentiell betroffen und übernahm diese Erfahrung als Diskussionsansatz, der durch alle staatstheoretischen Erörterungen seines Schlüsselromans hindurch gegenwärtig ist.

Einleitend besprechen Romanfiguren, der Dichter Nicopompus, Hieroleander und der Priester Antenorius, die Möglichkeiten und Grenzen eines Unternehmens, das mit den »Waffen der Wissenschafft« über die Hintergründe und Ursachen des Bürgerkriegs, für den fortuna, König Meleander und der Rebell Lycogenes verantwortlich gemacht werden, aufklären soll:

> »Ich wil schreiben worinnen der König geirret habe; Und wil in diesem unserem Schiffbruche der uns für Augen stehet zeigen auff den heilsamen Ankker / welchen uns die Historien verwichener Zeiten an die Handt geben. Alsdann wil ich solchen Auffrührern jhre Larve wegreissen / daß der gemeine Mann sehe wer sie sindt; daß er erfahre was sie hoffen oder fürchten: daß er lerne wie man sie wieder zum Gehorsam bringen / oder da sie auff jhrer Halßstarrigkeit bleiben / mit jhnen verfahren solle. Ich wil dem Volcke auch die Thorheit seines wütens und tobens nicht berge.«

Auf den Einwand des Antenorius hin, der die offene Kritik als uneffektiv bezeichnet, weil sie von den Rebellen ohnehin unbeachtet bleibe, ihnen im ungünstigsten Fall sogar helfe, da sie die Position des Fürsten weiter schwäche und damit den gleichermaßen der Machtausübung und Selbstkorrektur fähigen Hort möglicher Friedensstiftung zum Schaden des Gemeinwohls erschüttere, entwickelt Nicopompus sein Programm, dem die andern schließlich zustimmen. Danach besteht die Kunst des zeitkritischen Schriftstellers in der verschlüsselnden oder verhüllenden Sprachform, die geeignet sei, ohne weitere Unruhe und Verwirrung eben jene Personen zu erreichen, denen kraft ihres Zugangs zum politischen Handeln auch die vernünftige Überlegung zugetraut werden dürfe, begründete Einwände zu erwägen und sie sich anzueignen (vgl. F. Wahrenburg, S. 66 ff.). An Barclays romanpoetologischem Programm und seinen inhaltlichen Stellungnahmen wird sehr schön ersichtlich, daß der absolutistische Herrschaftsanspruch erst in Gefahr und Legitimationsnot geraten mußte, ehe er als die einzige Alternative zur anarchischen Freiheit der Vielen seine letzte Apotheose erfuhr. Denn der Parteigänger des Königs von England war fest davon überzeugt, daß der Souverän gegenüber der Interessenbeliebigkeit des Adels, der Stände, Parteien und Sekten als einziger Garant des Friedens zu gelten habe. Dem liegt freilich eine schwer vertretbare Vorentscheidung als Bedingung zugrunde: wer sein Handeln aus der Identität privater und öffentlicher Interessen heraus motivieren könnte, der wäre nicht nur berechtigt, das Verhältnis von Politik und Moral für alle andern prinzipiell zu definieren, sondern auch berufen, die Empörer niederzuschlagen und den Bürgerkrieg zu schlichten. Wo aber, wie in Barclays »Argenis«, aufgrund einer zutiefst pessimistischen Anthropologie, die Letztbegründung der Rechtmäßigkeit weltlicher Handlungsvollmacht nur monopolisiert vertreten und aufrechterhalten werden kann, da ist auch die latente Spannung von Staat, Gesellschaft, Bürger, individueller Praxis und geschichtlicher Vernunft, als ständige Herausforderung an den legitimen Herrscher nicht durchzuhalten. Das Ausweichen in die Mythologie, das ein unbewältigtes Problem auf sich beruhen läßt, ist dafür ein Indiz (vgl. die Interpretation von D. Naumann).

Literatur:

Zu B. Castiglione, »Il libro del Cortegiano«:

B. Castiglione, Das Buch vom Hofmann. Übersetzt, eingeleitet und erläutert von *F. Baumgart*, Bremen: Schünemann o. J. (Slg Dieterich 78).

E. Loos, B. Castigliones »Libro del Cortegiano«. – Studien zur Tugendauffassung des Cinquecento, Ffm: Klostermann 1955.

A. Bonadeo, The Function and Purpose of the Courtier in »The Book of the Courtier« by Castiglione, in: Philol. Quaterly 50, 1971, S. 36–46.

Zu B. Gracián, »Oráculo manual«:

B. Gracián, Handorakel und Kunst der Weltklugheit. Deutsch von *A. Schopenhauer*. Mit einer Einl. v. *K. Voßler*, Stuttgart: Kröner 1967.

F. Schalk, B. Gracián und das Ende des Siglo de Oro, in: Romanische Forschungen 54, 1940, S. 265–283 u. 55, 1941, S. 113–127.

W. Krauss, Graciáns Lebenslehre, Ffm: Klostermann 1947.

H. Jansen, Die Grundbegriffe des B. Gracián, Genf/Paris: Droz 1958.

W. Barner, Barockrhetorik, Tübingen: Niemeyer 1970, S. 124 ff.

K.-H. Mulagk, Phänomene des politischen Menschen im 17. Jh., Berlin: E. Schmidt 1973, S. 194–313.

Zu J. Barclay, »Argenis«:

Johann Barclayens Argenis Deutsch gemacht durch *Martin Opitzen*, Nach dem Frantzösischen Exemplar, Jnn Verlegung David Müllers Buchhändlers Jnn Breßlau 1626.

John Barclay, Argenis. Übersetzt von *G. Waltz*, München 1891.

Th. A. Becker, J. Barclay 1582–1621, in: ZVL N. F. 15, 1904, S.

P. Kettelhoit, Formanalyse der Barclay-Opitzschen »Argenis«, Bottrop: W. Postberg 1934.

F. Wahrenburg, Funktionswandel des Romans und ästhetische Norm. Die Entwicklung seiner Theorie in Deutschland bis zur Mitte des 18. Jhs., Stuttgart: Metzler 1976, S. 66 ff.

D. Naumann, Politik und Moral. Studien zur Utopie der deutschen Aufklärung, Heidelberg: Winter 1977, S. 22–90.

b) Johann Michael v. Loen (1694–1776) und sein Roman »Der Redliche Mann am Hofe; Oder die Begebenheiten des Grafens von Rivera« (1740)

»Früher, und von mir kaum noch mit Augen gesehen, machte J. M. v. Loen in der literarischen Welt so wie in Frankfurt ziemliches Aufsehen [...] Bekannt mit der Hof- und Staatswelt und eines erneuten Adels sich erfreuend, erlangte er dadurch einen Namen, daß er in die verschiedenen Regungen, welche in Kirche und Staat zum Vorschein kamen, einzugreifen den Mut hatte. Er schrieb den »Grafen von Rivera«, einen didaktischen Roman [...] Dieses Werk wurde gut aufgenommen, weil es auch von den Höfen, wo sonst nur Klugheit zu Hause ist, Sittlichkeit verlangte [...] Ein zweites Werk sollte gefährlicher für ihn werden. Er schrieb »Die einzige wahre Religion«, ein Buch, das die Absicht hatte, Toleranz, besonders zwischen Lutheranern und Calvinisten zu befördern. Hierüber kam er mit den Theologen in Streit [...] die daraus entspringenden Unannehmlichkeiten veranlaßten den Verfasser, die Stelle eines Präsidenten in Lingen anzunehmen, die ihm Friedrich der Zweite anbot.« Mit unverhohlener Achtung gedenkt Goethe seines Großoheims in »Dichtung und Wahrheit« (2. Buch). Der war in Frankfurt/Main geboren und zur Schule gegangen, studierte 1713/15 Jura in Halle und unternahm von 1716 bis 1724 ausgedehnte Bildungsreisen nach Süddeutschland und Wien, Schlesien, Berlin und Norddeutschland, Holland, Paris und die Schweiz, schließlich nach Oberitalien. 1724 ließ er sich 30jährig in Frankfurt nieder und verfaßte außer dem Roman »Der Redliche Mann am Hofe; Oder die Begebenheiten des Grafens von Rivera. In einer auf den Zustand der heutigen Welt gerichteten Lehr- und Staats-Geschichte« (1740, bis 1771 vier Neuauflagen; noch 1778 verfaßte W. Ch. S. Mylius in Reichards ›Bibliothek der Romane‹ Bd I eine Biographie des Autors und eine ausführliche Würdigung des Romans) und dem populartheologischen Werk »Die einzige wahre Religion« (1750), Reiseberichte und Essays aller Art, deren Thematik von den großen tagespolitischen Problemen bis zu Fragen des bürgerlichen Haushalts sich erstreckte sowie »Moralische Schildereien, nach dem Leben gezeichnet« nach dem Muster von La Bruyères »Caractères«, diese erschienen gesammelt als »Kleine Schriften des Herrn von Loen« in 4 Bden, Ffm u. Leipzig 1749/52.

J. M. v. Loen ist ein ebenso aufklärerisch liberaler wie vielseitig gebildeter Mann. Lebensklugheit kann sich für den Thomasius-Schüler nur in »practischer Wahrheit« niederschlagen, »der gemeinen Not zu begegnen, Mißbräuche zu verbessern, Torheiten abzuschaffen, Recht und Gerechtigkeit zu handhaben, gute Ordnung [...] Ruhe und Frieden in der menschlichen Gesellschaft zu erhalten« (»Freie Gedanken zur Verbesserung der menschlichen Gesellschaft«, Ffm u. Leipzig 1746/47, ²1750, ³1752; Vorrede). Solch praktische Einsichten ergeben sich durch das Studium der menschlichen Seele. Im Vorwort zu den »Moralischen Schildereien« nennt er Theophrast, Montesquieus »Lettres Persanes«, La Bruyère, St. Evremond und Fénélons »Télémaque« als seine literarischen Vorbilder für die »Erkenntnis der Menschen« – darum geht es ihm in diesen Studien, deren erste, »Abbildung des Verfassers in seiner Jugend« überschrieben, bürgerlich empfindsames Selbstverständnis ausdrückt:

»Da ich mich unterfange andre Menschen zu schildern, so ist Ihr Zumuthen gerecht, daß ich mich erst selbst schildern soll. Ich kan solches leicht. Ein Mensch, der sich einbildet, so aufrichtig zu seyn wie ich, muß nichts geheimes und nichts zweydeutiges haben. Er muß sich selbst kennen, ehe er andre beurtheilen will [...] Ich gehöre unter die Zahl der Empfindlichen [...] Ich hasse von Natur allen Zwang [...] Ich ehre die Menschen nach ihren Verdiensten und nicht nach ihrer Geburt [...] Ich betrachte die Höfe, wie das Fegfeuer der Redlichkeit, und halte die Vorzüge des Adels für eine Wahnsinnigkeit in der menschlichen Gesellschaft [...] Ich rede wie ichs denke und öfter mehr als ich soll. Ich hasse keinen Menschen, und freue mich so sehr, wann es andern wohl gehet, als ich Mitleiden verspüre, wann sie unglücklich sind« (»Kleine Schriften«, Bd I, S. 8 ff.).

Diese Tendenzen charakterisieren auch den Roman. Die Sittenlehre und ihre praktische Anwendbarkeit sind »auf das Gantze; und nicht blos auf den Hof, noch auf den Staat, noch auf andre hohe Dinge allein gerichtet. Sie gehen auch auf das häusliche und bürgerliche Leben [...], damit auf solche Weise alle und jede Leser, indem sie Nachricht von andern bekommen, zugleich auch für sich selbst etwas finden möchten, so ihnen zur Lehre und zum Nachdencken dienen könnte« (»Bey Gelegenheit einer sehr höflichen Critic über den redlichen Mann am Hof, an den Weyland gelehrten Superintendenten zu Memmingen, Herrn Christian Erhardt, den 12. Sept. 1741«; mitgeteilt im Anhang zum Neudruck des Romans von K. Reichert 1966, S. 582). Evidenz erhält die Darstellung im Roman dadurch, daß die »Geschichte meist aus der Erfahrung und aus dem gemeinen Leben genommen, sogar daß viele einzele Stücke sich wircklich so zugetragen haben« (ebda, S. 583). Verstärkt in ihrer Wirkung wird die Evidenz der Lehre aber durch ihre artistische Umschreibung in der exemplarischen Fabel:

»Was die Erfahrung anlangt, so nennet man mit Recht dieselbe den besten Lehrmeister. Nichts rühret, nichts überzeuget mehr als Exempeln. Es wird darinn nicht erfordert, daß sie alle wahr seyen. Genug, wann sie wahrscheinlich sind, und auf eine lebhafte und bewegende Art vorgestellet werden. Mein Buch enthält noch was mehr als einen Roman: nemlich eine Schilderey der heutigen Welt nach dem Leben gezeichnet. Der Stoff ist meistentheils aus wahren und einzeln Begebenheiten verfertiget [...]« (ebda, S. 579).

Hier sind die Hauptkriterien des bürgerlichen empfindsam didaktischen oder exemplarischen Aufklärungsromans beim Namen genannt. Loens »Geschichte« von den Begebenheiten des Grafen von Rivera will »mehr« sein als ein »Roman«: nicht willkürlich erfunden, sondern wirklich erfahren. Ihre fabel-hafte Umschreibung dient nur der Wirkung, eben auf erbauliche Art zu belehren. Die angeblich zugrunde liegende empirische Wahrheit der »Geschichte« ist bei Loen allerdings noch nicht in die epische Fiktion eingegangen (z. B. Briefform, Herausgeber). Außerdem finden sich noch Reminiszenzen an den barocken Staats- und Liebesroman und den galanten Roman (erotische Intrige) sowie auffallende Züge des Fürstenspiegels, wenngleich nicht strukturell durchgeführt. Überhaupt sind Vordergrundgeschehen und innere Handlung, der Aufstieg eines Landadligen zum Minister eines absolutistischen Hofes, der Redliche, der kraft seiner Standhaftigkeit und Integrität die Welt dementsprechend sich schafft und einrichtet, mehr in einzelnen exemplarischen Begebenheiten vorangetrieben (fünf selbständige »Lebens-Geschichten« nehmen fünf der insgesamt siebzehn Bücher ein) als in einem in sich motivierten und schlüssigem Ganzen kompositorisch aufeinander bezogen. Loen bemerkte später, daß er gezwungen war, aus der mangelnden Straffheit seines Werkes eine Tugend zu machen: »[...] ich fand endlich selbst, daß ich durch vieles Künsteln das ganze Werck verderben würde. Die überflüßige und unnöthige Stellen müssen also darzu dienen, um die nützliche und nöthige desto besser anzubringen« (S. 580). Das empfindsam psychologische Interesse wendet sich vorwiegend auf die religiösen und sozialethischen Motive (z. B. Einsiedler Pandoresto und die Wirkung seiner »Geschichte« auf den Grafen, 2. Buch; Greenhielms Liebesgeschichte mit Philirene, 8. Buch). Die Beschreibung der Christenstadt »Christianapolis« (II. Buch) ist durch Loens Begegnung mit

N. v. Zinzendorf und seiner Herrenhuter Brüdergemeinde inspiriert; es sei dahingestellt, inwieweit sie eine Utopie genannt werden darf (K. Reichert im Nachwort S. 8*f.).

Sprachtheoretisch vertritt J. M. v. Loen, darin durchaus ein Gefolgsmann Gottscheds, den einfachen Periodenbau, Klarheit und natürliche Lebhaftigkeit im Ausdruck, die seine Prosa im Roman, in den Essays und »Moralischen Schildereien« auszeichnet. Vom galanten Roman, den Robinsonaden und »Avanturiers«, die um 1740 noch den Hauptanteil der gesamten Romanproduktion in Deutschland ausmachen, hat er sich sprachgeschichtlich weit entfernt.

Literatur:

J. M. v. Loen, Der Redliche Mann am Hofe. Frankfurt/Main: J. D. Jung 1740/42; fotomechan. Neudruck, mit Nachwort u. ausführlicher Bibliographie v. K. Reichert. Stuttgart: Metzler 1966.

E. Cohn, J. M. Frh. v. Loen. In: *E. C.*, Gesellschaftsideale u. Gesellschaftsroman des 17. Jhs. Berlin: Ebering 1921, S. 212–224.

M. Wieser, Der erste Höhepunkt der Sentimentalität in J. M. v. Loen. In: *M. W.*, Der sentimentale Mensch. Gesehen aus der Welt holländischer u. deutscher Mystiker im 18. Jh. Gotha: L. Klotz 1924, S.186–218.

H. Friedrich, Loen »Der redliche Mann«, 1740. In: *H. F.*, Abbé Prévost in Deutschland. Heidelberg: Winter 1929, S. 86–94.

H. Haeckel, J. M. v. Loen u. die deutsche Aufklärung. In: ZfRG 6, 1954, S. 36–48.

E. Beutler, Goethes Ahne in Mörfelden. In: *E. B.*, Essays um Goethe. Bremen: Schünemann [6]1962, S. 18–26.

K. Reichert, Utopie u. Satire in J. M. v. Loens Roman »Der redliche Mann am Hofe« (1740). In: GRM N.F. 15, 1965, S. 176–194.

D. Naumann, Politik und Moral. Studien zur Utopie der Aufklärung, Heidelberg: Winter 1977, S. 136–161.

c) Ch. M. Wieland (1733–1813): »Der Goldene Spiegel« (1772). – A. v. Haller (1708–1777): »Usong« (1771), »Alfred« (1773), »Fabius und Cato« (1774).

Auf der Höhe seines literarischen Ruhms, eben als Professor der Philosophie an die kurmainzische Reformuniversität Erfurt berufen (1769), schrieb *Wieland*, Verfasser des »Don Sylvio« (1764), des »Agathon« (1766/67) und der Grazienpoesie (»Musarion«, 1768) einen politischen Roman, den »Goldenen Spiegel« (1772). Wie *F. Sengle* in seiner Wieland-Biographie überzeugend darstellt, bedeutete dies für den 38jährigen Dichterphilosophen den Versuch, die amusische provinzielle Enge der Universitätsstadt zu verlassen und eine Anstellung am Wiener Hofe Josephs II. anzustreben, die ihm neben »Celebrität« die materielle Unabhängigkeit des für seine

Kunst freigestellten Schriftstellers bringen sollte. Insoweit führte Wieland im »Goldenen Spiegel« ein diplomatisches Programm im doppelten Sinne vor, »wie er es zur Erlangung einer neuen Stellung schon öfters getan. Für den künftigen Hauslehrer in Zürich genügte ein knapper Prospekt, bei dem Befürworter einer eidgenössischen Akademie war es schon ein eingehender Aufsatz, für den künftigen Prinzenerzieher und Hofrat braucht es ein gewichtiges Buch mit einem glänzenden Titel. Die Autorität der Höfe ist zwar bereits zu sehr zersetzt, als daß ein höfisches Werk im alten Sinne noch möglich wäre. Überall, sogar in Wien, wünscht man jetzt Aufklärung, Kritik am Überkommenen, Reform, und man tut gut daran, den unerschrockenen Wahrheitsfreund zu spielen« (F. Sengle, S. 260). Das Buch wurde schließlich, nachdem Wieland die hochgespannten Hoffnungen auf die Berufung in ein Hofamt der katholischen Kaiserstadt durch denunziatorische Berichte aus Erfurt über seine angebliche Freigeisterei gefährdet sah, zur Morgengabe an den protestantischen Hof der Herzogin Anna Amalia von Sachsen-Weimar, die Außergewöhnliches von der Erziehung des 15jährigen Erbprinzen Karl August durch den berühmten Dichter, Intellektuellen und Weltmann erwartete. Während die Herzogin hinsichtlich des von Wieland im Roman entwickelten Programms »mehr an die Lehre des Philosophen [glaubte] als dieser selbst« (F. Sengle, S. 270), war es Wieland weniger um die erzieherische Einflußnahme auf den zukünftigen Landesherrn als vielmehr um die mit der Hoflaufbahn verbundene Reputation und gesellschaftliche Publizität zu tun.

Gewiß wollte Wieland mit seinem politischen Buch keinen eigenständigen Beitrag zur aktuellen Diskussion über Souveränitätsidee und Gesellschaftsvertrag bzw. zu Verfassungsproblemen in Groß- und Kleinstaaten liefern, aber es lag nahe, dem erreichten künstlerischen Ansehen und den gesellschaftlichen Ambitionen gemäß zeigen zu wollen, daß ihm ein Metier nicht unvertraut sei, in dem Fénélon, Marmontel, Mercier u. a., in Deutschland gerade auch der alte A. v. Haller, vorangegangen waren. So mochte Iselin, der das Buch in der »Allgemeinen deutschen Bibliothek« (1772) rezensierte, bei vordergründiger Zustimmung über die ästhetisierende Kompromißbereitschaft des Autors in Fragen der aktuellen politischen Theorie nicht hinwegsehen. Es spricht viel dafür, daß Wieland mit der virtuos gehandhabten epischen Fiktion seines Romans der Zensur die Feststellung einer entschiedenen Tendenz des Buches erschweren wollte, überdies dem möglichen Einwand der Fachleute vorzubeugen versuchte, er habe die rasch angeeigneten staats- und verfassungsrechtlichen Fragen der zeitgenössischen Diskussion ungenügend durchdacht und entsprechend beziehungslos zusammengestellt; gegen den

Vorwurf der Unverbindlichkeit hätte sich von der sprachästhetischen Position aus leichter argumentieren lassen.

Die vielfach gebrochene Spiegelung der »wahren Geschichte« wird durch komplizierte Quellenfiktion und dialogische Erzählstruktur hergestellt: es handelt sich um die ursprünglich indisch abgefaßte Chronik der Könige von Scheschian, einem Nachbarstaat Indiens, dessen Sultan Schach Gebal sie anstelle von Märchen zum Zwecke des Einschläferns erzählt wird. Von einem chinesischen Schriftsteller ins Chinesische übersetzt und um die Rahmenhandlung, das »Salongespräch« zwischen Schach Gebal, Nurmahal und den Hofphilosophen Danischmend über den Erzählgegenstand erweitert, liegt der deutschen, gelegentlich veränderten Fassung des gegenwärtigen Herausgebers von 1772 eine lateinische Übersetzung der chinesischen Handschrift zugrunde. Will man das Ganze auf einen einfachen Nenner bringen, so kann von einem »verkappten Dialog« gesprochen werden: »ein Gespräch zwischen dem theoretischen und dem praktischen Politiker, ein Gespräch ohne Ergebnis« (F. Sengle, S. 266 f.). Tatsächlich bleiben die wichtigen Fragen offen, ohne daß daraus auf ein geschichtsphilosophisches Ethos des Autors geschlossen werden dürfte.

Die Geschichte der Könige von Scheschian läßt sich in zwei Teile gliedern: der erste beschreibt die Herrscherwillkür, deren negative Konsequenzen Scheschian an den Rand des Untergangs drängen; der zweite Teil ist der Erziehung Tifans zum aufgeklärten Monarchen gewidmet. Tendenziell vorbereitet durch die vom Gesetzgeber Psammis erdachte Idylle der »Kinder der Natur«, die sich »alle als eine einzige Familie« betrachten (C. M. Wielands sämmtliche Werke, Leipzig: Göschen 1853/58, Bd 7, S. 79), in deren Reich Arbeit und Vergnügen, Gesetz, Moral und Liebe, Denken und Empfinden, zur maßvollen Harmonie der »schönen Natur« wie selbstverständlich zusammenfinden, vollzieht sich auch die Vorbereitung Tifans zum idealen Herrscher Scheschians quasi im Zustand unmittelbarer Gnade: Tifan wird ohne Wissen um seine königliche Abstammung, fern vom Hofe, in einer ländlichen Kolonie durch den weisen Dschengis »stufenweise« in die »erhabenen Ideen der bürgerlichen Gesellschaft, des menschlichen Geschlechts, der Natur, des Ganzen, und seines geheimnisvollen aber anbetungswürdigen Urhebers« (ibd. Bd 8, S. 82) eingeführt und nach seiner Rückkehr vom Volk als moralisch qualifiziert und damit auch politisch legitimierbar zum Herrscher gewählt, ohne daß seine wahre Herkunft bekannt geworden wäre. Der Beste und Würdigste ist zugleich rechtmäßiger Erbe der Macht. Unter der Bedingung der naturrechtlich fundierten Verantwortlichkeit des Fürsten gegenüber Volk und Reich wird das Erbrecht nicht bestritten:

»Zu bedauern ist der Fürst, dessen Herz nicht empfindsam genug ist, das Vertrauen und die Liebe seines Volkes allen Lobgedichten, Ehrendenkmälern, Bildsäulen, Schaumünzen und Inschriften vorzuziehen, womit Dankbarkeit oder Schmeichelei seine Thaten verewigen können.«

[...]

Wehe seinen Untergebenen und ihm selbst, wenn seine Seele von dem Bilde einer allgemeinen Harmonie und Glückseligkeit nicht in Entzücken gesetzt wird! wenn ihm die Rechte der Menschheit nicht heiliger und unverletzlicher sind als seine eigenen! wenn die Gesetze der Natur, mit tiefen unauslöschlichen Zügen in seine Seele gegraben, ihn nicht in allen seinen Handlungen leiten! Mit einem Worte, wehe dem Volke, dessen Beherrscher nicht lieber der beste unter den Menschen als der mächtigste unter den Königen seyn möchte« (ibd. Bd 8, S. 6 u. S. 82).

Die Gesprächspartner sind sich über den regulativen Charakter dieser gedanklichen Konstruktion, Ausdruck der möglichen zwischen Satire und Utopie schwankenden Form bürgerlicher Kritik am Absolutismus, durchaus einig:

»Danischmend, sagte Schach Gebal – ich fange an zu merken, daß du im Sinne hast, uns mit einen Roman zu beschenken [...]

Wenn Ihre Hoheit dieß im Ernste meinen, versetzte der Philosoph, so bin ich genöthigt demüthigst um meine Entlassung anzusuchen. [...] Tifan ist kein Geschöpf der Phantasie; es liegt dem ganzen Menschengeschlechte daran, daß er keines sey. Entweder er ist schon gewesen, oder, wenn er (wie ich denke) nicht unter den itzt lebenden ist, wird er ganz gewiß künftig einmal seyn« (ibd. Bd 8, S. 123 f.).

Freilich bleibt der derart aufgeklärte Monarch die zwar nicht ideale aber doch bestmögliche Regierungsform, weil das »Volk, ein gar launisches grillenhaftes Tier« untauglich scheint, sich selbst zu regieren: »Der Himmel verhüte (sagte Dschengis, da sie sich mit einander über die Sache besprachen), daß Tifan aus der Verfassung seines Vaterlandes ein unförmliches Mittelding von Monarchie und Demokratie mache, welches, eben darum weil es beides seyn will, weder das eine noch das andere ist« (ibd. Bd 8, S. 138). Nur durch verantwortliche Bindung an natürliche Bildung, die allen Menschen zustehenden naturrechtlichen Grundsätze sowie durch Mitwirkung der weisen und besten Bürger des Staates an der Gesetzgebung kann die unreflektierte Willkür des Alleinherrschers gebrochen werden. Die in der absolutistischen Staatstheorie durchgeführte Trennung von Untertan und Mensch hatte es ermöglicht, auch den Fürsten als Menschen nach moralkritischen Maximen zu beurteilen und seinen politischen Machtanspruch von deren Erfüllung abhängig zu machen.

Abschließend seien im Zusammenhang dieses Abschnitts drei politische Romane genannt, die der 70jährige, von Göttingen nach Bern heimgekehrte *Albrecht von Haller* (1708–1777) nach Abschluß seiner naturwissenschaftlichen Lehr- und Forschungstätigkeit verfaßte.

»Ich schreibe am Rande des Grabes unter fast ununterbrochenen Schmerzen, und bey einer gesunkenen Gesundheit, wo freylich das rosenfarbe der Einbildung, und der angenehme Reiz der Fröhlichkeit nicht mehr in meinem Vermögen ist. Ich meine, aufrichtig meine ich es, die Wahrheit zu sagen« (Vorwort zu »Fabius und Cato«, 1774).

Für den alternden, durch Krankheit geschwächten Gelehrten, dem in seiner Jugend der Ruf des »Poeten« in seiner Vaterstadt Bern die bürgerliche Berufsausübung erschwert und die Berufung in ein Staatsamt verwehrt hatte, war die bei Wieland vielseitig motivierte ästhetische Integration seiner kulturphilosphischen und verfassungsrechtlichen Gedankengänge eingestandenermaßen kein ernsthaftes Problem mehr. Abgesehen davon, daß er von der Romanform und dem damit für das Publikum verbundenen Schein der Erbaulichkeit eine Stärkung der didaktischen Intention erhoffen durfte (Vorrede zum »Alfred«, 1773), fielen für den Vertreter der Offenbarungsreligion (»Briefe über die wichtigsten Wahrheiten der Offenbarung«, 1772) das ontologisch Wahre und der wahrhaft schöne Schein ohnehin zusammen. Die Behauptung des Vorrangs, den Historie, aktuelle politische Lehre und Theologie inhaltlich einnehmen, erinnert an die Anfänge der Romantheorie in Frankreich und Deutschland (vgl. S. 12 ff.).

In den drei Romanen »Usong. Eine Morgenländische Geschichte« (Bern 1771), »Alfred König der Angel-Sachsen« (Bern u. Göttingen 1773), »Fabius und Cato. Ein Stück der römischen Geschichte« (Bern u. Göttingen 1774) versucht Haller, die für seine Zeit denkbaren drei Regierungsformen zu diskutieren: aufgeklärten Despotismus, konstitutionelle Monarchie und aristokratische Republik. Gegen Rousseau und mit Montesquieu befürwortet er eine gemischte Verfassung, die dem Volk gestattet, am Regieren teilzunehmen. Wie Usong den vernünftigen Rat seiner Untertanen anhört, Polizei und Verwaltung inspiziert, kostspielige Repräsentation vermeidet, dafür gemeinnützige Einrichtungen, z. B. die Verkehrswege zur Hebung des Handels, fördert, über die Trennung der Militärs von Rechtspflege und Verwaltung wacht, kurz, wie sich der Alleinherrscher selber moralischen Prinzipien unterwirft, um der Glückseligkeit der im Gemeinwesen vereinigten Bürger willen, ebenso sind Adel und Patriziat, aber auch die »Gemeinen«, die »doch das Volk am eigentlichsten ausmachen«, auf das gesetzlich abzusichernde Gleichgewicht der Gewalten verpflichtet, das in »Alfred« durch die privilegierte Elite, in »Fabius und Cato« durch die aufrührerische Volksseele bedroht erscheint. Schließlich steht im vierten Buch von »Fabius und Cato« die aristokratische Staatsverfassung prototypisch für eine gemischte Regierungsform des vollkommenen Gleichgewichts.

D. Naumann hat in seinem Aufsatz »Zwischen Revolution und Bewahrung. Zum historischen Standort der Staatsromane A. v. Hallers« (1976) mit Blick auf den gegen Haller gerichteten Konservativismus Vorwurf die berechtigte Frage gestellt, ob die »Inkonsequenzen und Halbheiten des Berner Patrizier«, die Scheinlösungen bewußt aus dem Wege gehen und immerhin am »Postulat« des stets bedrohten Gleichgewichts« der politischen Kräfte unbeirrbar festhalten, »nicht auch ihr historisches Recht haben«.

Literatur

Zu Wielands »Goldenem Spiegel«

F. Sengle, Wieland, Stuttgart: Metzler 1949.

C. Sommer, Ch. M. Wieland, Stuttgart: Metzler 1971 (Slg Metzler 95).

O. Vogt, Der »Goldene Spiegel« und Wielands politische Ansichten, Berlin: A. Duncker 1904.

A. E. Ratz, Ch. M. Wieland: Toleranz, Kompromiß und Inkonsequenz, in: DVjs 42, 1968, S. 493-515.

J. Jacobs, Wielands Romane, Bern/München: Francke 1969.

St. R. Miller, Die Figur des Erzählers in Wielands Romanen, Göppingen: Kümmerle 1970.

D. Naumann, Politik und Moral. Studien zur Utopie der deutschen Aufklärung, Heidelberg: Winter 1977, S. 162–188.

Zu A. v. Hallers Staatsromanen

Ch. Siegrist, Albrecht von Haller, Stuttgart: Metzler 1967 (Slg Metzler 57).

M. Widmann, A. v. Hallers Staatsromane und Hallers Bedeutung als politischer Schriftsteller, Biel: E. Kuhn 1894.

R. Toellner, Albrecht von Haller. Über die Einheit im Denken des letzten Universalgelehrten, Wiesbaden: Steiner 1971 (Sudhoffs Archiv, Beiheft 10).

D. Naumann, Zwischen Reform und Bewahrung. Zum historischen Standort der Staatsromane A. v. Hallers, in: Reise und Utopie. Zur Literatur d. Spätaufklärung, hrsg. v. *H. J. Piechotta*, Ffm: Suhrkamp 1976 (e. s. 766), S. 222–282.

VI. Der Höhepunkt »aufklärerischer« Romankunst und Romantheorie

1. Christoph Martin Wieland (1733–1813)

1764 erscheint in Deutschland »Der Sieg der Natur über die Schwärmerei, oder die Abenteuer des Don Sylvio von Rosalva«, 1766 folgt die »Geschichte des Agathon, aus einer alten griechischen Handschrift« von *Wieland*, einem Autor, der zu diesem Zeitpunkt die schwärmerisch platonisierenden und empfindsamen Anfänge seiner Tübinger Studienzeit, Bemühungen um das große Lehrgedicht (nach dem Vorbild Hallers), das monumentale Hexameterepos (als Parteigänger Bodmers in Zürich 1752/54) und um die dramatische Form, »Don Quichoterien seiner ersten Jugend«, hinter sich gebracht hatte, der nun in Biberach, nahe dem Schloß Warthausen, nicht nur die »Komischen Erzählungen« schreibt und Shakespeare übersetzt, sondern auch die Romane verfaßt, deren Erscheinungsdatum eine neue Epoche künstlerischer Prosa markiert. Der Aufenthalt Wielands in Zürich, seine »Mimikry Periode« im »poetischen Laboratorium« Bodmers (Sengle, S. 50 u. S. 64), hat, so paradox das klingen mag, bei aller Selbsttäuschung und Verirrung, zu der er dem jungen Literaten Gelegenheit bot, für die Werke der Biberacher Jahre, »in denen Wieland wirklich einmal, in dichter Existenz, er selbst, nicht nur ein empfindsamer oder ironischer oder lehrhafter Causeur war« (Sengle, S. 119 f.), schwergewichtige Bedeutung. »Ich war bei Bodmern mit der Französischen, Italienischen und Englischen Literatur sehr bekannt geworden. Auf diese schränkte ich mich fast ganz ein [...]« (Brief an L. Meister, 28. Dez. 1787). Die stilistische Form, die Wieland während der Schweizer Zeit aus seiner Lektüre für sich anerkannte (»Das Gespräch des Sokrates mit Timoclea von der scheinbaren und wahren Schönheit«, »Theages oder Unterredung von Schönheit und Liebe«, 1755, und der dramatische Dialog »Araspes und Panthea«, 1756/57), die er seit seiner Platon- und Shaftesbury-Aneignung, über die Sterne-Rezeption (1763) bis hin zu den Alterswerken immer mehr kultiviert hat (»Göttergespräche«, 1790/93; »Peregrinus Proteus«, 1791; »Agathodämon«, 1799; »Aristipp«, 1801; sowie die späten Dialoge bzw. Brieferzählungen »Menander und Glycerion«, 1804, und »Krates und Hipparchia«, 1805) geht in Verbindung mit den theoretischen Einsichten, die der Dichter der »Critischen Dichtkunst« Breitingers nachweislich entnommen hat, als eine neue subtile Artistik epischer Fiktion in den deutschen Roman ein und eröffnet neue sprachliche Möglichkeiten dichterischer Prosa. Es ist die stilistische Form des polyperspektivischen beweglichen Dialogs, eine Problematik von vielen Aspekten aus dialogisch (Gespräch) oder korrespondierend (Briefwechsel) zu entfalten, wobei die Toleranz verschiedener Partner einerseits und deren gedankliche Intentionalität, d. h. ihre formale Gleichgerichtetheit auf den diskutierten Gegenstand und seine Fragwürdigkeit hin andererseits die urbane Gesellschaft konstituiert, sie gleichermaßen offen- und zusammenhält. Später liebte es der Dichter der Selbstreflexion, das Selbstbewußtsein in vielfacher fiktionaler Brechung (»Agathodämon«) zum Gegenstand eines Gesprächs von verschiedenen Personen, meist wahlverwandter antiker Geister, zu machen, die er redend einführt, unter denen er als intendiertes Problem gleichsam zentral anwesend ist, in dessen dialogischer Vermittlung er ungestört und unerkannt seinen innersten Kern umkreiste.

Freilich bestimmt das ästhetische Spiel, das Wieland nicht nur mit der überlebten Gesellschaftskultur des Rokoko, sondern mit der europäischen Geistigkeit und Literatur seit der Antike trieb, die Grenze seiner Schöpferkraft und in gewissem Sinn die Gebrochenheit seiner Existenz in ihrem ausgesprochenen Übergangscharakter zwischen Barock, Klassik und Romantik. Diese Aporie der künstlerischen Existenz ist als sprachbildende Kraft und formorganisierendes Prinzip in seine Romane eingegangen. Die Intention von dialogischer Struktur im Gespräch oder Briefwechsel ist hier nicht auf Unmittelbarkeit aus, sondern vielmehr verborgene Aussage einer sehr geistigen, vielfach gebrochenen Einbildungskraft, quasi Zuflucht und Ausflucht zugleich, eine coincidentia oppositorum: die Sprachform, die ihn aus der Verbindlichkeit entläßt und doch in den kompliziert inspirierten Anschauungen und Glaubenssätzen wesensverwandter, meist antiker Geister, bei sich selbst sein läßt. In solcher Sprachform reflektiert sich das Humane einer distanzierten Subjektivität, die das Bewußtsein ihrer selbst an ihren Grenzen gewahr wird.

Nehmen wir die fingierten Dialoge und Wechselgespräche, deren Tonskala von illusionärer Schwärmerei und Enthusiasmus, spielerischer Grazie, distanzierender Ironie und ernsthaft eindringlichem Beteiligtsein bis hin zu der mühsam genug erworbenen lächelnden Skepsis reicht, als die Form fortwährender Metamorphose und Verwandlung des Dichters, auf die man ihn nie so ohne weiteres festlegen darf, in ihrer integralen epischen Ganzheit als künstlerische

Verwirklichungen der Möglichkeiten Wielands, die ihre unmittelbare Sinnerfüllung in des Dichters Leben haben, etwa wie es nach der Biographie F. Sengles sich uns darstellt, dann können wir die Sprachform des alten Wieland unter dem Begriff psychologischer Wirklichkeit interpretieren, ihn selbst den »ersten Vertreter einer seelischen Differenzierung« (Fr. Martini) nennen, dessen hochentwickelte Fähigkeit der Selbstbeobachtung und Selbsterkenntnis Lichtenberg bewundert hat. – Und von daher, von der Selbsterfahrung und dem Grad ihrer Resonanzfähigkeit bezieht die Fiktion oder Wahrscheinlichkeit romanhafter Darstellung die Evidenz. Das freie Spiel des subjektiven Erzählers mit der Fiktion gibt sich selbst als psychologischer Sachverhalt zu erkennen und wird als ein solcher im Roman thematisch, gegenständlich, sozusagen »objektiv«. In der ironischen Beweglichkeit der geheimen Anspielungen und Winke bis in syntaktische Figuren hinein reflektiert sich die psychologische Problematik nicht nur des Helden (»Don Sylvio«), sondern auch die des subjektiven Erzählers. So z. B. wenn die durch raffiniertes Hinauszögern eines Satzteiles scheinbar altmodisch mühsame hypotaktische Schachtelung schließlich in einer Pointe gipfelt, die die Spannung von Wahn und Wirklichkeit in der Gestalt Don Sylvios sprachlich sichtbar werden läßt. – Es ist hier daran zu erinnern, daß Breitinger in seiner »Critischen Dichtkunst«, »die Nachahmung der Natur in dem [ihr] Möglichem [...] Haupt-Werk der Poesie« genannt hat (S. 57), wobei das »vermummete wahrscheinliche« (S. 132), die Verkleidung der »Wahrheit in eine gantz fremde aber durchsichtige Maßke, sie den achtlosen Menschen desto beliebter und angenehmer« macht (S. 130). Das »Wunderbare« und »Fremde« wird im übrigen auch auf die selbstverständlichste Weise innerhalb der Dichtung dann wahrscheinlich und glaubwürdig, wenn »sie uns in verschiedenen Gesichts-Puncten vorkommen [...] in einem angenehmen Betrug der Sinne, oder in einem Betrug der Affecte und Gemühthes-Leidenschaften, oder endlich in einem Betrug einer allgemeinen Sage oder eines eingewurtzelten Wahnes beruhet« (S. 299 f.). Diese Sätze scheinen auf Wielands Romankonzeption in »Don Sylvio« und in »Agathon« hin entworfen zu sein. Sowohl der Wahn des Helden als auch das phantastische Spiel des persönlichen Erzählers mit der Fiktion stellt sich als das psychologische Problem einer ebenso ausschweifenden wie indifferenten Subjektivität dar, für die das Wunderbare und Phantastische insoweit wirklich ist, als sie sich dementsprechend motiviert und danach handelt, wobei der Motivationszusammenhang eben dieses subjektiv psychologischen Sachverhalts in seiner inneren Schlüssigkeit das Maß des Möglichen bezeichnet. Was Don Sylvio widerfährt, wird im 3. Kap. »Psychologische Betrachtung« und im 12. Kap. »Unmaßgebliche Gedanken des Autors« des ersten Buches auf wenigen Seiten begründet:

»[...] so erhalten wunderbare und leidenschaftliche Vorstellungen eine verdoppelte und desto stärkere Gewalt über ihr Herz, je geschäftiger die Einbildungskraft in solchen Umständen zu sein pflegt, das Leere auszufüllen, welches die beständige Einförmigkeit der Gegenstände, die sich den Sinnen darstellen, in der Seele zurückläßt. Unvermerkt verwebt sich die Einbildung mit dem Gefühl, das Wunderbare mit dem Natürlichen und das Falsche mit dem Wahren. Die Seele, die nach einem blinden Instinkt Chimären ebenso regelmäßig bearbeitet als Wahrheiten, bauet sich nach und nach aus Allem diesem ein Ganzes und gewöhnt sich an, es für wahr zu halten, weil sie Licht und Zusammenhang darin findet, und weil ihre Phantasie mit den Chimären, die den größten Teil davon ausmachen, ebenso bekannt ist als ihre Sinne mit den wirklichen Gegenständen, von welchen sie ohne sonderliche Abwechslung immer umgeben sind.

In diesem Falle befand sich der Jüngling, welcher der Held unsrer Geschichte sein wird [...] Je angenehmer ihm das Wunderbare und Übernatürliche war, desto leichter war er zu verführen, es für etwas wirkliches zu halten; zumal da er in die Möglichkeit auch der unglaublichsten Dinge keinen Zweifel setzte« (I. Buch, 3. Kap.).

»Demungeachtet nötigt uns die Wahrhaftigkeit, deren wir uns im Laufe dieser Geschichte immer befleißigen werden, zu versichern, daß Don Sylvio in seiner ganzen Erzählung nichts gesagt habe, was nicht in gewissem Sinn ebenso wirklich war, als es die meisten andern Geschichten aus der Geisterwelt sind. Um dieses scheinbare Paradoxon zu begreifen, müssen wir uns erinnern, daß es eine zweifache Art von Wirklichkeit gibt, welche in einzelnen Fällen nicht allemal so leicht zu unterscheiden ist, als manche Leute denken.

So wie es nämlich, allen Egoisten zum Trotz, Dinge gibt, die wirklich außer uns sind, so gibt es andere, die bloß in unserem Gehirn existieren. Die erstern sind, wenn wir gleich nicht wissen, daß sie sind; die andern sind nur insofern wir uns einbilden, daß sie seien. Sie sind für sich selbst – nichts; aber sie machen auf denjenigen, der sie für wirklich hält, die nämlichen Eindrükke, als ob sie etwas wären; [...] sie sind die Triebfedern der meisten Handlungen des menschlichen Geschlechts die Quelle unserer Glückseligkeit und unseres Elends, unsrer schändlichsten Laster und unsrer glänzendsten Tugenden« (I. Buch, 12. Kap.)

Eben darin, in der sprachformalen und fiktionalen Verborgenheit einer subjektiv psychologischen Problematik, in ihrer »wunderbaren« Verwandlung als ein »vermummetes Wahrscheinliches«, in der Verkleidung der »Wahrheit in eine gantz fremde aber durchsichtige Maßke« (Breitinger, S. 130) besteht die Objektivität, die Wahrheit, die Wirklichkeit als innere Stimmigkeit seelischen Geschehens für denjenigen, der über die gemeinverständliche Diktion von Witz und Empfindsamkeit des zeitgenössischen rationalistischen Verstandes hinaus zu lesen versteht. »Agathon« hat daran angeschlossen, wenngleich die Eindringlichkeit bekenntnishafter Nähe stärker die Objektivität hervorkehrt als bei »Don Sylvio«.

Zur Frage der Quellenfiktion und damit zur Frage der Wahrscheinlichkeit im Roman führt der »Vorbericht« zur ersten Ausgabe folgendes aus: »Die Wahrheit, welche von einem Werke, wie dasjenige ist, das wir den Liebhabern hiermit vorlegen, gefordert werden kann, besteht darin, daß alles mit dem Laufe der Welt übereinstimmt; daß die Charaktere nicht bloß willkürlich nach der Phantasie oder den Absichten des Verfassers gebildet, sondern aus dem unerschöpflichen Vorrate der Natur selbst hergenommen seien; daß in der Entwicklung derselben sowohl die innere als die relative Möglichkeit, die Beschaffenheit des menschlichen Herzens, die Natur einer jeden Leidenschaft mit allen den besonderen Farben und Schattierungen, welche sie durch den Individualcharakter und die Umstände jeder Person bekommen, aufs genaueste beibehalten [...] kurz, daß alles so gedichtet sei, daß sich kein hinlänglicher Grund angeben lasse, warum es nicht gerade so, wie es erzählt wird, hätte geschehen können«.

Hier wie auch in der Abhandlung »Über das Historische im Agathon«, die Wieland der zweiten Fassung des Romans von 1773 voranstellte, wird der Kunstcharakter von Romanepik gegenüber der Historie deutlich genug betont; dieser ist in der einfältigen Mimesistheorie Gottscheds als »Ähnlichkeit« überhaupt nicht zu fassen.

Was bereits bei Huet zwischen den Zeilen steht (die »signifikative Lüge« als figura der Wahrheit), was Breitingers »Critische Dichtkunst« ausführt – und von da hat es Wieland, jedenfalls theoretisch (vgl. seine »Abhandlung von den Schönheiten des epischen Gedichts ›Der Noah‹«, 1753), wenngleich die Theorie nur das liefert oder besser bestätigt, was ihm selbst während seiner Zürcher Zeit noch unbestimmt, dann immer klarer als das eigene Wesen erkennbar wurde, – das ist durch Wieland in den deutschen Roman eingegangen als die Wahrheit dichterischer Fiktion, die die subjektive Psychologie des Helden gar nicht fremd und wunderbar genug zur Sprache bringen kann, damit deren Spannung zur Empirie nur um so deutlicher ins Bewußtsein dringt und sowohl diese als auch jene durchsichtiger macht. Damit gewinnt der deutsche Roman sein Element, von dem einleitend als seinem vielleicht allgemeinsten Thema die Rede war: ein Stück »Aufklärung« zu sein.

Literatur (ausgewählte neuere Arbeiten):
F. Martini, Wieland-Forschung. In: DVjs. 24, 1950, S. 269 ff.
C. Sommer, Ch. M. Wieland, Stuttgart: Metzler 1971 (Slg Metzler 95).
A. Martens, Untersuchungen über Wielands »Don Sylvio« u. der übrigen Dichtungen der Biberacher Zeit. Halle: E. Karras 1901. (Diss. Halle-Wittenb. 1901.)

E. Ermatinger, Die Weltanschauung des jungen Wieland. Frauenfeld: Huber 1907.
C. Hoppe, Der junge Wieland. Leipzig 1930.
E. Richter, Wielands sprachliche Ansichten im »Teutschen Merkur«. In: ZfdPh. 58, 1933, S. 266-296.
B. Schlagenhaft, Wielands »Agathon« als Spiegelung aufklärerischer Vernunft- u. Gefühlsproblematik. Erlangen: K. Döres 1935. (Diss. Erlangen 1934.)
H.P.H. Teesing, Wielands Verhältnis zur Aufklärung im »Agathodämon«. In: Neophil. 21, 1936, S. 23-35 u. S. 105-116.
V. Michel, C. M. Wieland, La formation et l'évolution de son esprit jusqu'en 1772. Paris: Boivin 1938.
M. Barthel, Das »Gespräch« bei Wieland. Über Wesen u. Form seiner Dichtung. Ffm: Diesterweg 1939. (Diss. Ffm 1938). Reprogr. Nachdruck Hildesheim: Gerstenberg 1973.
F. Martini, Wieland u. das 18. Jh. In: Kluckhohn/Schneider-Festschrift 1948, S. 243-265.
Ders., Wielands Stellung in der deutschen Dichtungsgeschichte des 18 Jhs. In: DU 8, 1956, Heft 5, S. 87-112.
H. Wolffheim, Wielands Begriff der Humanität. Hamburg: Hoffmann & Campe 1949.
F. Sengle, Wieland. Stuttgart: Metzler 1949.
F. Oexle, Wielands Begegnung mit dem Sturm u. Drang. Diss. Freiburg i. Br. 1950 (masch.).
H. W. Seiffert, Die Idee der Aufklärung bei Wieland. In: Wissenschaftl. Annalen 2, 1953, S. 678-689.
Wieland. Vier Biberacher Vorträge (von Fr. Sengle, W. Müller-Seidel, H. W. Seiffert, E. Staiger) 1953. Wiesbaden: Insel 1954.
H. Vormweg, Die Romane Wielands. Diss. Bonn 1956 (Rotapr.).
K.-H. Kausch, Das Kulturproblem bei Wieland. Diss. Göttingen 1954 (masch.).
G. Matthecka, Die Romantheorie Wielands u. seine Vorläufer. Diss. Tübingen 1957 (masch.).
O. Brückl, Wielands Erzählungen. Eine formale Untersuchung im Hinblick auf die weltanschauliche u. literarische Entwicklung der ersten Hälfte des 18. Jhs. Diss. Tübingen 1959 (masch.).
W. Buddecke, Mensch u. Entwicklung im Denken u. Dichten Wielands. Mit bes. Berücksichtigung des »Agathon«. Diss. Göttingen 1959 (masch.).
W. Preisendanz, Die Auseinandersetzung mit dem Nachahmungsprinzip in Deutschland u. die besondere Rolle der Romane Wielands. In: Nachahmung und Illusion, München: Fink 1964, S. 72–95.
J. C. Jacobs, Der Roman der schönen Gesellschaft. Zu Wielands Erzählkunst. Diss. Köln 1965 (masch.).
Ders., Wielands Romane, Bern/München: Francke 1969.
K. Schaefer, Das Problem d. sozialpolitischen Konzeption in Wielands »Agathon«, in: ZfdLG 16, 1970, Heft 10. S. 171–196.

2. Ch. F. v. Blanckenburg und J.J. Engel. – Der Dialogroman bzw. »dramatische« Roman

Wielands »Agathon« fand in den aufklärerischen Kreisen keine günstige Aufnahme; Lessing dagegen zählte das Werk »unstreitig unter die vortrefflichsten unsers Jahrhunderts [...] aber für das deutsche Publikum noch viel zu früh geschrieben [...] Es ist der erste und einzige Roman für den denkenden Kopf, von klassischem Geschmacke. Roman? Wir wollen ihm diesen Titel nur geben, vielleicht, daß es einige Leser mehr dadurch bekommt« (»Hamburg. Dramaturgie«, 69. Stück). Tatsächlich sollte das Buch der deutschen Romantheorie auf die Beine helfen und damit die weitere Entwicklung der Gattung aufs nachhaltigste beeinflussen. 1774, wenige Monate vor Goethes »Werther« und J. J. Engels »Über Handlung, Gespräch und Erzählung«, erscheint mit *Ch. F. v. Blanckenburgs* (1744 bis 1796) »Versuch über den Roman« ein Werk, das ohne Wielands »Agathon« in Deutschland »kaum möglich gewesen wäre« (F. Sengle »Wieland«, S. 199 f.). Der Verfasser, ein königl. preußischer Lieutenant, frei von dem Ballast historischen Wissens (Huet und Breitinger hat er nicht gelesen), spekulativ begabt und mit sicherem ästhetischen Werturteil, unternimmt den »Versuch«, aufgrund der Lektüre des englischen Romans (Richardson, Fielding, Sterne) und der deutschen Romane des Jahrhunderts, besonders derjenigen Wielands, die mißachtete und vielgeschmähte Gattung »Roman« auf ihre wesentlichen Möglichkeiten hin zu prüfen, wobei er sich mit der Orientierung am »Agathon« auf der Höhe seiner Zeit befindet: »In Blanckenburgs Versuch erreicht die Romantheorie der Aufklärung ihren Höhepunkt [...], in ihm findet die Theorie den Anschluß an die tatsächlich geübte Praxis« (M. Sommerfeld, S. 480).

Wenn Blanckenburg auch hinsichtlich der Systematik und Straffheit seiner Gedanken viele Wünsche offen und oft das terminologische Rüstzeug der zeitgenössischen Poetik vermissen läßt, so sind doch viele seiner Einsichten für die historische Position ungewöhnlich fortgeschritten. Noch R. Koskimies erklärt 1935 in seiner vielfach empfohlenen »Theorie des Romans« (S. 73) hinsichtlich der Analogie von Epos und Roman, die Blanckenburg selbstbewußt angesetzt hatte: »Die gegenwärtige Forschung [...] vermag in der Hauptsache der prinzipiellen Erklärung Blanckenburgs nicht viel hinzuzufügen«.

Schon der Ansatz des »Versuchs« ist beachtlich. Hier wird nicht mehr von Regeln deduziert, wie der Dichter seine Werke zu bearbeiten und der Liebhaber dieselben zu beurteilen habe, sondern vielmehr an geschmackssicher ausgewählten Modellen (Wieland, Fielding, Sterne) beschrieben und historisch verglichen. Dabei konzidiert Blanckenburg von Anfang an seinem Gegenstand eine für die Zeit ungewöhnliche Ranghöhe: »Ich sehe den Romen, den *guten Roman* für das an, was, in den ersten Zeiten Griechenlands, die Epopee für die Griechen war; wenigstens glaub' ichs, daß der *gute Roman* für uns das werden könne« (Vorbericht, S. XIII). Dieses Fundament trägt in der Tat bewundernswerte Einsichten und Erkenntnisse.

Einleitend war davon die Rede, daß der Roman des 17. und 18. Jhs. in der Auseinandersetzung mit Offenbarung und Geschichte seine formalästhetischen Qualitäten gewinnt und ausspielt. Für Praxis und Theorie des Aufklärungsromans ist das Verhältnis von Fiktion, d.h. »Geschichten erzählen« und Historie, d. h. »Geschichte schreiben« zum Maßstab geschichtlichen Sinns geworden. Mit einer souveränen Naivität gegenüber bürgerlicher Kunst und Wissenschaft, d. h. gegen philologisch methodische Darstellungsschwierigkeiten, die das Schreiben von Geschichte angeht und gegen narrative Technik, die das Erzählen von »wahren Geschichten« betrifft, konstatiert *Friedrich II*:

»In der Überzeugung, daß es nicht irgendeinem Pedanten, der im Jahre 1840 zur Welt kommen wird, noch einem Benediktiner der Kongregation von St. Maur zusteht, über Verhandlungen zu reden, die in den Kabinetten der Fürsten stattgefunden, noch die gewaltigen Szenen darzustellen, die sich auf dem europäischen Theater abgespielt haben, will ich selbst die Umwälzungen beschreiben, deren Augenzeuge ich war und an denen ich den regsten Anteil hatte« (Die Werke Friedrichs des Großen, hrsg. v. G. B. Volz, Berlin 1913, Band II: Denkwürdigkeiten zur Geschichte des Hauses Brandenburg. Geschichte meiner Zeit).

Für Friedrich II. ist die geschichtsmächtige Personaleinheit von Denken, Entscheiden, Handeln, Beschreiben, wie sie im absolutistischen System einzig dem Souverän möglich ist, verläßliches Prinzip für Authentizität und Wahrheitsgehalt der Historie. Weder den zeitgenössischen Historikern, noch gar den Literaten in Deutschland traute er, auch wegen der noch ausstehenden Spracheinheit, der nur zögernd sich durchsetzenden nationalen Sprachnorm des Deutschen, eine methodisch klare, kritische und konkrete Diktion zu. Wie er als Legitimationsgrundlage für die Glaubwürdigkeit der Historie nach der omnipotenten Persönlichkeit verlangt, die gleichermaßen Geschichte macht und beschreibt, so plädiert *Wieland* im »Vorbericht zur ersten Ausgabe« des »Agathon« (1766) für den allwissenden Erzähler insoweit, als dieser post festum über die Geschichte eines Charakters berichtet, »den er am genauesten kennen zu lernen Gelegenheit gehabt hat«, d. h. den eigenen. Und noch

1773 führt der Autor in dem beigefügten ersten Abschnitt »Über das Historische im Agathon« umständlichen Beweis, daß »sein Buch (ob es gleich in einem andern Sinn unter die Werke der Einbildungskraft gehört) des Namens einer Geschichte nicht unwürdig sey«. Ein Jahr später definiert Blanckenburg, angeregt durch Wielands »Agathon«, den allwissenden Romanschriftsteller in seinem »Versuch«: »Er ist *Schöpfer* und *Geschichtsschreiber* seiner Personen zugleich.«

Interessanter noch als die Analogien, die zwischen der Geschichtsmächtigkeit des weltpolitisch relevant handelnden und schreibenden Fürsten und der Allwissenheit des bürgerlichen Schöpfers und Erzählers lebensgeschichtlich exemplarischer Charaktere und Begebenheiten sich ergeben mögen, erscheint die implizit kritische Tendenz, die vom moralischen Anspruch der epischen Fiktion bzw. der »wahren Geschichte« ausgeht und gegen die Position der politischen Historie gerichtet ist. Aufschlußreich räumt Blanckenburg dem Dichter eine gewisse Nähe zu den Motivationszusammenhängen ein, die den Geschichtenerzähler vor dem Geschichtsschreiber auszeichne. Er besteht darauf, daß für den Geschichtenerzähler das zwischen »Charakteren« und »Begebenheiten« im Sinne einer gegenseitigen Ursache-Wirkung-Relation vermittelnde Handlungsmotiv (der »innre Zustand« der agierenden Personen) Hauptgegenstand des Romans sei, während der Biograph und Geschichtsschreiber, ohne Wissen um die Beziehung von außen und innen, »Körper und Geisterwelt«, mit der »bloßen historischen Verbindung verschiedener Begebenheiten und Vorfälle« auskomme (Versuch, S. 379 f). Es mag hier dahingestellt bleiben, ob derart problematische Zuordnungen vor den methodischen Einsichten der Historie und Poetologie auch nur des 18. Jhs. bestehen können oder nicht. Das zeitgeschichtlich signifikante Moment der Erzähltheorie Blanckenburgs läuft letztlich darauf hinaus, daß die unterschiedliche Einschätzung, mit der Geschichtenerzähler und Geschichtsschreiber gegenüber der Differenz von Gattungswesen (Mensch) und Geschichtswesen (Fürst, Staatsbeamter, Standeszugehörigkeit), Gesinnung und Tat, Stellung beziehen, zum Kriterium für die geschichtsphilosophische Wendung vom Epos zum Roman erklärt wird, zugleich soziologisch die Kluft markiert, die den aufklärerisch gebildeten Zeitgenossen als Spannung zwischen politisch öffentlicher Handlungsvollmacht und empfindsam moralischem Räsonnement mehr oder weniger reflektiert geläufig war. Konnte dieses weitgehend von einer schreibenden bürgerlichen Intelligenz besetzt werden, die ihre kritische Opposition von allgemein menschlichen Maximen aus betrieb, und damit standesübergreifende Integrationsfähigkeit demonstrierte, so wurde jene eindeutig durch den Fürsten repräsentiert und gesteuert, im einzelnen vom »Hofmann« ausgeführt, zu dem der Bürgerliche nur »in einem gewissen Sinn des Worts« (vgl. nachstehendes Zitat), d. h. als hoher Staatsbeamter, Bankier oder Handelsmann, Zugang hatte:

»[...] so wie das Heldengedicht *öffentliche Thaten* und *Begebenheiten*, das ist, *Handlungen des Bürgers* (in einem gewissen Sinn dieses Worts) besingt: so beschäftigt sich der Roman mit den *Handlungen und Empfindungen des Menschen*. Diese beiden Unterschiede gründen sich auf die Verschiedenheit in den Sitten und der Einrichtungen der Welt. So wie aber vorzüglich in der Epopee die *Thaten* des Bürgers in Betracht kommen: so scheint in dem Roman das *Seyn* des Menschen, sein *innrer Zustand* das Hauptwerk zu seyn« (Versuch, S. 17 f).

Tatsächlich scheint mir die vielzitierte Stelle weniger tauglich, das systematisch brauchbare Argument für die von Blanckenburg bis Koskimies und Lukács endlos wiederholte Abgrenzung von Epos (Mythos) und Roman (Geschichte) abzugeben. Sie reagiert aber vom Standort poetologischer Neubegründung mit der zeitgeschichtlich aufschlußreichen Interpretation des bürgerlichen Literaten auf eine ungelöste Frage, die den gesellschaftspolitischen Vorstellungsraum der europäischen Aufklärung (absolutistischer Staat, Naturrecht, contrat social) als das Problem von Moralität und Legitimität beschäftigte. Sie ist somit Ausdruck eines Zustandes, demzufolge die aufklärerisch gebildeten Bürger im Deutschland des 18. Jhs., soweit sie innerhalb der praktischen, administrativen oder ökonomischen Aufgaben des absolutistischen Staatsapparates über die Wahrnehmung ihrer bestimmten, mehr oder weniger einflußreichen Funktionen hinaus der theoretischen Selbstüberprüfung mächtig geblieben sind, zwischen der allgemein menschlichen Moral und dem politischen Herrschafts- und Verwaltungszusammenhang entweder unsicher schwanken oder zu vermitteln sich bemühen. Es zeigt sich in solchem Verständnis sehr schön, wie die vordergründige Gleichsetzung des Romans mit dem Epos über die wichtigen sozialpolitischen Mitursachen der beiden epischen Gattungen ins Zentrum der Abhandlung führt.

»Was im Homer *Klugheit und Tapferkeit* ist, muß mit Recht in ihm [dem Roman des Schriftstellers] *Tugend und Verstand* seyn« (S. 72). Es ist für Blanckenburg, der »den Roman zur Wahrheit und Natur zurücke führen« will, keine Frage, daß derselbe zu einem »sehr lehrreichen Zeitvertreibe« dienen könne, nicht nur für das »müßige Frauenzimmer sondern auch für den denkenden Kopf« (Vorbericht, S. VII). Nicht der »buchstäbliche Unterricht« (S. 415) sei damit gemeint: »Wir wollen überhaupt alle nicht, daß man uns geradeswegs vordocire« (S. 416). »Der Dichter soll die Empfindungen des Menschen *bilden;* er soll es uns lehren, was werth sey, geschätzt und geachtet, so wie gehaßt und verabscheuet zu werden. Er soll unsre Empfindungen nicht irre leiten; sondern uns Gelegenheit verschaffen, sie an würdigen Gegenständen zu üben [...]« (S. 435). Um indes den Grundsatz episch vermitteln zu können, »nach welchem der Tugendhafte handeln soll, wird ein Geist erfordert, der das Ganze zu übersehen vermag« (S. 62). Damit nähert sich Blanckenburg vom Wesentlichen der Thematik dem »Geist der Erzählung«, der allwissenden Erzählperspektive, die ihm einzig annehmbar erscheint, weil sie das Ganze übersieht, d. h. die Beweggründe, die treibenden Motive seiner Menschen, und die Welt, in der sie wirklich werden sollen, kennt; er kann die Motive bis zur Verwirklichung in den Handlungen weiterverfolgen und ist dadurch in die Lage gesetzt, einen lückenlosen Beziehungs- bzw. Wirkungszusammenhang zwischen innen und außen, Ursache und Wirkung, Motiv und Handlung herzustellen. In Sichtbarmachung der Korrelationen, in deren Verlauf Charakter und Welt sich gegenseitig herausarbeiten, besteht das Verdienst des Romanschriftstellers; und das ist, man denke an das von Th. Mann mit Vorliebe angeführte Schopenhauer Zitat, eine erstaunlich moderne Konzeption. In ihr kündigt sich der Entwicklungsroman an.

»Der *Dichter,* wenn er sich nicht entehren will, kann den Vorwand nicht haben, daß er das *Innre* seiner Personen nicht kenne. Er ist ihr Schöpfer: sie haben ihre ganzen Eigenschaften, ihr ganzes Seyn von ihm erhalten; sie leben in einer Welt, die er geordnet hat« (S. 264 f.) »[...]; wenn uns das *Wie* der Sache, wodurch sie wirklich geworden ist, entzogen werden *muß,* so bald man sie uns nur erzehlt: so – weg mit aller Erzehlung!« (S. 98) »[...] Der Dichter hat in seinem Werke Charaktere und Begebenheiten unter einander zu ordnen und zu verknüpfen. Diese müssen nun, nach den obigen Voraussetzungen, so unter einander verbunden seyn, daß sie gegenseitig Ursach und Wirkung sind, woraus ein Ganzes entsteht, in dem alle einzelne Theile unter sich, und mit diesem Ganzen in Verbindung stehen« (S. 313 f.) »[...] Um das Innre irgend eines Menschen wahrhaft zu behandeln, Ursach und Wirkung immer in genauer Verbindung zu zeigen, muß man die *äußern* Umstände, die auf dies Innre zurück wirken können, und immer darauf wirken, in die genaueste Erwägung ziehen« (S. 388).

Der »innre Zustand« der Personen, auf den nach Blanckenburg das Hauptinteresse des Romans gerichtet ist, soll nun nicht das Sein des Menschen im Zustand der Ruhe, sondern »in Handlung, in Bewegung« (S. 58), im «Entstehen, Wirklichwerden« (S. 360) vorstellen:

»Ich weis überhaupt gar nicht, wie die *Dichter* zu einer bloßen *historischen* Verbindung verschiedener Begebenheiten und Vorfälle haben kommen können? Der Dichter soll und will ja mehr, als Biograph seiner Personen seyn. Der Biograph steht nicht auf der Stelle auf welcher der Dichter steht [...]; er weis die Beziehungen, die Verhältnisse nicht, die sich zwischen dem, was er aufzeichnet und zwischen dem befinden, was seine Person werden soll, oder werden kann. Er kann den Punkt nicht sehen, in dem alle einzelne Strahlen zusammen kommen und vereint werden sollen [...] Mit dem Dichter verhält es sich ganz anders. Er ist *Schöpfer* und *Geschichtsschreiber* seiner Personen zugleich [...] Und in der Welt des Schöpfers, und vor den Augen des Schöpfers ist alles mit allem, Körper und Geisterwelt mit einander verbunden; alles ist zugleich Ursach und zugleich Wirkung. Es ist *nichts* da, das *allein* nur eins von beyden wäre. Alles ist *werdend* in der Natur« (S. 379 f.).

Von dem Entwicklungsgedanken im »Agathon« und hier bei Blanckenburg (»was seine Person werden soll, oder werden kann«) nimmt der moderne deutsche Entwicklungsroman seinen Ausgang.

Da »der Romanendichter [...] uns in seinem Werke wenigstens die *möglichen Menschen der wirklichen* Welt« (S. 257) zeigt, wird der Leser noch am individuellen Werdegang »wirklicher Menschen«, die mit vermischten Eigenschaften ausgestattet sind und in einer konkreten Welt existieren, sich jedoch grundsätzlich »entwickeln«, allgemeine anthropologische Erkenntnisse gewinnen können: »Er wird uns nämlich das, was wir billig *zuerst,* und vor allem Andern seyn sollten; das, was Jahrhunderte und Zeiten uns immer mehr und mehr machen, – er wird uns lehren *Menschen* werden« (S. 460).

Größten Wert legt Blanckenburg auf die Unmittelbarkeit der Darstellung, die er entsprechend seinem allwissenden umgreifenden Erzähler nur in Form der Vergegenwärtigung inneren und äußeren Geschehens als dessen »ideale Gegenwart« (H. Home) anerkennt. Der Schriftsteller solle das »Abstrakte ins Concrete« (S. 498) verwandeln, d. h. nicht von seinen Personen erzählen oder reden, sondern dieselben leibhaftig im Dialog und in ihren Handlungen vorführen:

»Aber das bloße Erzehlen: ›es trug sich zu! es geschah!‹ giebt uns nichts, als die Oberfläche.« (S. 259) »[...] Freylich werden wir die Sache immer nicht so lebhaft vor uns sehen können, als im Drama; aber um so mehr der Romanendichter *Raum* und *Zeit* in seinem Werke hat, um so ehe wird er uns, an statt von seinen Personen zu erzählen, daß sie lieben oder hassen, *Handlungen* der Liebe und des Hasses zeigen; – und um so mehr wird er dann auch unsere Theilnehmung erregen.« (S. 498) »[...] Warum sollte, in heftigen Situationen, dem Romanendichter der Dialog, – wenigstens der Monolog verwehrt seyn? Die Aeußerung der Leidenschaften fodert Worte, fodert Rede: soll der Dichter ehe der Natur, als den willkührlichen Einrichtungen der Kunst entsagen?« (S. 99).

Ebendies wendet Blanckenburg gegen den empfindsamen (Brief-) Roman Richardsons ein, die Personen erzählen zuviel von ihren eigenen Schicksalen und seien darüber hinaus zu affektiert, »oft in zu großer Bewegung, als daß sie in sich selbst zurück kehren, Wirkung und Ursach gegen einander abwiegen, und das *Wie* bey dem Entstehn ihrer Begebenheiten so aufklären könnten, wie wir es sehen wollen« (S. 285). Schließlich sei der innere und äußere Vorgang in Briefromanen, »so ein dramatisches Ansehn sie auch immer haben mögen« (S. 520), doch immer nur als »Erzählung« möglich, »weil ich nur immer *vergangene* Begebenheiten hören kann« (S. 520). Das starre Festhalten am allwissenden Erzähler und seiner Perspektive der »idealen Gegenwart« verstellt Blanckenburg hier das Verständnis, wo es nötig gewesen wäre, zwischen vergegenwärtigtem und gegenwärtigem Geschehen im Sinne der fiktionalen Errichtung oder Aufhebung zeitlicher Distanz zur Erzählsituation hin zu differenzieren. Allerdings ist es Blanckenburg selbst nicht ganz wohl bei diesen Ausführungen zum Briefroman; hier fehlte ein überzeugendes Muster: »Es sey ferne von mir, dem Genie Gränzen vorzeichnen zu wollen! Es kann vielleicht auch diese Einkleidung der Geschichte in Briefen so behandeln, – ob ich es gleich nicht abzusehn vermag – daß der kaltblütigste Untersucher nicht Anlaß zum Tadel erhält« (S. 525). Nur ein Jahr später, 1775, hat Blanckenburg in seiner ausführlichen Werther-Rezension Goethes Briefroman positiv besprochen.

Die darstellerischen Möglichkeiten des »Dialogs«, der sich »vorzüglich zum Ausdruck der Empfindungen« eigne, läßt Blanckenburg gelten: »Man hat es versucht, indem man die Personen selbst schreiben läßt, den Roman so dramatisch zu machen, als möglich [...] Der Wahn wenigstens, daß man die verschiedenen Gattungen der Dichtkunst nicht mit einander vermischen müsse, und der wohl mit der Lehre, von den drey berühmten Einheiten einerley Urheber hat, sollte den Dichter nicht davon abhalten« (S. 515).

Ungleich stärkere Skepsis gegenüber dem traditionellen Trinitätsschema (Lyrik, Epik, Dramatik) ist in den Abhandlungen von *J. J. Engel* (1741–1802) spürbar, »Über Handlung, Gespräch und Erzählung« (1774) und »Anfangsgründe einer Theorie der Dichtungsarten« (1783), die E. Th. Voss 1964 mit einem ausführlichen Kommentar fotomechanisch herausgegeben, bzw. im Anhang dazu mitgeteilt hat. Engel kennt und unterscheidet zwar durchaus noch die Formen der alten Gattungshierarchie, d. h. lyrische und didaktische, epische und dramatische Grundformen der Poesie; gedankliche Arbeit jedoch verwendet er ausschließlich auf deren inhaltliche Gegenständlichkeit (»Materie«) und die ihr am besten entsprechenden Darstellungsmittel (»Formen«). Es zeigt sich, daß »die hier herausgebrachten Gattungen der Gedichte [...] sich mischen [...], fast in jedem etwas größeren Werke, auf sehr mannichfaltige Art« (S. 181). Die »erzählende und die dramatische Form«, deren Gegenstand ganz allgemein Handlung ist, differenziert sich durch den Umstand, »ob der Dichter selbst in fortgehender Rede spricht, oder ob er die Personen, zwischen denen die Handlung vorfällt, selbstredend einführt«. Dieses nennt Engel Gespräch, dialogische oder darstellende Form, jenes Erzählung, Beschreibung, berichtende Form. »Das einemal *wird, geschieht;* das andremal *ist geworden, ist geschehen«* (S. 145 ff.).

Die Abhandlung »Über Handlung, Gespräch und Erzählung« dient im Grunde nur dem Aufweis, »daß die Erzehlung von dem jedesmaligen Zustande einer handelnden Seele, und von dem ganzen genauen Zusammenhange aller in ihr vorgehender Veränderungen, keine so specielle und vollständige Idee geben kann, als das Gespräch [...], daß also *in einem Gespräche weit mehr Handlung möglich sey, als in einer Erzehlung* [...], daß die dialogische Form zur Schilderung von Charakteren unendlich fähiger, als die erzehlende sei [...]« (S. 245 f.). Dagegen hat die Erzählung den Vorteil der Raffung: »[...] sie hat auch *die Freyheit, bald größere, bald kleinere Sprünge zu thun, mehrere Momente, und oft ganze Reihen derselben, Tage, Monate, Jahre zu überhüpfen* [...] *Der Erzehler kann mehr, als der Dialogist, auf einen bestimmten Gesichtspunkt, auf eine gewisse festgesetzte Absicht arbeiten«* (S. 247 u. S. 249).

»Da er [der Erzähler] seiner ganzen Materie Herr ist, weil er die Handlung als schon vergangen betrachtet; so giebt er um so leichter seinem Vortrage diejenige Ordnung, die ihm zur Einsicht des Zusammenhangs der Begebenheiten die schicklichste dünkt [...] Dem Dialogisten [...] ist diese Freyheit durchaus benommen; denn bey ihm ist die Handlung allererst im Werden begriffen, und die Zukunft ist für ihn noch wirkliche Zukunft [...] Aus diesen hier vorbereiteten Gründen ergiebt sich nun im Allgemeinen, was für Gegenstände schicklicher für die eine und für die andre Form sind [...] welches eigne Genie zum Erzehler, und zum Dialogisten gehöre« (S. 253 bis 256).

Mit diesen Einsichten hat Engel in »Herr Lorenz Stark« – in den 70er Jahren begonnen, zunächst als Schauspiel entworfen, dann 1795/96 in Schillers ›Horen‹, 1801 in Buchform erschienen – experimentiert. Die in Leipzig mit Engel bekannten *F. T. Hase* mit »Gustav Aldermann. Ein dramatischer Roman« (1779) und »Friedrich Mahler« (1780) und *A. J. Meissner* mit »Bianca Capello« (aus dem Italienischen, in: »Skizzen« 1778 ff.) und »Alcibiades« (1781/88) haben sich, wahrscheinlich in gemeinsamen Bemühungen, ebenfalls in der neuen Form des Dialogromans versucht.

Im Dialogroman fehlt die fiktive Vermittlung durch einen Herausgeber oder Erzähler; Gespräche, Dialoge sind ausschließlich auf die Figuren-Charakterisierung in historischer Erlebnissituation (Meißner) oder zeitgeschichtlich gesellschaftlichen Verhältnissen (Hase) gerichtet. Meißner versieht seine Dialoge im »Alcibiades«

mit Anmerkungen über die Gestik und Mimik der Gesprächspartner sowie mit verbindender Erzählung; Hase arbeitet in »Friedrich Mahler« mit eingeschobenen Briefen. Legen diese Schriftsteller auch »größeren Wert auf die Glaubwürdigkeit der Vorgänge und Gespräche als auf die Behauptung, diese seien in keinem Punkte Fiktion« (E. D. Becker, S. 180), so ist doch gerade die völlige Naivität hinsichtlich des Problems der epischen Fiktionalität, das auch die »inszenierte« Unmittelbarkeit des Dialogromans nicht überspringen kann, in ihrer formalen Abstraktheit nur um so aufdringlicher.

Literatur:

Ch. F. Blanckenburg, Versuch über den Roman. Faksimiledruck der Originalausgabe von 1774. Mit Nachwort v. *E. Lämmert.* (Slg Metzler. 39) Stuttgart: Metzler 1965, ²1977.

J. J. Engel, Über Handlung, Gespräch und Erzählung. Faksimiledruck d. ersten Fassung von 1774, hg. u. mit Nachwort versehen v. *E. Th. Voss.* (Slg Metzler. 37.) Stuttgart: Metzler 1964.

F. T. Hase, Gustav Aldermann. Ein dramatischer Roman. Faksimiledruck nach der ersten Ausgabe von 1779. Mit Nachwort v. *E. D. Becker.* Stuttgart: Metzler 1964.

J. H. Merck's Ausgewählte Schriften zur schönen Literatur u. Kunst. Ein Denkmal hg. *A. Stahr.* Faksimiledruck nach der Ausgabe von 1840. Göttingen: Vandenhoeck & Ruprecht 1965.

K. Minners, Die Theorie des Romans in der deutschen Aufklärung, mit besonderer Berücksichtigung von Blankenburgs »Versuch über den Roman«. Diss. Hamburg 1922 (masch.).

M. Sommerfeld, Romantheorie u. Romantypus der deutschen Aufklärung. In: DVjs. 4, 1926, S. 459–490.

A.-L. Floersheim, Der »Versuch über den Roman« des Freiherrn Ch. F. v. Blankenburg. Zur Geschichte der Romantheorie. Diss. München 1926 (masch.).

P. Michelsen, L. Sterne u. der deutsche Roman im 18. Jh. Göttingen: Vandenhoeck & Ruprecht 1962, ²1972. (Kap. 5: Darstellung des Inneren. Die Romantheorie F. v. Blankenburgs, S. 141–176).

W. Lockemann, Die Entstehung des Erzählproblems. Meisenheim: Hain 1963. (Kap. 10: F. v. Blankenburg, S. 166–184. 11: J. J. Engels, S. 185–198.)

E. D. Becker, Der deutsche Roman um 1780. Stuttgart: Metzler 1964.

J. Sang, Ch. F. v. Blanckenburg und seine Theorie des Romans, Diss. München 1967.

K. Wölfel, F. v. Blanckenburgs »Versuch über den Roman«, in: Deutsche Romantheorien, hrsg. v. *R. Grimm,* Ffm/Bonn: Athenäum 1968, S. 29–60.

R. E. Dye, F. v. Blanckenburg's Theory of the Novel, in: MDV 60, 1968, S. 114–140.

W. Voßkamp, Romantheorie in Deutschland. Von M. Opitz bis F. v. Blanckenburg, Stuttgart: Metzler 1973
R. Riemann, J. J. Engels »Herr Lorenz Stark«. In: Euph. 7, 1900, S. 266–291 u. S. 482–519.
F. Hoffmann, J. J. Engel als Aesthetiker u. Kritiker. Diss. Breslau 1922 (masch.).
E. S. Paepcke, J. J. Engel als Kritiker. Diss. Freiburg i. Br. 1928 (masch.).
H. Braune, Meissners Romane. Diss. Leipzig 1925 (masch.).

REGISTER

Namenregister

Abel, J. F. v. 105
Addison, J. 31, 56, 90, 92
Adelung, J. Ch. 102
Adorno, Th. W. XIV, 4, 9
Alanne, E. 20
Albrecht, G. XII
Aleman, M. 18
Alewyn, R. 21 f., 25, 35, 39, 59, 69
Allen, W. 92
Allerdissen, R. 50
Altheim, F. XIV, 4
Amthor, Ch. H. 40
Anderegg, J. XV
Ansorge, H. J. XV
Anton, H. 22
Anton Ulrich v. Braunschweig 15 ff., 23, 39
Antoni, O. 71
Aquin, Th. v. 6
Arnauld, A. 53
Arndt, I. 88
Arnim, B. v. 110
Arnold, H. L. XIV
Asmuth, B. 23
Assing, L. 113
Aubin, H. 10
Auerbach, E. XIV
Autorff, V. 37

Bachstrom, J. F. 44, 48
Bacon, F. 56
Baeumler, A. 59, 67, 80
Balet, L. 9, 72
Balzac, J. G. de 40
Barclay, J. 16, 37, 114, 116, 120, 122
Bardon, M. 19
Barner, W. 30, 35, 121
Barth, J. Ch. 40
Barthel, M. 136
Barthes, R. 4
Bartsch, K. 65
Bauerhorst, K. 70
Baumgarten, A. G. 7, 17, 58, 83
Baumgartner, P. 23
Bayle, P. 55
Beck, W. 20
Becker, E. D. 74, 88, 94, 145
Becker, F. K. 49
Becker, R. 35
Becker, Th. A. 122
Beer, Johann 25 ff., 35, 38, 43
Beer, Johannes XII
Beinert, J. 35
Bender, W. 23 f., 81
Benjamin, W. XIII, 4
Benz, R. 65
Berger, T. W. 20
Bergerac, C. de 40
Bergmann, E. 68
Betteridge, H. T. VIII
Beutler, E. 125
Beuvius, A. 105
Beyer, H. 88
Biedermann, K. 9, 72
Bierfreund, H. 49
Biese, A. 69
Biesterfeld, W. 51
Bing, S. 81
Bircher, M. 35
Birke, J. 68, 74, 81
Birken, S. v. 12, 15, 17
Birkner, G. 93
Birnbaum, J. 92
Black, F. G. 87
Blackall, E. A. 11, 45, 70, 81
Blanckenburg, Ch. F. v. VII f., 2, 63, 98 f., 137 ff.
Blumenberg, H. XIV, 10, 35, 67, 69, 72
Bobertag, F. XII
Bode, J. J. 61
Bodin, J. 114 f.
Bodmer, J. J. 80, 131
Böckmann, P. 39, 71, 80

Böhme, J. 8
Böhler, K. 68
Boehn, M. v. 9
Bössenecker, H. 67
Böttcher, K. XII
Bohse, A. (Talander) 37 f., 40
Boileau, N. 53, 59
Bonadeo, A. 121
Bond, R. P. 94
Booth, W. C. XV
Borcherdt, H. H. XII
Borinski, K. 34
Borkenau, F. 9, 58, 86
Bormann, A. v. 68
Bouhours, D. 54, 59
Braitmaier, F. 80
Brauer, W. 82
Braune, H. 146
Breitinger, J. J. 74 ff., 134 f., 137
Bremond, C. XVI
Breuer, D. 89
Brockmeyer, R. 87
Brögelmann, L. 41
Brückl, O. 136
Brüggemann, D. 87, 108
Brüggemann, F. 46, 49, 72, 86, 96, 108
Brühl, M. v. 94
Bruford, W. H. 9, 72
Brunner, H. 49
Brunner, O. 10, 66, 68, 84, 86 f.
Buchholz, F. 108
Bucholtz, A. H. 16, 22
Buck, A. 19
Buck, Th. XIV
Buddecke, W. 136
Bürger, P. 19
Büschel, J. G. B. 107
Buffon, G. L. 53
Burger, H. O. 66, 71
Burkart, R. 19

Cassirer, E. 66
Castiglione, B. 48, 114, 116 ff., 121
Catholy, E. 70
Cervantes, M. de 95
Chabrol, C. XVI
Charpentier, F. 53
Cherbury, H. v. 55
Cholevius, L. 22
Cibber, C. 92
Cobban, A. 10
Cohn, E. 22, 89, 125
Collins, A. 55
Condillac, E. B. de 55
Conze, W. 10, 66, 69, 87
Corneille, P. 12
Cross, W. C. 92
Crousaz, J. P. de 59
Culmus, A. 110
Curtius, E. R. XIV, 81, 101
Cysarz, H. 65

Dedner, B. 113
Defoe, D. 43, 92
Dehmel, E. 36
Deicke, G. 108
Deneke, O. 36, 49
Denzer, H. 87
Descartes, R. 6, 12, 17, 52 f., 54 f.
Dibelius, W. 92
Dillenius, F. W. J. 106
Doktor, W. 62, 69
Dubos, J. B. 59
Dusch, J. J. 105, 108
Deye, R. E. 145

Eder, I. 88
Ehrenzeller, H. XV
Eichendorff, J. v. 97
Eichner, H. 62
Eiermann, W. 108
Eizereif, A. 69
Elias, N. 10
Emmel, H. XII
Emrich, W. XIV
Engel, G. 93
Engel, J. J. 98 f., 137 ff.
Engelsing, R. 11, 73
Erämetsä, E. 71
Erhard, J. 41
Erler, G. 65
Ermatinger, E. 9, 65, 136
Erzgräber, W. 92
Euchner, H. 10, 87

Farwick, P. L. 22
Fehr, B. 90, 92
Feldmann, W. 70
Fénélon, F. de la Mothe- 37, 114, 123, 126
Fetscher, I. 87
Fielding, H. 95, 137
Fischer-Venturini, A. 112
Flachsland, C. 95
Flasch, K. 69
Fleischer, J. M. 44
Flemming, W. 65, 69
Floersheim, A. C. 145
Fontenelle, S. de 53
Fontius, M. 73
Forster, E. M. XV
Franke, U. 68
Freier, H. 81
Frick, K. R. H. 67
Friedel, J. 106, 108
Friedemann, K. XV
Friedrich II. 138
Friedrich, H. 95, 109, 125
Frühsorge, G. 26, 30, 36, 89
Furetières, A. 34

Gadamer, H. G. 67
Galilei, G. 6
Ganz, P. F. 71, 93
Garber, K. 22
Gassenmeier, M. 93
Gebhardt, W. 88
Gellert, Ch. F. VII, 25, 31, 37, 42, 48, 57, 83, 94 ff., 109 f.
Genette, G. XVI
Gerhard, E. 9, 72
Gerhard, M. 18
Gersch, H. 24
Gerteis, K. 73
Gerth, H. 72
Gervinus, G. G. 9, 65
Geschke, E. 109
Geulen, H. 22, 36
Glockner, H. 63
Goedeke, K. 51
Goethe, J. W. v. 2, 62, 102, 110, 112, 122, 137, 143
Göpfert, H. G. 73
Götz, M. 42, 50 f.
Goldfriedrich, J. 72
Goldmann, L. XIV, 10
Goldsmith, O. 94
Gomberville, S. du Parc et de 12
Gottsched, J. Ch. 7, 17, 60 f., 74 ff., 83, 86, 97, 99, 109, 135
Gracián, B. 27, 31, 33, 48, 114, 119
Graevenitz, G. v. XIV
Greimas, A. J. XVI
Greiner, W. 93, 96
Greiner, W. F. XIII
Grimm, R. VII, XIII, 51, 145
Grimmelhausen, J. Ch. v. 18, 24, 26
Groethuysen, B. 18
Grosser, B. 81
Grosser, S. 40
Grossmann, H. 9
Grotegut, E. K. 108
Grotius, H. 7
Gryphius, A. 40
Günther, H. R. G. 60, 66
Gugitz, G. 108
Guthke, K. S. 59, 66, 69, 93

Haas, Roland 50
Haas, Rosemarie 49
Habermas, J. 10, 30, 35, 72, 86
Haeckel, H. 125
Haferkorn, H. J. 72
Haferkorn, R. 71
Haller, A. v. 25, 48, 116, 129 ff.
Halm, H. 49
Halperin, N. 113
Hamburger, K. XIV, 51
Hammerdörfer, K. 106, 109
Hankamer, P. 65, 70
Hanstein, A. v. 113
Happel, E. W. 13, 37
Harth, D. 73
Hartley, D. 57, 61
Hase, F. T. 144 f.
Haslinger, A. 16, 23, 41
Haubrichs, W. XV
Hauser, A. 10, 86
Hazard, P. 66
Hebenstreit, J. G. L. 106

Hecht, W. 34, 36
Heetfeld, G. 20
Hegel, G. F. W. 9, 63, 85
Heidegger, G. 12, 14, 21
Heidenreich, H. 20
Heine, C. 88, 94
Heinlein, O. 41
Heintel, P. 67
Heißenbüttel, H. 5, 8
Heliodor 16
Hellmann, W. 70
Helvetius, A. C. 55
Hempfer, K. W. XIV
Herder, J. G. 95, 111
Hermand, J. 51
Herrmann, H. P. 69, 80
Hermes, J. T. 25, 48, 57, 102, 104, 108
Herzog, U. 21
Heselhaus, Cl. 23
Hettner, H. 65
Heumann, Ch. A. 30, 40
Heyking, E. v. 110
Hiebel, H. XIV, 82
Hill, A. 92, 94
Hillebrand, B. XIII, XV
Hinske, N. 66
Hinterhäuser, H. 20
Hirsch, A. 25 ff., 32, 35, 51
Hitzig, U. 21
Hobbes, Th. 56, 114
Hölmann, Ch. 40
Hoffmann, F. 146
Hoffmann, J. 50, 84, 86
Hoffmann, W. 18, 24
Hoffmeister, G. 20 f., 41
Hofmann, H. H. 10, 86
Hofmannswaldau, Ch. H. v. 40
Hohendahl, P. U. 50, 59, 69, 88
Holbach, P. H. D. v. 55
Hopffgarten, L. F. v. 105
Hoppe, C. 136
Horkheimer, M. 9
Horn, H. A. 26, 29 f., 35
Huber, T. 113
Huberti, F. H. 70
Huch, R. 110
Hübner, E. 19
Huet, P. D. 12 ff., 20, 53, 80, 137
Hughes, H. S. 92
Hume, D. 7
Hunold, Ch. F. (Menantes) 38, 40

Ingen, F. v. 23

Jacobi, F. H. 62
Jacobs, J. 82, 89, 97, 108, 130, 136
Jäger, G. 59, 61, 69, 88
Jäger-Mertin, H. 81
Jänischen, J. 40
Jannasch, W. 67
Jansen, H. 121
Jauss, H. R. 19
Jentzsch, R. 72
Joesten, C. 68
Jolles, A. XIV
Jöns, D. W. 72
Jørgensen, S. A. 50
Joyce, J. 90
Jungkunz, A. C. 22

Kaczerowsky, K. 23
Kafitz, D. 24
Kaiser, G. 66 f.
Kant, I. 3
Kany, Ch. E. 87
Kapp, F. 72
Kausch, K. H. 136
Kayser, W. XIV, 96
Keiter, H. XIV
Kellen, T. XIV
Keller, L. 107
Keller, W. 90, 92
Ketelsen, U. K. 70
Kettelhoit, P. 22, 122
Kettler, H. K. 65
Kettler, W. 23
Kimpel, D. XIII, 6, 8, 11, 21, 70, 87
Kippenberg, A. 48, 51
Kirchner, J. 107
Kleemann, S. 49
Klein, H. 68
Klinger, M. VIII
Klotz, V. XV, 88

Kluckhohn, P. 62
Knabe, P. E. 68
Knigge, A. v. 106, 109
Knight, K. G. 21, 35
Köhler, E. 19
Kölmel, A. F. 36
König, H. 36
Köster, A. 65
Kofler, L. 10
Kohlschmidt, W. 66
Koppitz, H. J. 73
Koselleck, A. 70
Koselleck, R. VII f., XV, 7, 10, 30, 34, 66, 70, 72, 83, 86 f., 114
Koskimies, R. XIII, 137
Kraeger, H. 109
Kratter, F. 106
Krauss, W. 19, 34, 73, 119, 121
Kremer, M. 35
Kretschmer, E. 108
Kreuzer, H. 51
Krey, F. 51
Kristeva, J. XVI
Küchler, W. 20
Kuhnau, J. 25, 32, 36, 43
Kuroda, S. Y. XVI
Kurth, L. E. 82, 88, 95, 108 f.

La Bruyère, J. de 122 f.
La Calprenède, G. de 12, 39 f.
Lachmanski, M. 113
Lämmert, E. XIII, XV, 21, 104
Lafayette, M. M. de 12, 37, 39, 111
La Fontaine, J. de 53
Lamettrie, J. O. de 55
Lamport, F. J. 49
Lange, V. 73, 88
Langen, A. 67, 70 f.
Lappe, C. 71
Laporte, L. 23
La Roche, S. v. 25, 48, 57, 102, 104, 109 ff.
Lehms, G. Ch. (Pallidor) 37
Leibniz, G. W. 6, 8, 12, 15 ff., 37, 39, 57, 59 f., 78
Lemcke, C. 65
Lengauer, H. 107
Lenz, J. M. R. 111
Lessing, G. E. 61, 95, 137
Lichtenberg, G. Ch. 5
Liebeskind, B. M. 112
Lillo, G. 94
Lindberg, J. D. 35
Lindhorst, E. 23
Lock, G. 41
Locke, J. 7, 55 f., 59, 61, 90, 114, 116
Lockemann, W. XIII, 21, 82, 145
Loen, J. M. v. VII, 25, 31, 33, 42, 48, 57, 62 f., 95, 116, 118, 122 ff.
Löwenthal, L. 10, 73
Logau, F. v. 31
Lohenstein, D. C. v. 16, 23, 40, 78
Lohmann, F. 113
Loos, E. 121
Lotze, H. 67
Lubbock, P. XIV
Ludwig, Ch. S. 113
Lübbe, H. 67
Lüthje, H. 68
Lugowski, Cl. 22, 39
Lukács, G. XIII, 1, 4, 9, 63 f., 140
Lunzer, J. 36
Lutz, B. 72

Maché, U. 23
Machiavelli, N. 114 f.
Mackensen, L. 42, 107
McKillop, A. D. 93
Magendie, M. 19
Mahrholz, W. 50
Majut, R. XII
Mandelkow, K. R. 87, 103
Mann, Th. 63 ff., 102, 141
Mansfeld, F. 81
Markwardt, B. XIV
Marmontel, J. F. 114, 126
Martens, A. 135
Martens, W. 107 f.
Martini, F. 16 f., 23, 51, 133, 135
Mattenklott, G. 9, 66, 72
Matthecka, G. 136
Mattheson, J. 94
Maurer, F. 70

May, G. XIII, 19
May, K. 96, 108
Mayer, H. 49
Mayr, E. 109
Medick, H. 10, 69, 87
Meid, V. 17, 21, 23
Meier, G. F. 58
Meier, J. J. 37
Meinecke, F. 86
Meissner, A. G. 105
Meissner, A. J. 144
Menck, H. F. 36
Mencke, J. B. (Philander v. d. Linde) 40
Menzel, N. 68
Menzer, P. 68
Mercier, L. S. 126
Merck, J. H. VIII, 111, 145
Mereau, S. 112 f.
Meyer, H. XV, 22
Mezei, J. 88
Michel, V. 136
Michelsen, P. 145
Milch, W. 114
Mildebrath, B. 50 f.
Miller, J. M. 103, 105, 109
Miller, N. 88, 96
Miller, St. R. 130
Millstein, B. M. 73
Minners, K. 82, 145
Misch, G. 50
Mittelstedt, M. Th. Ch. 61
Mittelstrass, J. 10
Möller, H. 10, 87
Möser, J. 110
Molière 40
Montesquieu 114, 116, 123, 129
Moritz, K. Ph. 62
Moscherosch, H. M. 31
Mottek, H. 10
Mühlenweg, R. XV
Müller, A. 69
Müller, G. 15 f., 22, 31, 63, 65 f.
Müller, J. J. 35
Müller, K. D. 50
Müller-Kreutler, E. 108
Muir, E. XV
Mulagk, K. H. 24, 89, 121
Mundt, Th. 9
Muralt, L. B. 57
Musäus, K. A. 95
Muskalla, K. 108
Mylius, W. Ch. S. 122

Naubert, C. B. 113
Naumann, D. VIII, 51, 89, 121 f., 125, 130
Naumann, H. 65
Nerius, D. 70
Neugebauer, W. E. 95
Neuhaus, V. 88
Neukirch, B. 40
Neukirch, J. G. 40
Neumann, B. 50
Neumann, J. J. N. 106
Neumeister, E. 40
Neustädter, E. XIII, 21, 81
Neusüß, A. 50
Newald, R. 65
Newton, I. 6, 56
Nickisch, R. M. G. 35, 40 f., 87, 97
Nicolai, F. 95, 103, 111
Niggl, G. 49
Ninow, O. 19
Nivelle, A. 67
Nolan, E. P. VIII
Nolte, U. 113
Novalis (F. v. Hardenberg) 1, 62

Oberkampf, W. 107
Oeftering, M. 19
Oertel, F. v. 107
Oestreich, G. 10, 35, 87
Oexle, F. 136
Ohlmer, A. 95, 109
Olbrich, W. XII
Opitz, A. 19, 76
Opitz, M. 3, 16, 40, 122
Otto, J. G. 106

Paepcke, E. S. 146
Pappenheim, W. 93
Pascal, B. 55
Paulsen, C. 20

Perrault, Ch. 53 f.
Petriconi, H. 92
Petsch, R. XV
Pfeiffer-Belli, W. 24
Pfeil, J. G. B. 104
Philipp, W. 66
Picard, H. R. 87, 91, 93
Piechotta, H. J. 130
Pikulik, L. 59, 69
Piur, P. 68
Platon 131
Polheim, K. K. 62
Popp, J. 109
Poppe, B. 68
Preisendanz, W. 81, 136
Prévost, A. 95
Price, L. M. 93
Price, M. B. 93
Printz, W. C. 25, 32, 36, 43
Propp, V. XV
Prüsener, M. 73
Prutz, R. 108, 110
Prys, J. 22
Pufendorf, S. v. 7, 30, 114

Rabener, G. W. 95
Racine, J. 12, 53
Rambouillet, C. de 40
Rasch, W. 24, 36, 67, 81
Ratz, A. E. 130
Rau, F. 94
Rausch, U. 23, 108
Rausse, H. 20
Rehm, W. XII
Reiche, A. 50, 88
Reichel, E. 20
Reichert, K. 50, 89, 125
Reuter, Ch. 25, 33, 36
Richardson, S. 31, 48, 54, 57, 61, 85, 89 ff., 94, 96, 102, 110 f., 137
Richelet, P. 57
Richter, E. 136
Ricken, U. 71
Ridderhoff, K. 113
Rieck, W. 81
Riedel, M. 10
Riefstahl, H. 73
Riemann, A. 68
Riemann, C. 114
Riemann, R. 146
Riemer, J. 25 f., 30, 33, 35 f., 38, 43, 62
Rieve, R. 71
Rinser, L. 110
Rinsum, A. v. 108
Risse, J. 36
Rist, J. 31
Röder, R. 24
Rötteken, H. 49
Rötzer, H. G. 20 f.
Roger, M. 35
Rohrbach, G. 24
Roloff, H. G. 73
Ronte, H. 93
Ros, A. XV
Rost, J. L. (Meletaon) 38, 40
Rothfels, H. 70
Rousseau, J. J. 59, 62, 102, 112, 114, 129
Rowe, N. 94
Rumpf, W. 73
Russel, K. 108
Ruttkowski, W. V. XIV

Sachse, Ch. G. 107
Samuel, R. 62
Sang, J. 145
Sauder, G. VII, 59, 69
Scarron, P. 40
Schaarschmidt, I. 68, 86
Schabert, Th. 69
Schaefer, K. 35, 88, 136
Schäfer, W. E. 21, 24
Schaffrath, J. 68
Schalk, F. 19, 121
Schanze, H. 62
Scheibe, J. 107
Schelling, F. W. J. 1 f.
Scherpe, K. R. 66, 71, 80
Schieder, Th. 10, 87
Schill, H. 31
Schillemeit, J. XII
Schiller, F. 9, 63
Schirlitz, K. Ch. 107

Schlaffer, H. 71
Schlagenhaft, B. 136
Schlegel, A. W. 2
Schlegel, F. 1 f., 4, 6, 62
Schlingmann, C. 108
Schmidt, A. 50
Schmidt, E. 93
Schmidt, J. 65, 70
Schmidt, M. 67
Schmiedecke, A. 35
Schmitt, W. 50
Schnabel, J. G. 39, 42, 45 ff., 62
Schneider, F. J. 65, 96
Schneider, G. 19
Schöffler, H. 67, 72, 90, 93
Schöne, A. 21, 67
Schönert, J. 88, 109
Schöpfel, J. W. A. 105
Schopenhauer, A. 121, 141
Schottel, J. G. 31
Schrader, L. 20
Schramek, E. M. 24
Schramke, J. XIV
Schreinert, K. 113
Schröder, Ch. M. 107
Schröder, K. 49
Schubert, E. 41
Schücking, L. L. 73, 91, 93
Schümmer, F. 68
Schürr, F. 18
Schulz, G., Schuster, W. XII
Schuwirth, Th. 41
Schwan, Ch. F. 106
Schwarz, E. 24
Schweizer, H. R. 68
Schwering, J. 20
Scudéry, M. de 12, 39 f.
See, K. v. 19 f.
Seeber, H. U. 51
Seiffert, H. W. 136
Seitz, J. 35
Sengle, F. XIV, 4, 63, 71, 125 f., 130 f., 133, 136
Servaes, F. 81
Servier, J. 50
Seybold, D. Ch. 106
Shaftesbury, A. A. C. v. 62, 131
Shakespeare, W. 131
Sheridan, B. J. 94
Siegrist, Ch. 130
Singer, G. F. 87
Singer, H. 26, 36 f., 38 f., 40 f., 51
Sinold, Ph. B. (Schütz) 42, 44, 46, 62
Sintenis, Ch. F. 105
Sintenis, J. Ch. S. 106
Slangen, J. A. 74
Smith, A. 7
Sørensen, B. A. 72
Sommer, C. 130, 135
Sommer, R. 67
Sommerfeld, M. 74, 82, 137, 145
Sorel, Ch. 40
Spaemann, R. 69
Spaethling, R. H. 108
Spahr, B. L. 23
Sperber, H. 70
Speter, M. 35
Spickernagel, W. 114
Spiegel, M. 50 f., 73, 88, 94, 102
Spiero, H. XII
Spiewok, W. XII
Springer-Sand, I. 22
Stackelberg, J. v. 20
Stadler, U. 22
Stahl, K. H. v. 67
Stahr, A. 145
Staiger, E. XIV
Stammler, W. 65, 71
Stanzel, F. K. XV, 93
Stauch, H. XV
Steele, R. 31, 56, 90, 92, 94
Steffen, H. 46, 49
Stein, K. H. v. 67
Steinecke, H. XIII
Steinhausen, G. 41
Steland, D. 20
Stemme, F. 66
Stempel, W. D. XV
Stern, G. W. 22
Stern, M. 49
Sterne, L. 61, 131, 137
Stockum, Th. C. v. 49
Stöffler, F. 22

Stöpfgeshoff, S. 36
Stötzer, U. 71
Stoll, A. 20
Stolle, G. 40
Strauss, L. 86
Streisand, J. 70
Streller, S. 24
Striegel, L. 108
Stroh, F. 70
Stuke, H. 10, 66
Stutz, J. E. 107
Sulzer, J. G. 111
Szarota, E. M. 24
Szondi, P. 59, 69
Szyrocki, M. 21

Teesing, H. P. H. 136
Theophrast 123
Thilo, F. Th. 106
Thomasius, Ch. 30 f., 40, 52, 57
Thon, E. 112
Thüsen, J. v. d. XIV
Thurau, E. 19
Thurnher, E. 22
Tieck, L. 45, 62 f.
Tiemann, H. 20, 41
Timme, Ch. F. 105, 109
Tindal, U. 55
Tober, K. 34, 36
Todorov, T. XVI
Toellner, R. 130
Toland, J. 55
Torbruegge, M. 81
Touaillon, Ch. 110, 113
Tresenreuter, S. 113
Tröltsch, K. F. 104, 108
Tronskaja, M. 88, 109
Trützschler, F. K. A. 106
Tschirnhaus, W. v. 6, 28
Tumarkin, A. 80

Ulenhart, N. 18
Ullrich, H. 49, 51
Unger, F. H. 113
Urfé, H. d' 12

Valjavec, F. 66
Vaugelas, Ch. F. de 52
Vetter, Th. 93
Vico, G. 6
Vierhaus, R. 10, 68, 72, 86 f.
Villgradter, R. 51
Vischer, J. L. 45
Voelker, P. XIII, 13, 20
Vogel, H. 41
Vogt, E. 31 f., 65
Vogt, O. 130
Voiture, V. 40
Volkmann, H. XV
Voltaire 3, 56, 59
Volz, G. B. 138
Vormweg, H. 136
Voss, E. Th. 87, 143
Voßkamp, W. XIII, 21, 24, 49, 82, 146
Voßler, K. 121

Waentig, K. 93
Wagener, H. 22, 41, 50
Wagner, F. 10, 86
Wahrenburg, F. 21, 82, 89, 121 f.
Waldberg, M. v. 19, 111
Walz, G. 122
Walzel, O. 65
Waniek, G. 81
Watt, J. 92
Weber, D. XV
Weber, E. XIII, 21, 82, 88, 95, 109
Weber, M. 9
Wechsler, G. 81
Wehrli, M. 24, 81
Weinhold, J. 49
Weise, Ch. VII, 25 ff., 31 ff., 37 f., 38 f., 42 f., 48, 62, 78, 83
Weithase, I. 71
Wendland, U. 40 f.
Werner, K. 45, 49
Wesly, M. 88
Westphal, G. Ch. E. 106
Weydt, G. XII, 24, 36
Weymar, I. 87
Wezel, J. C. VIII, 55
Widmann, M. 130
Wieckenberg, E. P. XV

Wiedemann, C. XIII, 2, 8, 21, 40 f., 89, 97
Wieland, Ch. M. VII, 2, 25, 48, 63, 95, 102 f., 111, 116, 125 f., 131 ff., 137
Wiese, B. v. XII
Wieser, M. 125
Windfuhr, M. 72
Witkowski, G. 65, 72
Wittmann, W. 73
Wobeser, W. K. v. 113
Wölfel, K. 92, 145
Wolf, H. 70
Wolf, P. Ph. 107
Wolff, Ch. 6, 8, 17, 30, 57, 59 ff., 74 f., 86
Wolff, E. 92
Wolff, H. M. 66
Wolff, M. L. XIII, 13, 21
Wolffheim, H. 136
Woodtli, O. 22, 89
Woolfe, V. 90 f.
Wright, W. F. 92
Wundt, M. 66
Wuthenow, R. R. 50
Wurzbach, W. v. 19

Young, E. 62, 112

Zaehle, B. 109
Zarncke, F. 36
Zarneckow, M. 35
Zesen, Ph. v. 23
Zigler-Kliphausen, H. A. v. 16, 24
Zorn, W. 10
Zwickel, B. 109

M 44 Nagel *Hrotsvit von Gandersheim*
M 45 Lipsius *Von der Bestendigkeit. Faksimiledruck*
M 46 Hecht *Christian Reuter*
M 47 Steinmetz *Die Komödie der Aufklärung*
M 48 Stutz *Gotische Literaturdenkmäler*
M 49 Salzmann *Kurze Abhandlungen. Faksimiledruck*
M 50 Koopmann *Friedrich Schiller I: 1759–1794*
M 51 Koopmann *Friedrich Schiller II: 1794–1805*
M 52 Suppan *Volkslied*
M 53 Hain *Rätsel*
M 54 Huet *Traité de l'origine des romans. Faksimiledruck*
M 55 Röhrich *Sage*
M 56 Catholy *Fastnachtspiel*
M 57 Siegrist *Albrecht von Haller*
M 58 Durzak *Hermann Broch*
M 59 Behrmann *Einführung in die Analyse von Prosatexten*
M 60 Fehr *Jeremias Gotthelf*
M 61 Geiger *Reise eines Erdbewohners i. d. Mars. Faksimiledruck*
M 62 Pütz *Friedrich Nietzsche*
M 63 Böschenstein-Schäfer *Idylle*
M 64 Hoffmann *Altdeutsche Metrik*
M 65 Guthke *Gotthold Ephraim Lessing*
M 66 Leibfried *Fabel*
M 67 von See *Germanische Verskunst*
M 68 Kimpel *Der Roman der Aufklärung (1670–1774)*
M 69 Moritz *Andreas Hartknopf. Faksimiledruck*
M 70 Schlegel *Gespräch über die Poesie. Faksimiledruck*
M 71 Helmers *Wilhelm Raabe*
M 72 Düwel *Einführung in die Runenkunde*
M 73 Raabe *Einführung in die Quellenkunde*
M 74 Raabe *Quellenrepertorium*
M 75 Hoefert *Das Drama des Naturalismus*
M 76 Mannack *Andreas Gryphius*
M 77 Straßner *Schwank*
M 78 Schier *Saga*
M 79 Weber-Kellermann *Deutsche Volkskunde*
M 80 Kully *Johann Peter Hebel*
M 81 Jost *Literarischer Jugendstil*
M 82 Reichmann *Germanistische Lexikologie*
M 83 Haas *Essay*
M 84 Boeschenstein *Gottfried Keller*
M 85 Boerner *Tagebuch*
M 86 Sjölin *Einführung in das Friesische*

M 87 Sandkühler *Schelling*
M 88 Opitz *Jugendschriften. Faksimiledruck*
M 89 Behrmann *Einführung in die Analyse von Verstexten*
M 90 Winkler *Stefan George*
M 91 Schweikert *Jean Paul*
M 92 Hein *Ferdinand Raimund*
M 93 Barth *Literarisches Weimar. 16.–20. Jh.*
M 94 Könneker *Hans Sachs*
M 95 Sommer *Christoph Martin Wieland*
M 96 van Ingen *Philipp von Zesen*
M 97 Asmuth *Daniel Casper von Lohenstein*
M 98 Schulte-Sasse *Literarische Wertung*
M 99 Weydt *H. J. Chr. von Grimmelshausen*
M 100 Denecke *Jacob Grimm und sein Bruder Wilhelm*
M 101 Grothe *Anekdote*
M 102 Fehr *Conrad Ferdinand Meyer*
M 103 Sowinski *Lehrhafte Dichtung des Mittelalters*
M 104 Heike *Phonologie*
M 105 Prangel *Alfred Döblin*
M 106 Uecker *Germanische Heldensage*
M 107 Hoefert *Gerhart Hauptmann*
M 108 Werner *Phonemik des Deutschen*
M 109 Otto *Sprachgesellschaften des 17. Jahrh.*
M 110 Winkler *George-Kreis*
M 111 Orendel *Der Graue Rock (Faksimileausgabe)*
M 112 Schlawe *Neudeutsche Metrik*
M 113 Bender *Bodmer/Breitinger*
M 114 Jolles *Theodor Fontane*
M 115 Foltin *Franz Werfel*
M 116 Guthke *Das deutsche bürgerliche Trauerspiel*
M 117 Nägele *J. P. Jacobsen*
M 118 Schiller *Anthologie auf das Jahr 1782 (Faksimileausgabe)*
M 119 Hoffmeister *Petrarkistische Lyrik*
M 120 Soudek *Meister Eckhart*
M 121 Hocks/Schmidt *Lit. u. polit. Zeitschriften 1789–1805*
M 122 Vinçon *Theodor Storm*
M 123 Buntz *Die deutsche Alexanderdichtung des Mittelalters*
M 124 Saas *Georg Trakl*
M 126 Klopstock *Oden und Elegien (Faksimileausgabe)*
M 127 Biesterfeld *Die literarische Utopie*
M 128 Meid *Barockroman*
M 129 King *Literarische Zeitschriften 1945–1970*
M 130 Petzoldt *Bänkelsang*